2024 TBC 中小企業診断士
試験シリーズ

速修 **テキスト**

2 財務・会計

TBC受験研究会 山口 正浩［監修］

遠山直幹　渡邉義一　香川遼太郎
池野谷祐樹　山路道彦　櫻野景子［編著］

早稲田出版
WASEDA PUBLISHING

受験校のインプット講座をまるごと収録した2024年版速修テキスト！

独学合格のための効率的インプット学習

　中小企業診断士の1次試験の学習は、本試験の選択肢を判断するために必要な知識を習得する「インプット学習」がとても大切です。

　速修テキストは、受験校のインプット講座（テキスト・講義・理解度確認テスト・重要例題）をまるごと収録しているため、これ一冊で、一般的な受験校と同様のインプット学習に取り組むことができます。

受験校のインプット講座をまるごと収録!!

独学合格のための効率的インプット学習がこの1冊に

Ⅰ　効率的インプット学習の取り組み方

■ テキスト ＋ 無料講義動画 ＋ 章末問題 ＋ 重要例題

　1次試験の学習では、科目合格を狙う受験生と、7科目全ての科目の合格を狙う受験生で、各科目にかける学習時間が異なります。効率的にインプット学習を行うためには、テーマ別の重要度に合わせて、財務・会計に対する時間配分を考えながら学習を進めましょう。

合格者に学ぶ！必勝学習法①

　無料講義の中で、講師が説明する重要ポイントを理解しながら、一緒に学習しました。苦手な「経済学・経済政策」「運営管理」「企業経営理論」は時間をかけて勉強し、理解できるまで繰り返し動画を見ました。その中でも経済学・経済政策は苦手意識が強く、また理解が必要な科目でもあったため、経済学・経済政策の講義は3回以上見たかと思います。

　さらに詳しく！　写真入りの体験談と学習法はこちらをチェック

※Cookieのブロックの解除をお願いします。

重要度	重要度別の学習の取り組み方
基	各章の学習内容を理解していく上で前提となる**基礎**のテーマです。 まず、基礎のテーマから学習をはじめて、知識の基礎固めをしましょう。
A	**直近10年間**の本試験で**5回以上出題**された、**重要度Aランク**のテーマです。 本試験で**4割以下の足切りにならない**ためにも、しっかりと理解して、覚えてほしいテーマです。
B	**直近10年間**の本試験で**4回～3回出題**された、**重要度Bランク**のテーマです。 本試験で**6割を得点するため**には、上記2つのテーマとともに、しっかりと理解して、覚えるようにしましょう。
C	**直近10年間**の本試験で**2回以下の出題頻度**で、**重要度Cランク**のテーマです。 上記3つのテーマの学習が完璧になったら学習に取り組みましょう。本試験で**6割以上を狙う場合**には、しっかりと理解して、覚えるようにしましょう。

【 テーマ別出題ランキング 】
(各章トビラ対向ページに掲載)

各章の学習を始める前に、各章のテーマ別出題ランキングで、過去23年分と直近10年分のテーマ別の出題ランキングを把握しましょう。

【 出題年度・頻度や重要箇所が一目でわかるテキスト本文 】

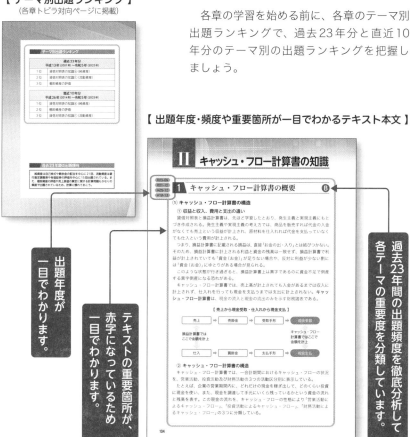

出題年度が一目でわかります。

テキストの重要箇所が、赤字になっているため一目でわかります。

過去23年間の出題頻度を徹底分析して各テーマの重要度を分類しています。

各章の学習が終了したら、章末問題（理解度確認テスト）で理解度を確認しましょう。

過去23年間（平成13〜令和5年度）の本試験出題の過去問から必須テーマを厳選しています。

【 重要例題 】

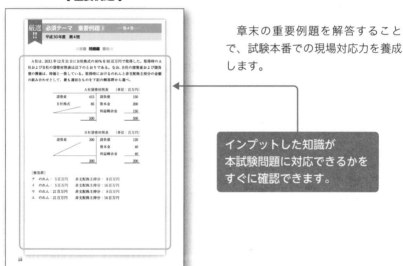

章末の重要例題を解答することで、試験本番での現場対応力を養成します。

インプットした知識が本試験問題に対応できるかをすぐに確認できます。

本書の使い方も、TBC受験研究会統括講師（NHK「資格☆はばたく」中小企業診断士代表講師、司会進行講師）の山口正浩が動画解説しています。こちらもご参照ください。

※Cookie のブロックの解除をお願いします。

　巻末（p.408〜409）の「出題マップ」では、本書の章立てに合わせて、本試験の出題論点を一覧表にしています。最近の出題傾向の把握に活用できます。

【出題マップ】

■ 出題マップ：財務・会計

	令和5年度	令和4年度	令和3年度	令和2年度	令和元年度
第1章・財務・会計の基本					
I 財務・会計の概要	05-会社法における計算書類	02-賃貸対照表の概要			05-会社法上の計算書類
II 簿記の概要					
第2章・簿記の知識					
I 複式対照表の知識	07-剰余金の配当と処分、08-貸倒対照表の表示	01-銀行勘定調整表、05-期末固定資産、06-繰り延、09-調整対分記、10-自己株式	16-自己株式	02-貸借対照、03-有価証券の評価、04-剰余金の配当時期、05-減価償却、06-ソフトウェアの会計処理	04-銀行勘定調整表、07-貸倒の会計
II 損益計算書の知識			07-売上割戻、01-固定資産除却		
III 決算整理事項	01-期貸調整の償却（移動平均法）、02-200%定率法による減価償却費の計算	11-減価償却費	03-減価償却費、05-負債性引当金	帳簿上棚卸減耗費、商品低価評価損、商品評価損	01-売上先出法、06-売価還元法、09-
第3章・企業会計の知識					
I 会計帳簿の知識					
II 会計基準の知識					
III 決算手続き					
第4章・その他の帳簿書に関する知識					
I 損益計算書等計算の知識					
II キャッシュ・フロー計算書の知識	09-キャッシュ・フロー計算書の作成		09-キャッシュ・フローの獲得状況	13-キャッシュ・フロー計算書の作成	12-投資の財別キャッシュ
III 税効果会計と税効果会計の知識		07-継続会査		15-消費税の会計	08-税効果会計
IV 連結財務諸表の知識	04-連結会計		04-のれん	06-のれん	03-連結会計
V その他の会計に関する知識	02-契約負債	03-収益計上基準、04-外貨換算引		07-リース取引、11-サービス業の会計基準	02-圧縮記帳
第5章・原価計算の知識					
I 原価計算の基礎概念				固定費予算差異	
II 製造間接費会計					
III 原価計算の知識	10-総合原価計算（平均法・度外視法）	12-(1)-直接費計算	07-個別原価計算	14-活動基準原価計算	08-材料消費価格差異
第6章・経営分析の知識					
I 収益性・効率性分析	14-ROE、15-(1)-ROEとROAの関係		08-自己資本利益率ROE	10-自己資本利益率、自己資本比率	12-(1)-総資本利益率、15-ROE
II 安全性分析	11-流動比率、固定長期適合率、自己資本比率		08-(1)-固定費負担力、10-(2)-インタレスト・カバレッジ・レシオ	11-当座比率、固定資産回転率、自己資本比率	11-(1)-固定比率
III 生産性分析	12-(1)-付加価値率、12-(2)-労働生産性の分析計算				
IV 成長性分析					
V CVP分析		12-(2)-損益分岐点分析	09-構造分析の総合分析	21-(1),(2)-構造分析の総合分析	
第7章・利益管理と資金管理の知識					
I 利益管理		13-キャッシュ・コンバージョン・サイクル	05-売上高総利益率分析		
II 資金管理		12-(1),(2)-資金繰り表	08-資金管理	18-資金管理	
第8章・投資決定の知識					
I ファイナンスの基礎	17-ハードルレートの考え方			17-標準偏差と共分散係数	
II 貨幣の価値	16-現在価値、現在価値、関連原価	21-正味現在価値法	18-正味現在価値		10-普通原価計算、期待値期待値計算、23-正味現在価値
III 内部収益率（内部利益率）	17-内部収益率法	21-内部収益率法			23-内部収益率法
IV その他の財務指標の投資評価		回収期間の投資価値		20-仕事の判断の利得	23-回収期間
V 資産運用			19-資産運用の利得		21-自己の資産運用率基準式
第9章・資金調達の知識					
I 資金調達の方法			15-資金調達の形態		22-資金調達
第10章・資本コストの知識					
I 資本コスト	15-(2)-MM理論、19-効率的市場仮説（セミストロング型）		16-加重平均資本コスト	22-CAPM、証券市場線	15-WACC
II 最適資本構成			17-MM理論	16-価格形成メカニズム、24-MM理論	22-(1),(2)-MM理論
III 資金管理			17-配当政策		
第11章・企業価値の知識					
I 企業価値の概要	20-DCF法	18-期の資産価値	18-割引配当モデル（一定成長モデル）	22-(2)-期の企業価値評価方法	10-配当割引モデル
II 企業価値の関連投資		19-売上高総合の投資評価方法	22-(1)-類似企業比率方式		
第12章・リターンとリスクの知識					
I リターンとリスク					
II リターンとリスクの尺度					19-期待収益率
III リスク管理	22-財務リスク	20-先渡・先物		20-オプションによる利益	14-オプション、15-ポートフォリ
IV 海外リスクとリスクの運用	15-ポートフォリオのリスクとリターン、23-海外リスク	15-ポートフォリオの収益率の標準偏差、23-安全資産を導入したポートフォリオ	20-ポートフォリオ、23-オプション	15-ポートフォリオの概要、22-資本市場線	17-ポートフォリオ、18-先物
第13章・その他ファイナンスの知識					
I タックス・シールド			24-減価償却のタックス・シールド	23-減価償却のタックスシールド	
II 正味現在価値と不確実性リスク		22-経済性評価法、リスク調整割引率法			
III 不確実性下の意思決定					
その他				16-マイナス金利	

> 出題論点が多く記入されている箇所は出題頻度が高くなっています。

合格者に学ぶ！必勝学習法②

　講義動画の良い所は、スマートフォンがあればどこでもアクセスでき、理解が難しい所を繰り返し視聴することができる事です。移動中などのちょっとした空き時間に繰り返し視聴しました。テキストを読み直す度に講義の記憶が呼び戻され、まるで「テキストが語りかける」感覚があり、試験当日も講義内容が頭に浮かび何度も助けられました。

さらに詳しく！　写真入りの体験談と学習法はこちらをチェック

※Cookie のブロックの解除をお願いします。

V その他の会計に関する知識　131

第5章 原価計算の知識 ··156

I 原価計算の関連知識　158

II 製造原価報告書　166

III 原価計算の種類　171

第6章 経営分析の知識 ··200

I 収益性・効率性分析　202

2024年版 TBC中小企業診断士試験シリーズ

速修 テキスト
2 財務・会計

財務・会計の体系図

財務・会計の基本	第1章	財務・会計の概要	1節
		簿記の基礎	2節
報告書		貸借対照表の知識	第2章1節
		損益計算書の知識	第2章2節
		キャッシュ・フロー計算書の知識	第4章2節
報告書の作成		会計帳簿の知識①	第3章1節
		会計帳簿の知識②	第3章2節
		決算整理事項	第2章3節
		決算手続き	第3章3節
明細書		株主資本等変動計算書の知識	第4章1節
		製造原価報告書	第5章2節

財務会計

アカウンティング（過去～現在）

投資の意思決定の知識	第8章	ファイナンスの基礎	1節
		意思決定	2節
		正味現在価値法	3節
		内部収益率法（内部利益率法）	4節
		回収期間法（ペイバック法）	5節
		その他投資の意思決定手法	6節
資金調達の知識	第9章	資金調達の形態	1節
その他ファイナンスの知識 第13章		タックス・シールド	1節
		正味現在価値とリスク	2節
		不確実性下の意思決定	3節

ファイナンス（付来）

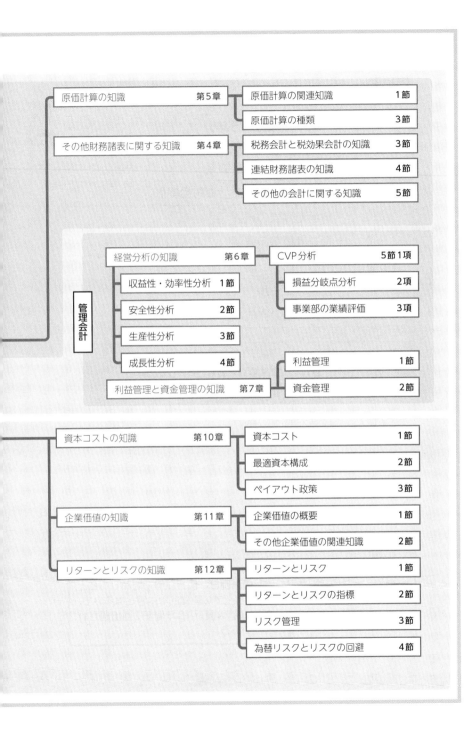

原価計算の知識	第5章	原価計算の関連知識	1節
		原価計算の種類	3節
その他財務諸表に関する知識	第4章	税務会計と税効果会計の知識	3節
		連結財務諸表の知識	4節
		その他の会計に関する知識	5節

管理会計

経営分析の知識	第6章	CVP分析	5節1項
収益性・効率性分析	1節	損益分岐点分析	2項
安全性分析	2節	事業部の業績評価	3項
生産性分析	3節		
成長性分析	4節	利益管理	1節
利益管理と資金管理の知識	第7章	資金管理	2節

資本コストの知識	第10章	資本コスト	1節
		最適資本構成	2節
		ペイアウト政策	3節
企業価値の知識	第11章	企業価値の概要	1節
		その他企業価値の関連知識	2節
リターンとリスクの知識	第12章	リターンとリスク	1節
		リターンとリスクの指標	2節
		リスク管理	3節
		為替リスクとリスクの回避	4節

過去23年分 平成13年(2001年)〜令和5年(2023年)	
1位	財務・会計の学習領域
2位	貸借対照表と損益計算書の関係
2位	貸借対照表の概要
3位	損益計算書の概要
3位	簿記の目的と取引
3位	仕訳のルール
3位	財務諸表の作成

直近10年分 平成26年(2014年)〜令和5年(2023年)	
1位	財務・会計の学習領域
2位	貸借対照表の概要

過去23年間の出題傾向

　財務・会計の学習領域や簿記の基礎は、直接試験で問われることは少ないが、財務・会計を学習する上での基礎的な内容となるので、しっかり理解しておこう。制度会計は直近10年間で2回出題されており、特に注意が必要な内容である。

第 1 章

財務・会計の基本

I 財務・会計の概要

1 財務・会計の学習領域

　「財務・会計」という科目名称は、財務（ファイナンス）という領域と、会計（アカウンティング）という領域の両方から出題されることを意味している。

　財務と会計は、企業経営の内容を貨幣価値に基づいて評価しようとすることは同じだが、さらに細かく見ると両者の役割は異なる。そこで、学習を始める前に両者の違いを確認しておこう。

　なお、一般的には会計のスキルを身につけてから財務のスキルを身につけることが多いので、学習の順番が「会計→財務」になることを基本として説明する。

(1) 会計（アカウンティング）

　会計（アカウンティング）とは、企業経営の内容を貨幣価値に基づいて報告する活動である。また、会計は企業外部の利害関係者（ステークホルダー）へ情報を提供する**外部報告会計**と、企業内部の経営者や管理者へ意思決定や経営管理のための情報を提供する**内部報告会計**とに区分される。一般に、外部報告会計は**財務会計**と呼ばれ、内部報告会計は**管理会計**と呼ばれる。

① 財務会計

　株主、債権者、国・地方公共団体、消費者等の企業外部の利害関係者に対し、経営成績、財政状態、キャッシュ・フローの状態等を報告するための会計活動である。具体的には、損益計算書、貸借対照表、キャッシュ・フロー計算書等の財務諸表等を用いる。

　財務会計は企業外部向けの情報であるから、情報の信頼性や他企業との比較可能性などが必要とされる。そのため、処理方法の統一や表示形式の統一などによる客観性の確保が重要になる。

② 管理会計

　企業内部の経営者や管理者が適切な意思決定や経営管理を行えるようにすることを目的に、会計情報を企業の業績管理に役立てようとする会計活動である。

　会計情報の利用目的に応じ、比較的自由な発想のもとで、財務諸表等以外の情報でも有用と考えられるものは利用する。そのため、合目的的であることが重要になる。

【 財務会計と管理会計の比較 】

	財務会計	管理会計
対象データ	客観性を重視	作成目的への関連性を重視
会計単位	企業全体・企業グループ	部門・プロジェクト・製品別等も可
測定単位	貨幣に限定	貨幣以外のものでも可
期間対応	必要	必ずしも必要ではない
客観性の程度	証拠が必要	証拠は必ずしも必要ではない

R05-05
R01-05
H19-07

③ 制度会計

　財務会計を法制度の観点から見た場合、財務会計の活動は、主に①会社法、②金融商品取引法、③税法に基づいていることから、**制度会計**と呼ぶ。

　また、会社法と金融商品取引法では、定めている決算書が異なる（名称も会社法では「計算書類」、金融商品取引法では「財務諸表」と異なる）ことを覚えておこう。

【 会社法上の計算書類および金融商品取引法上の財務諸表 】

会社法	金融商品取引法
貸借対照表 損益計算書 株主資本等変動計算書 個別注記表	貸借対照表 損益計算書 キャッシュ・フロー計算書 株主資本等変動計算書 附属明細表

(2) 財務（ファイナンス）

　財務（ファイナンス）とは、企業経営の内容を貨幣価値に基づいて予測し、主に資金の観点から有利となることを目指す活動である。具体的には、①有望な投資案を選別し、②資金を調達し、③投資と運用を行って、④回収するという活動である。

　中小企業診断士試験では、これらの活動の中で、有望な投資案を選別するための意思決定に関する出題が中心となる。

(3) アカウンティングとファイナンスの違い

　企業の経営資源の4つの要素のうち、「金」を対象とする考え方には、アカウンティングもある。アカウンティングとファイナンスの違いは、時間軸を用いるとわかりやすくなる。

　アカウンティングは、損益計算書も貸借対照表もキャッシュ・フロー計算書も「過去」の数値を対象とし、**ファイナンス**は「将来」の数値を対象にする。

　アカウンティングは企業の活動を外部へ適切に報告することが主要な目的である。そのため、「すでに起こってしまった過去」が対象となる。これに対して、ファイナンスは、「まだ起こっていない将来」を定量的に評価する。

　ファイナンスでは将来の数値を評価するため、過去の企業活動の結果としての数値よりも、将来の評価を規定するためのさまざまな理論や手法が展開されている。

第 1 章　財務・会計の基本　　**7**

ファイナンスの学習の際には、理論・手法の名称と、理論・手法の考え方を理解しよう。

【 アカウンティングとファイナンスのイメージ 】

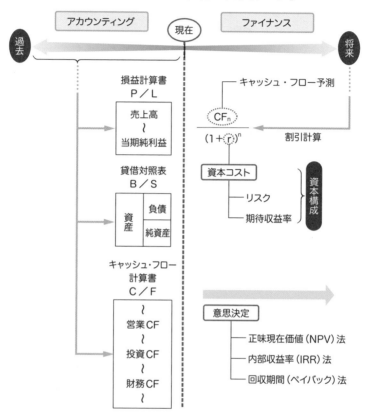

2 貸借対照表と損益計算書の関係

　まず、貸借対照表と損益計算書の関連について把握しよう。細かい簿記の知識は深追いしないで、全体構造を捉えることがアカウンティング理解の近道である。みなさんの財布の中から1万円札を取り出してください。この1万円で会社を創ってみよう。

　みなさんは1万円を投資して1月1日に企業を創立した。名前はTBC商事にしよう。創立した時点でTBC商事が所有している財産の状況を見ると、現金1万円、資本金1万円となる。貸借対照表には、左側に現金1万円、右側に資本金1万円が記載されている。

　TBC商事の会計期間は1月1日から12月31日までとする。この場合は1月1日

が期首、12月31日が期末である。

貸借対照表

現金1万円 | 資本金1万円 ⇐ 1万円を出資

　TBC商事は創立後、商売を始めた。3月1日に現金1万円のうち5千円で電卓を仕入れた。この時点での財産の状況を見ると、現金5千円、商品5千円、資本金1万円となる。
　アカウンティングでは、貸借対照表と損益計算書に記載するとき、「電卓」や「出資された金」といった具体的な名称は使わずに、「商品」や「資本金」といった勘定科目（科目）といわれる表示項目を用いる。

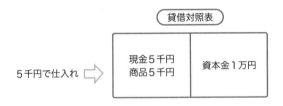

貸借対照表

5千円で仕入れ ⇒ | 現金5千円 商品5千円 | 資本金1万円

　仕入れた商品5千円を6月30日に1万円で販売し、売り上げの代金は現金で受け取った。このときの財産の状況を見ると、現金が1万円増え1万5千円となり、商品は販売されたため0円となる。
　販売による売上は損益計算書という財務諸表で処理される。TBC商事の売上は1万円であり、売上高として記入される。この1万円は電卓を販売したために受け取った金額である。
　電卓は販売されたためなくなった。なくなった金額5千円は、売上原価として売上高からマイナスされる。

損益計算書 | 貸借対照表

売上高　1万円 売上原価5千円 ← | 現金1万5千円 商品　　0円 | 資本金1万円

　TBC商事では、販売員にかかる費用や、その他さまざまな費用も税金もかからないと仮定すると、1年間でのTBC商事の経営活動によるすべてのもうけ（利益）は5千円となる。
　12月31日時点で、その他のもうけ（利益）がない場合、TBC商事は損益計算書

の作成を完了し、当期純利益の分だけ貸借対照表の右側（純資産）は増加する。

3 貸借対照表の概要

(1) 計算書類

計算書類は会社法上の用語であり、貸借対照表、損益計算書、株主資本等変動計算書、個別注記表のことである。**個別注記表**は、重要な会計方針に関する注記、貸借対照表に関する注記、損益計算書に関する注記等を一覧にして表示する財務諸表である。

(2) 貸借対照表の全体構造

「財政状態」を記入するシートを貸借対照表という。**貸借対照表**は「一定時点の財政状態」を示す。また「売り上げやもうけ」を記入するシートを損益計算書という。**損益計算書**は「一定期間の経営成績」を示す。

簿記での学習目標の１つは貸借対照表と損益計算書を作成することであるが、簿記の仕訳から始めるのではなく、目標である貸借対照表を先に覚えるとよい。

貸借対照表上の勘定科目の位置は、野球のポジションでファーストの守備位置、サードの守備位置、レフトの守備位置が決まっていることと同じである。貸借対照表の作成では、会社法などにより勘定科目の表示位置が決められている。

H23-01 (3) 貸借対照表の項目分類

貸借対照表は、資産の部、負債の部、純資産の部に分類される。資産の部は、流動資産、固定資産、繰延資産に分類され、負債の部は、流動負債、固定負債に分類される。

【 貸借対照表のイメージ 】

貸借対照表

平成××年××月××日現在

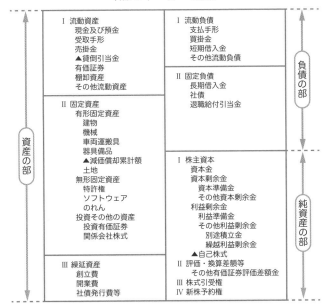

I 流動資産 　　現金及び預金 　　受取手形 　　売掛金 　　▲貸倒引当金 　　有価証券 　　棚卸資産 　　その他流動資産	I 流動負債 　　支払手形 　　買掛金 　　短期借入金 　　その他流動負債
II 固定資産 　　有形固定資産 　　　建物 　　　機械 　　　車両運搬具 　　　器具備品 　　　▲減価償却累計額 　　　土地 　　無形固定資産 　　　特許権 　　　ソフトウェア 　　　のれん 　　投資その他の資産 　　　投資有価証券 　　　関係会社株式	II 固定負債 　　長期借入金 　　社債 　　退職給付引当金
	I 株主資本 　　資本金 　　資本剰余金 　　　資本準備金 　　　その他資本剰余金 　　利益剰余金 　　　利益準備金 　　　その他利益剰余金 　　　　別途積立金 　　　　繰越利益剰余金 　　▲自己株式
III 繰延資産 　　創立費 　　開業費 　　社債発行費等	II 評価・換算差額等 　　その他有価証券評価差額金 III 株式引受権 IV 新株予約権

（資産の部 ／ 負債の部 ／ 純資産の部）

⑷ 貸借対照表の配列方法

　貸借対照表の配列方法には、流動性配列法と固定性配列法がある。**流動性配列法**は、資産の部を、流動資産、固定資産、繰延資産の順に配列し、負債の部は、流動負債、固定負債の順に配列する。企業の支払能力を知るために便利で、広く一般の企業で採用されている。支払能力とは手形や借金などの債務をきちんと返済する能力である。

　固定性配列法は、資産の部を、固定資産、流動資産、繰延資産の順に配列し、負債の部は、固定負債、流動負債の順に配列するが、純資産については負債よりも先に記載する方法と負債の次に記載する方法とがある。固定資産が企業の長期資金によって賄われているかを示すことをねらいとしている。

【 貸借対照表の配列方法 】

流動性配列法

貸借対照表

流動資産	流動負債
固定資産	固定負債
繰延資産	純資産

固定性配列法

貸借対照表

固定資産	純資産
流動資産	固定負債
繰延資産	流動負債

4 損益計算書の概要

(1) 損益計算書の全体構造

　損益計算書の役割は、「企業の経営成績を示すこと」と「配当できる利益を計算すること」である。損益計算書の「自　平成××年×月×日　至　平成××年×月×日」は、「平成××年×月×日から、平成××年×月×日まで」という意味であり、会計期間を示す。法制度上は、企業は1年間で最低1回の損益の計算を行う。損益計算書を見ると「収益－費用＝利益」という構造になっている。

　まず「売上高－売上原価＝売上総利益」の段階と「売上総利益－販売費及び一般管理費＝営業利益」の段階である。この2つの段階を**営業損益の部**と呼ぶ。

　次に「（営業利益）＋営業外収益－営業外費用＝経常利益」の段階である。この段階を**営業外損益**の部と呼ぶ。

　最後に「（経常利益）＋特別利益－特別損失＝税引前当期純利益」の段階である。この段階を**特別損益の部**と呼ぶ。

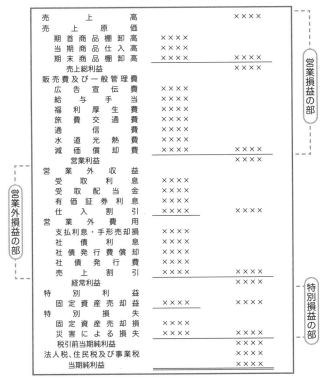

【 損益計算書のイメージ 】

損益計算書

自　平成××年×月×日
至　平成××年×月×日

売　　　　上　　　　高			××××
売　　上　　原　　価			
期首商品棚卸高		××××	
当期商品仕入高		××××	
期末商品棚卸高		××××	××××
売上総利益			××××
販売費及び一般管理費			
広　告　宣　伝　費		××××	
給　　与　　手　　当		××××	
福　利　厚　生　費		××××	
旅　費　交　通　費		××××	
通　　　信　　　費		××××	
水　道　光　熱　費		××××	
減　価　償　却　費		××××	××××
営業利益			××××
営　業　外　収　益			
受　　取　　利　　息		××××	
受　　取　　配　　当　金		××××	
有　価　証　券　利　息		××××	
仕　　入　　割　　引		××××	××××
営　業　外　費　用			
支払利息・手形売却損		××××	
社　　債　　利　　息		××××	
社　債　発　行　費　償　却		××××	
社　債　発　行　費		××××	
売　　上　　割　　引		××××	××××
経常利益			××××
特　　別　　利　　益			
固　定　資　産　売　却　益		××××	××××
特　　別　　損　　失			
固　定　資　産　売　却　損		××××	
災　害　に　よ　る　損　失		××××	××××
税引前当期純利益			××××
法人税、住民税及び事業税			××××
当期純利益			××××

営業損益の部

営業外損益の部

特別損益の部

(2) 収益と費用

　収益とは、企業に利益をもたらす原因である。収益には、売上高のほかに営業外収益に含まれる預金などの受取利息や、特別利益に含まれる土地を売却したときの有形固定資産売却益などがある。

　費用とは、企業に損失をもたらす原因である。これは売上原価に含まれる商品の仕入代金、販売費及び一般管理費に含まれる給与手当や、営業外費用に含まれる借入金の支払利息などである。

II 簿記の基礎

1 簿記の目的と取引

(1) 簿記の目的

　簿記の目的は、企業の日々の経済活動を記録し、これに基づいて経営成績と財政状態を把握することである。日々の取引は、仕訳の作業によって勘定科目に記号化され帳簿に記載される。

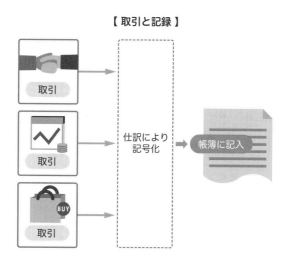

【 取引と記録 】

(2) 簿記上の取引

　簿記上の取引とは、企業の資産、負債、純資産、収益、費用に増減変化をもたらすあらゆる事象のことである。例えば、現金の収支や商品の購入・売却は資産の増減をもたらすので取引であり、また他人から現金を借りたり、返済したりすることも、負債の増減および資産の増減をもたらすので同じく取引である。また、火災や盗難による資産の滅失、減少は、資産の減少をもたらすので、簿記上の取引である。
　一方、賃貸契約の締結のみでは資産も負債も純資産も増減しないので、簿記上の取引ではない。

2 仕訳のルール

　仕訳とは、取引の内容について、勘定科目(取引の分類項目)および金額を合わせて、借方(左側)と貸方(右側)へ記帳する手続きである。

(1) 仕訳の原則

　企業の所有している財産は、取引が生じることにより内容が変化していく。簿記では、この変動の結果を明らかにするために、勘定という分類項目を用いて記録し、計算する。勘定を用いた記録では、取引内容によって、左右にわけて記入する。

　現金の増減記録を例に取ると、現金が増加した場合は借方に記入し、減少した場合は貸方に記入する。

【 勘定記入のパターン 】

借方	貸方
資産の増加 負債の減少 純資産の減少 費用の発生	資産の減少 負債の増加 純資産の増加 収益の発生

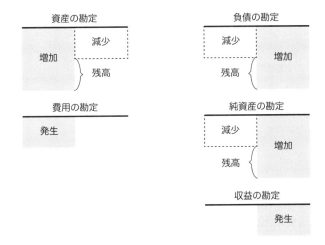

(2) 仕訳の例

① 資産の仕訳

　仕訳によって、それぞれの勘定科目の増減金額が決まる。仕訳では、資産は、借方がプラス、貸方がマイナスとなる。

　たとえば、現金100,000円で事務用の机を購入したときには、(備品)100,000(現金)100,000となる。貸借対照表上での現金の表示位置を思い出してみよう。現金は貸借対照表の左上にあったため、その反対側に記入された勘定科目は金額の減少を、同じ側に記入された勘定科目は金額の増加を意味する。

【 資産科目の仕訳 】

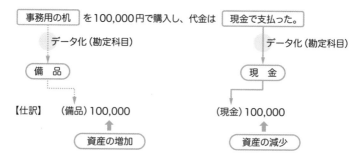

② 負債・純資産の仕訳

　負債・純資産の仕訳では、借方がマイナス、貸方がプラスとなる。たとえば、銀行から100,000円を借り入れた場合には、（現金）100,000（借入金）100,000となる。

【 負債科目の仕訳 】

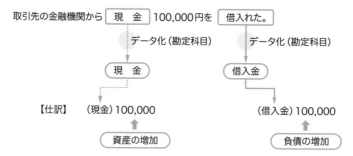

③ 収益と費用の仕訳

　収益の仕訳は貸方がプラス、費用は借方がプラスとなる。たとえば、商品5,000円を販売し、代金を現金で受け取った場合には、（現金）5,000（売上）5,000となる。

　また、従業員に給料を100,000円支払ったときには、（給料）100,000（現金）100,000となる。

　仕訳を理解するコツは、まず、仕訳をする取引は、現金が増加するのか、現金が減少するのかを捉え、1つの勘定科目のうち片方を（現金）からスタートする。

　次に、現金が、減少または増加した理由を考え、原因となる勘定科目を記入する。

16

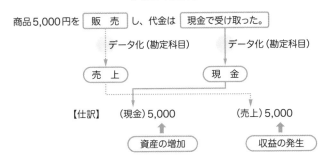

【 収益の仕訳 】

商品5,000円を　販　売　し、代金は　現金で受け取った。

データ化(勘定科目)　　　　　データ化(勘定科目)

売　上　　　　　　現　金

【仕訳】　(現金) 5,000　　　　　(売上) 5,000

資産の増加　　　　　　収益の発生

【 費用の仕訳 】

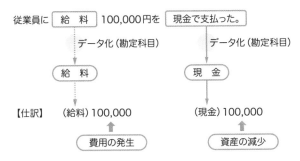

従業員に　給　料　100,000円を　現金で支払った。

データ化(勘定科目)　　　　データ化(勘定科目)

給　料　　　　　　現　金

【仕訳】　(給料) 100,000　　　　(現金) 100,000

費用の発生　　　　　　資産の減少

(3) 総勘定元帳の作成

H22-03

　企業では取引を仕訳した後、どの勘定科目がどれだけ増減しているのかを把握する必要がある。勘定科目の金額を把握するために、金額を集計する帳簿を「**総勘定元帳**」と呼ぶ。

　「総勘定元帳」には、企業で使用される勘定科目がすべて網羅され、各勘定科目はページごとに分けて記入される。

　勘定口座は、口座ごとに増加側と減少側に分類されている。勘定口座には、増加・減少の記録を日々記入していく。また、仕訳から総勘定元帳に移すことを**転記**と呼ぶ。

【 総勘定元帳のイメージ 】

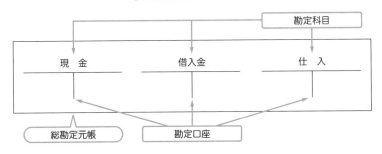

勘定科目

現　金　　　　　借入金　　　　　仕　入

総勘定元帳　　　勘定口座

3 財務諸表の作成

ここでは、先ほど紹介した貸借対照表と損益計算書などの財務諸表を作成するために、日々の取引から財務諸表の作成までの一連の流れを紹介する。

【 取引から財務諸表までの流れ 】

日々の取引をすべて記帳した後に、それらを全部集計し、報告書の形にまとめることが、決算と呼ばれる手続きである。決算により当期の収益・費用が確定し、利益が計算される。決算により企業の経営成績及び財政状態が正確に把握される。決算の手続きでは、定められたルールに従って勘定科目ごとに集計し、口座を締め切る。

(1) 試算表

試算表は、総勘定元帳の記入が正しく行われているかを確認するために作成する表のことである。決算で最初に作成する試算表を**決算整理前残高試算表**と呼ぶ。

当期の費用・収益にすべきでないものや、当期の費用・収益にすべきものなどを調整し、適正な資産・負債、費用・収益にする手続きを行う。この決算手続きで行われる仕訳を、**決算整理仕訳**と呼ぶ。

決算整理事項には、①売上原価の算定、②減価償却費の計上、③引当金の計上、④費用・収益の見越しと繰り延べ、などがある。

(2) 精算表

精算表は、決算の見通しを立てるために作成する表である。決算整理前残高試算表をもとに、決算整理仕訳を記入して、貸借対照表と損益計算書を作成する。

(3) 貸借対照表・損益計算書

決算で作成された貸借対照表と損益計算書が、翌期の株主総会において株主に報告される貸借対照表と損益計算書の基礎となる。

また、上場企業の有価証券報告書に記載される貸借対照表と損益計算書も、ここで作成される貸借対照表と損益計算書が基礎となる。

4 簿記の一巡

今まで学習してきた、財務諸表を作成するための簿記一巡の流れを、取引から残高試算表まで作成しながら確認しよう。

(1) 取引から仕訳

まず、次の取引の仕訳をしよう。

3月1日　山口氏は、現金500,000円を出資して経営教育商店を開業した。
　3日　TBC商店から商品120,000円を仕入れ、代金は現金で支払った。
　5日　東京銀行から現金40,000円を借り入れた。
　7日　TBCS商会に商品を80,000円で売り上げ、代金は現金で受け取った。
　15日　商品陳列棚（備品勘定）を55,000円で購入し、現金で支払った。
　23日　東京銀行に対し借入金の利息2,400円を現金で支払った。
　25日　従業員の給料50,000円を現金で支払った。

【 取引から仕訳 】

3月1日	（現金）	500,000	（資本金）	500,000
3日	（仕入）	120,000	（現金）	120,000
5日	（現金）	40,000	（借入金）	40,000
7日	（現金）	80,000	（売上）	80,000
15日	（備品）	55,000	（現金）	55,000
23日	（支払利息）	2,400	（現金）	2,400
25日	（給料）	50,000	（現金）	50,000

(2) 仕訳から総勘定元帳へ

　仕訳の結果を総勘定元帳に転記しよう。総勘定元帳はT字型で示されるため、T勘定と呼ばれることもある。

　総勘定元帳の現金勘定を見ると、現金が増加する原因となった取引が左側に、現金が減少する原因となった取引が右側に記載されている。貸借対照表と損益計算書の科目のポジションを思い出して理解しよう。

【 仕訳から総勘定元帳 】

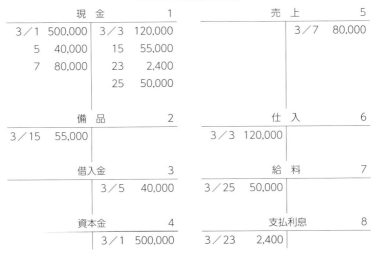

⑶ 総勘定元帳から合計残高試算表へ

総勘定元帳の結果から合計残高試算表を作成する。合計残高試算表には、各勘定の借方合計および貸方合計と、各勘定の残高が示される。

【 総勘定元帳から合計残高試算表 】

合計残高試算表

平成××年××月××日

借方		元丁	勘定科目	貸方	
残　高	合　計			合　計	残　高
392,600	620,000	1	現　　金	227,400	
55,000	55,000	2	備　　品		
		3	借入金	40,000	40,000
		4	資本金	500,000	500,000
		5	売　　上	80,000	80,000
120,000	120,000	6	仕　　入		
50,000	50,000	7	給　　料		
2,400	2,400	8	支払利息		
620,000	847,400			847,400	620,000

■■■ **問題編** ■■■　　　　　**Check!!**

問1 (R05-05)　　　　　　　　　　　　　　　　　　　　　　　　［○・×］
　計算書類とは、貸借対照表、損益計算書、キャッシュ・フロー計算書および株主資本等変動計算書のことである。

問2 (H19-01改題)　　　　　　　　　　　　　　　　　　　　　　［○・×］
　当期純損益は、純資産の変動要因である。

問3 (H21-01改題)　　　　　　　　　　　　　　　　　　　　　　［○・×］
　期末の決算整理前残高試算表と決算整理事項から、当期純損益を計算できる。

■■■ **解答・解説編** ■■■

問1　×：計算書類とは、貸借対照表、損益計算書、株主資本等変動計算書および個別注記表のことである。

問2　○：当期純利益は純資産の増加要因であり、当期純損失は純資産の減少要因である。

問3　○：この計算は、精算表で行う。

厳選!! 必須テーマ　重要例題①　——第1章——
平成16年度　第1問

■■■ **問題編** ■■■

　取引の発生から財務諸表の作成に至るまでの簿記一巡の手続きとして、最も適切なものはどれか。

ア　取引の発生→仕訳→元帳転記→決算整理手続き→棚卸帳の作成→試算表の作成
　　→財務諸表の作成

イ　取引の発生→仕訳→元帳転記→試算表の作成→決算整理手続き→棚卸帳の作成
　　→財務諸表の作成

ウ　取引の発生→仕訳→元帳転記→試算表の作成→棚卸帳の作成→決算整理手続き
　　→財務諸表の作成

エ　取引の発生→仕訳→元帳転記→棚卸帳の作成→決算整理手続き→試算表の作成
　　→財務諸表の作成

オ　取引の発生→仕訳→元帳転記→棚卸帳の作成→試算表の作成→決算整理手続き
　　→財務諸表の作成

解答：ウ

　簿記一巡の手続きに関する出題である。

　7つの手続きのうち、「試算表の作成」「棚卸帳の作成」「決算整理手続き」の3つの順序を事実上は問われている。

　試算表とは総勘定元帳に記載された各勘定を一覧表にまとめ、総勘定元帳の記載に間違いがないか否かを確認するためのものである。総勘定元帳のすべての勘定科目について、借方合計と貸方合計を算出し、双方の数値が合致していれば、絶対とはいえないが、総勘定元帳の記録は正しいと推測される。

　一方で、試算表の金額は帳簿上の金額であり、必ずしも実際に保有する資産や負債の期末有高であるとは限らない。また、試算表に記載されている繰越商品は期首の商品有高であって、期末有高ではない。そのため、各種資産や負債について実際の有高を確認し、帳簿上の残高を実際の有高に調整する必要がある。この一連の調整手続きを棚卸しといい、棚卸しによって作成される一覧表を棚卸帳（表）という。棚卸しでは、商品のみが対象なのではなく各種の資産、負債も対象である。帳簿上の各勘定科目の残高を確定し、棚卸しによって確定した実物の有高との差違を調整する、という手順がとられる。この試算表の作成と棚卸帳の作成を合わせて「決算予備手続き」という。

　「決算予備手続き」が終了すると、次に「決算整理手続き」に入る。「決算整理手続き」とは試算表の各勘定科目の残高と、棚卸帳の残高の差違を修正する決算修正仕訳の実施、修正仕訳の総勘定元帳への転記、損益勘定の開設、法人税、住民税の算出、各勘定科目の次期繰越高の算出等が含まれる。

　よって、ウが正解である。

■■■ **問題編** ■■■

　A、B、Cの各商店は、いずれも資産2,000万円、負債500万円を有する小売業であるが、あるとき各商店ともそれぞれ800万円で店舗を増築した。支払いの内訳は以下のとおりである。

・A店は全額を自店の現金で支払った。
・B店は建築費の半額を銀行より借り入れ、残額を自店の現金で支払った。
・C店は全額、銀行からの借り入れであった。

　下表のア〜オのうち、増築後の各商店の財政状態を示すものとして、最も適切なものはどれか。

（単位：万円）

	店名	資　産	負　債	純資産
ア	A	2,000	500	1,500
	B	2,000	900	1,100
	C	2,800	1,300	1,500
イ	A	2,000	500	1,500
	B	2,400	900	1,500
	C	2,800	1,300	1,500
ウ	A	2,800	－	2,800
	B	2,800	400	2,400
	C	2,800	800	2,000
エ	A	2,000	500	1,500
	B	2,800	900	1,500
	C	2,800	1,300	1,500
オ	A	2,800	500	2,300
	B	2,800	900	1,900
	C	2,800	1,300	1,500

■■■ **解答・解説編** ■■■

解答：イ

　資産の取得等による財政状態の変化に関する出題である。
　A、B、Cの各商店につき、店舗増築の仕訳により、資産、負債、純資産がどのように変化するかを考えればよい。（以下、単位省略）

● A店の仕訳：(借)建物　　800　　(貸)現金　　800
　建物（資産）が800増加し、現金（資産）が800減少するため、資産は増減しない。また、負債、純資産も増減しない。
　したがって、A店の財政状態は、資産2,000、負債500、純資産1,500である。

● B店の仕訳：(借)建物　　800　　(貸)現金　　400
　　　　　　　　　　　　　　　　　　　借入金　　400
　建物（資産）が800増加、現金（資産）が400減少するため、資産は800−400＝400増加する。また、借入金（負債）が400増加する。純資産は増減しない。
　したがって、B店の財政状態は、資産2,000＋400＝2,400、負債500＋400＝900、純資産1,500である。

● C店の仕訳：(借)建物　　800　　(貸)借入金　　800
　建物（資産）が800増加し、借入金（負債）が800増加する。純資産は増減しない。
　したがって、C店の財政状態は、資産2,000＋800＝2,800、負債500＋800＝1,300、純資産1,500である。

　よって、イが正解である。

■■■ 問題編 ■■■

次の表の空欄Aに入る最も適切な金額を下記の解答群から選べ（単位：千円）。

（単位：千円）

期　　首		期　　末		収益	費用	純資産の変動		
資産	負債	資産	負債			当　期純損益	その他	
							増加	減少
640	280	A	340	810	930	（　　）	210	190

〔解答群〕

　　ア　560

　　イ　600

　　ウ　720

　　エ　840

■■■ **解答・解説編** ■■■

解答：イ

　貸借対照表と損益計算書の関係に関する出題である。

　まず、当期純損益と純資産の変動総額を計算する。

　　当期純損益＝収益810－費用930＝－120

　　純資産の変動総額＝当期純損益（－120）＋その他増加210－その他減少190

　　　　　　　　　　　＝－100

　上記より、純資産は期首から期末にかけて100減少しているはずである。よって、期末資産（A）は次のとおり計算できる。

　　期首純資産＝期首資産640－期首負債280＝360

　　期末純資産＝期首純資産360－100＝260

　　期末資産（A）＝期末負債340＋期末純資産260＝600

　よって、イが正解である。

過去23年分 平成13年(2001年)～令和5年(2023年)	
1位	貸借対照表の知識⑥(純資産)
2位	貸借対照表の知識①(流動資産)
3位	棚卸資産の評価

直近10年分 平成26年(2014年)～令和5年(2023年)	
1位	貸借対照表の知識⑥(純資産)
2位	棚卸資産の評価
3位	貸借対照表の知識①(流動資産)

過去23年間の出題傾向

　純資産は自己株式や剰余金の配当を中心に21回、流動資産は銀行勘定調整表や有価証券の評価を中心に15回出題されている。また、棚卸資産の評価や売上原価の算定に関する計算問題もかなりの頻度で出題されているため、計算に慣れておこう。

第 2 章

財務諸表の知識

I 貸借対照表の知識

1 貸借対照表の知識①（流動資産）　Ⓐ

(1) 資産の部の構成

「資産の部」に表示されている科目は、企業が所有している権利を示している。たとえば、「現金及び預金」や「建物」、「電話加入権」も権利である。別の表現として、調達した資金の「運用形態」を示している。銀行からの借入金で資金を調達し、その資金で建物を購入したら「資産の部」に「建物」と記入（＝記載）される。

(2) 流動資産と固定資産の分類

流動資産と固定資産の分類方法には、「正常営業循環基準」と「1年基準」がある。まず、正常営業循環過程の資産と負債が、流動資産と流動負債に分類され、それ以外については1年基準が適用される。

① 正常営業循環基準

正常営業循環基準は、企業の正常な営業の循環過程にあるものは流動資産・流動負債とする基準である。正常な営業の循環過程とは、「現金⇒原材料の仕入⇒製品への加工⇒販売用の在庫としてストック⇒売上⇒売掛金⇒現金」の過程である。

正常営業循環基準に該当する資産は期間が1年を超えても流動資産に分類する。たとえば、不動産会社が販売用の土地を2年間保有している場合には、在庫の期間が1年を超えても流動資産に分類される。

② 1年基準 (ワンイヤー・ルール)

1年基準 (ワンイヤー・ルール) は、貸借対照表作成日の翌日から起算して、1年以内に現金化または費用として流出する資産を流動資産とし、それ以外の資産を固定資産として分類する。

【 正常営業循環基準 】

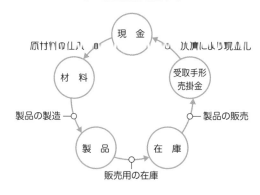

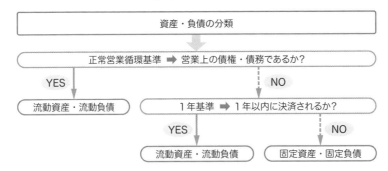

【 流動と固定の分類 】

資産・負債の分類

正常営業循環基準 ➡ 営業上の債権・債務であるか？

YES → 流動資産・流動負債

NO → 1年基準 ➡ 1年以内に決済されるか？

YES → 流動資産・流動負債

NO → 固定資産・固定負債

R04-01
R01-04
H27-03

(3) 現金及び預金

　企業の決済には、現金のほかに預金が使われる。銀行の預金には、普通預金、定期預金のほかに当座預金などがある。

　小切手は、よくドラマなどでお金持ちの方が「好きなだけ（金額を）書いてくれ」と渡したりする。これは金額を書いた小切手を銀行に持って行けば、いつでも換金してくれるからである。**小切手**は当座預金口座からお金を引き出す際に用いられる紙切れと考えよう。

　簿記上では小切手を100万円振り出すと、当座預金を100万円減少させる。他人が振り出した小切手を受け取ったときは、帳簿には「現金」として記載される。これは換金性が非常に高いからである。

【 現金の種類 】

現金のほかに、ただちに現金に換えられる性格のものも含む
現金　【通貨代用証券】他人振出の小切手、送金小切手、郵便為替証書、配当金領収書、期限の到来した公社債利札

【 現金預金の基本仕訳 】

- 商品10,000円を仕入れ、小切手を振り出した
　　（仕　　入）10,000　　（当座預金）10,000

- 商品10,000円を売上げ、代金は小切手で10,000円を受け取った
　　（現　　金）10,000　　（売　　上）10,000

　決算時や月末などには、当座預金に関する帳簿記録の正確性を検証するために、銀行から残高証明書を入手して当座預金の帳簿残高と照合を行う。双方の金額が一致しない場合には、**銀行勘定調整表**を作成して不一致の原因を分析し、必要に応じて帳簿の修正を行う。

銀行勘定調整表の作成方法には、①銀行残高基準法、②企業残高基準法、③**両者区分調整法**がある。

①銀行残高基準法

銀行の残高証明書の残高に不一致の原因となる項目を加減して、企業の当座預金勘定の残高に一致させる方法である。

②企業残高基準法

企業の当座預金勘定の残高に不一致の原因となる項目を加減して、銀行の残高証明書の残高に一致させる方法である。

③両者区分調整法

銀行の残高証明書の残高と企業の当座預金勘定の残高のそれぞれに不一致の原因となる項目を加減して、両者を一致させる方法である。

不一致の原因には次のようなものがあり、③両者区分調整法の場合、不一致の原因によって、銀行側と企業側のどちらの残高を調整するかが異なる。

【 不一致の原因と調整方法 】

不一致の原因	内容	調整方法
未渡小切手	小切手を作成したが、取引先にまだ渡していない	企業残高の加算
誤記入	企業が誤った金額で勘定に記入	企業残高の加減算
連絡未通知	振込（回収）や引落の連絡が企業に届いていない	企業残高の加減算
時間外預入	銀行の営業時間終了後に預け入れたため、銀行残高に未反映	銀行残高の加算
未取付小切手	小切手を振り出し、取引先に渡したが、取引先が銀行にまだ呈示していない	銀行残高の減算
未取立小切手	銀行に小切手代金の取立て（※）を依頼したが、まだ取り立てられていない ※取立て…銀行が手形交換所に小切手を持ち込み、現金に換金すること	銀行残高の加算

【 銀行勘定調整表（両者区分調整法）】

(単位：円)

当座預金勘定残高		500,000	銀行残高証明書残高	480,000
（加算）			（加算）	
未渡小切手	70,000		未取立小切手	200,000
回収連絡未通知	80,000	150,000		
（減算）			（減算）	
引落連絡未通知		50,000	未取付小切手	80,000
		600,000		600,000

⑷ 金銭債権の評価

まず「債権」について考えよう。「債権」とは相手に対して要求したり、主張したりする権利である。**金銭債権**とは、企業同士の取引の見返りとして、相手から金銭により回収されることが予定されている債権である。流動資産における金銭債権は図表のように２種類に分類される。

【 金銭債権の分類 】

> ①営業取引から生じた債権 ➡ 受取手形、売掛金などの商品売買の対価

> ②営業外取引から生じた債権 ➡ 貸付金、未収入金など

⑸ 売掛金の知識

企業同士の取引では、契約や商慣習により、決済は一定の期日にまとめてすることが一般的である。

たとえば、取引先に商品を売り上げたとき、すぐに現金を回収しないで、売掛金として、後日まとめて決済する。もちろん、後日支払う約束を企業間で行うときには信用が必要である。そのため掛取引は信用取引とも呼ばれる。

売掛金は将来現金がもらえる権利を示しており、資産となる。たとえば、取引先がB社しかないA社の帳簿に、売掛金100万円が記載されているときは、取引会社のB社の帳簿には買掛金100万円が記載されている。B社の決済によりA社に100万円が入金されると、A社の売掛金とB社の買掛金の100万円は消滅する。受取手形と売掛金を合わせて**売上債権**と呼ぶことも覚えておこう。

【 売掛金と買掛金 】

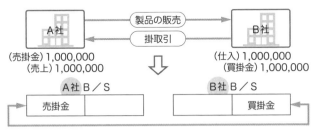

⑹ 受取手形

① 約束手形

企業同士の取引では、商品代金の決済のために一定の期日に支払うことを約束した**約束手形**という証券を相手に渡す。手形を渡すことを「振り出す」という。

A社がB社から約束手形を100万円受け取ったら「受取手形100万円」と記帳される。

反対にB社が約束手形を100万円振り出したら「支払手形100万円」と記帳される。手形の振出人（支払人）はB社で、名宛人（受取人）はA社となる。

【 約束手形の知識 】

（受取手形）1,000,000
　　（売上）　1,000,000

　　　（仕入）　1,000,000
　　　　（支払手形）1,000,000

H27-05 **② 為替手形**

　約束手形の処理は当事者が2人のときである。取引の当事者が3人のときには**為替手形**を使う。たとえば、同じ期日に、A社の売掛金がB社に対して100万円あり、A社の買掛金がC社に対して100万円あるときである。

　A社はB社から100万円を回収してC社に100万円支払うと手間がかかる。そのため、B社からC社へ100万円を支払ってもらうように為替手形を使用する。A社がB社の承認を得て為替手形をC社に振り出すことにより、B社が手形の金額である100万円をC社に支払うことになる。

　ここで為替手形の用語を確認しよう。**引受**とは、為替手形を振り出すときにB社に承認を得ることである。**振出人**とは、約束手形と同じ手形を振り出す人で、A社になる。約束手形と違う点は、振出人が手形金額を支払わない点である。

　手形金額を支払う人を**名宛人（支払人、引受人）**という。ここではB社である。また、手形を受け取る人を**受取人（指図人）**という。ここではC社である。

　次の図表ではA社（振出人）・B社（名宛人）・C社（受取人）の関係と、仕訳の内容を確認しよう。

【 為替手形の知識 】

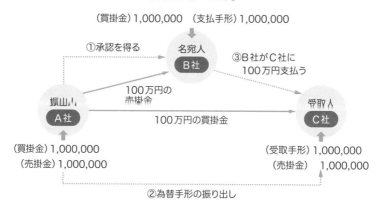

34

③ 割引手形と裏書譲渡

　もし銀行の預金口座の金額が不足して、約束手形や為替手形の決済ができないならば不渡りとなる。不渡りが半年間で2度続くと銀行との取引ができなくなり「取引停止処分」となり、企業は事実上、倒産となる。

　企業では短期的な資金調達のために受取手形を銀行に譲渡して換金するか、受取手形を取引先の企業に譲渡して買掛金の支払代金とする方法がある。

　手持ちの受取手形を銀行に譲渡して換金する手段を**手形割引**という。また、受取手形を買掛金の決済などのために、取引先に譲渡することを**裏書譲渡**という。

　割引手形については手形の売却と考え、銀行へ支払う割引料は「**手形売却損**」勘定で処理する。

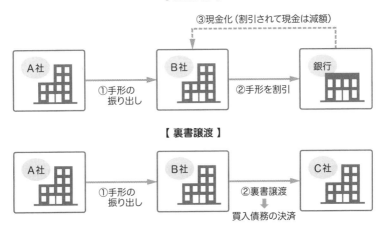

【 割引手形 】

③現金化（割引されて現金は減額）

A社　①手形の振り出し　B社　②手形を割引　銀行

【 裏書譲渡 】

A社　①手形の振り出し　B社　②裏書譲渡　C社

買入債務の決済

④ 手形の遡及義務

　取引先企業から決済が受けられなくて、受取手形が不渡りになった場合は、どのように処理するのだろうか。不渡りの場合は「**不渡手形**」勘定へ振り替える。こうなると「不良債権」となり、支払いが長期にわたる。

　A社が振り出した支払手形を、B社が割引や裏書した後、A社が倒産して不渡りになった。取引先の倒産などにより受取手形が決済されない場合には、B社は責任を免れることはできない。取引先の倒産のように、将来一定の条件下で起こり得る潜在的な債務を**偶発債務**という。

【 A社が倒産して不渡手形になった場合 】

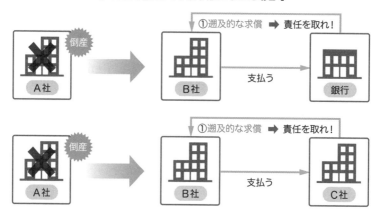

(7) 有価証券

有価証券には、国債、地方債、社債、株券などがある。有価証券は保有目的により勘定科目が異なる。保有目的とは有価証券を購入した目的である。

① 有価証券の分類

(a) 売買目的有価証券

売買目的有価証券とは、短期間に売買を繰り返してキャピタルゲインを目的とした株式及び社債のことである。たとえば100万円で株式を購入して120万円に値上がりしたとき、キャピタルゲインは20万円となる。

(b) 満期保有目的の債券

満期保有目的債券とは、社債や国債など、債券の満期日までの保有を目的とした債券である。

(c) 子会社株式・関連会社株式

ある企業を支配する目的で株式を購入した場合は、**子会社株式・関連会社株式**として処理される。

(d) その他有価証券

今まで挙げたa〜c以外の有価証券は、その他有価証券勘定で記載する。一般的には「持合株式」がある。**持合株式**とは、株式会社が相互に株式を保有し合うことである。これは、取引関係・提携関係の維持・強化、安定株主工作等の目的で行われる。

② 有価証券の評価

『金融商品に関する会計基準』により、保有目的ごとに分類され、分類方法により評価方法も異なる。次の図表を参照しよう。

【 有価証券の分類 】

有価証券の分類	B／S上の表示科目	B／S上の表示区分	売却時の損益表示区分
売買目的有価証券	有価証券	流動資産	営業外損益
満期保有目的の債券	有価証券（満期日まで1年以内）		原則、満期まで売却しない
	投資有価証券（満期日まで1年超）	固定資産（投資その他の資産）	
子会社株式・関連会社株式	関係会社株式		特別損益
その他有価証券	投資有価証券		営業外損益または特別損益

【 評価方法のまとめ 】

有価証券の分類	B／S計上額	評価差額の処理
売買目的有価証券	時価	当期の損益
満期保有目的の債券	原則、取得原価※	原則として生じない
子会社株式・関連会社株式	取得原価	原則として生じない
その他有価証券	時価	原則として純資産の部に記載

※満期保有目的の債券を額面金額と異なる価額で取得した場合、取得価額と債券の額面金額との差額の性格が金利の調整と認められるときは、償却原価法にもとづいて算定した価額（償却原価）をもって貸借対照表価額とする。

③ 有価証券の購入

H20-04

　たとえば、A社の株式を1株10万円で購入したとき、証券会社へ手数料を支払う必要がある。株式の購入時に1,000円の手数料がかかった場合、手数料のような費用は損益計算書に計上しないで、株式の取得原価に含めて、有価証券10万1,000円として貸借対照表に記載する。株式の購入価格10万円と、手数料などの付随費用を合わせた金額を**取得原価**と呼ぶ。

【 有価証券の購入 】

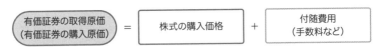

有価証券の取得原価（有価証券の購入原価） ＝ 株式の購入価格 ＋ 付随費用（手数料など）

④ 有価証券の売却

　有価証券を売却するときには銘柄ごとに取得原価を計算する。売却価額との差額でもうけが出たときには**有価証券売却益**として、損したときには**有価証券売却損**として処理する。

　TBC社では、A社の株式を8月1日に1株20万円で購入して、9月30日にA社の株式を1株10万円で購入した。このように株式の価格は、同じA社の銘柄でも変動する。そのため何度も購入があった場合は、どの購入時点の株式を売却したの

かがわからなくなる。そこで、一般的に有価証券では**移動平均法**と呼ばれる方法で、売却時点の平均単価を算定する。

今回の場合、（20万円＋10万円）÷2＝15万円が平均単価となる。10月末日に20万円で1株売却したときは、平均単価との差額5万円が売却益となる。

【 売買目的有価証券を売却したときの処理 】

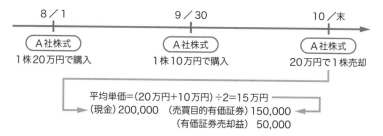

⑻ その他流動資産

貸借対照表に記載される資産には、今まで学習した債権のほかに、次の資産がある。

① 前渡金・前払金

取引先から商品を仕入れる際に、前もって現金の一部を支払う場合がある。たとえば、1,000万円の車を購入するときに、前もって押さえておきたいときには口頭での約束だけではなく、10万円ほど内金または手付金として入金する。このような手付金の金額を**前渡金**または**前払金**という。

【 前渡金の処理 】

● A社は商品200,000円を仕入れる際に、手付金を50,000円現金でB社に支払った。

（前渡金）50,000　（現金）50,000　　　　（現金）50,000　（前受金）50,000

● A社は商品200,000円を仕入れ、手付金を除いた金額を小切手を振り出して支払った。

（仕入）200,000　（前 渡 金）50,000　　（前受金）50,000　（売上）200,000
　　　　　　　（当座預金）150,000　　（現 金）150,000

② 未収金・未収入金

売掛金とは売上代金のうち、まだ現金として入金していない債権であるが、小売

業を営む企業が、本来の営業目的ではない土地などを売却して、未入金の場合はどのように処理をするのだろうか。

　本来の営業取引以外の売買における未回収金額は、売掛金ではなく、**未収金**または**未収入金**として処理する。

【 未収金の処理 】

（未収金）5,000,000　（土地）5,000,000

③ 貸付金

　金銭を従業員や子会社・関連会社などに貸し付けたときには、**貸付金**として処理する。長期の場合には**長期貸付金**として記載する。

(9) 資産として記載される経過勘定項目（前払費用・未収収益）

　会計では、適正な期間損益計算をすることが目的となっている。そのため一括して保険料を支払っても、当期の費用に属さないと考えた場合には、次期に繰り延べて計上する。

　また、利息が入金されていなくても、確実に次期に当期の利息が受け取れるならば、収益を見越して計上する。このような手続きにより貸借対照表に資産として計上される科目が**前払費用**、**未収収益**である。

2 貸借対照表の知識②（固定資産） Ⓑ

(1) 有形固定資産

　企業の建物や営業に使う自動車、パソコンなどは固定資産に分類され、固定資産は、有形固定資産、無形固定資産、投資その他の資産に分類される。

　有形固定資産とは、建物や自動車などの車両、パソコンやエアコンなどの器具備品、工場の機械や土地などの形のある資産である。

　たとえば、建物3,000万円と土地7,000万円を購入したら、貸借対照表に建物3,000万円、土地7,000万円と計上する。

　購入した土地が荒れていたり、古い家屋が建っていたりして、整地費用に100万円かかった場合はどのように処理するのだろうか。この場合は、整地費用の100万円も土地の取得原価に含めて、貸借対照表に土地7,100万円と計上する。

【 有形固定資産の取得原価 】

有形固定資産の
取得原価 ＝ 有形固定資産の
購入価格 ＋ 付随費用
（搬入料・整地費用など）

R04-05 **(2) 無形固定資産**

　無形固定資産とは、特許権や商標権などのように、物理的な形態をもたないが1
年を超える長期にわたって利用される資産である。そのため、特許権や商標権を取
得するときにかかった費用は権利として貸借対照表の資産に計上する。

　たとえば、企業が電話に加入する際に、加入権として4万円支払うと、費用とし
て計上せずに電話加入権4万円として、貸借対照表の無形固定資産に計上する。

　無形固定資産には、①特許権や商標権のような法律上の権利、②コンピュータの
ソフトウェア制作費、③収益性の高い他企業の買収に伴って計上されるのれんがあ
る。また、多くの無形固定資産は、残存価額をゼロとする定額法で償却を行う。な
お、人的資産は無形固定資産に含まれない。

(3) 投資その他の資産

　今まで紹介した以外の固定資産は、投資その他の資産として貸借対照表に記載さ
れる。また、1年超の期間がある長期性預金なども含まれる。

【 固定資産の種類 】

有形固定資産	長期に使用する目的の有形資産で、土地と建設仮勘定以外は償却資産である。貸借対照表には、取得原価から減価償却の金額を控除する形式で記載される。	
無形固定資産	長期に使用する目的の無形資産で、①特許権や商標権のような法律上の権利、②コンピュータのソフトウェア制作費、③収益性の高い他企業の買収に伴って計上されるのれんがある。貸借対照表には、償却額を控除した未償却残高を記載する。	
投資その他の資産	投　資	投資有価証券／関係会社株式／出資金／関係会社出資金／長期貸付金／株主等への長期貸付金／関係会社長期貸付金　など
	その他の資産	破産債権／更生債権／再生債権／長期前払費用／繰延税金資産　など

 (4) ソフトウェアの会計処理

　ソフトウェアとは、①コンピュータに一定の仕事を行わせるためのプログラム、
②システム仕様書、フローチャート等の関連文書であり、コンテンツは含まれない。

　ソフトウェアの会計処理は制作目的によって異なり、**受注制作のソフトウェア**、
市場販売目的のソフトウェア、**自社利用のソフトウェア**に分類される。新しい知識
を具体化するまでの過程は研究開発とされ、制作活動費が研究開発費として処理さ
れる一方、研究開発に該当しない支出は無形固定資産となる。

無形固定資産として計上したソフトウェアの取得原価は、目的に応じて、見込販売数量に基づく償却方法その他合理的な方法により償却しなければならない。

【 ソフトウェアの会計処理 】

	目的による分類	会計処理
自社利用	将来の収益獲得または費用削減が確実であると認められる場合	無形固定資産に計上（機械等に組み込まれたものは、当該機械等の取得原価に算入する）
	将来の収益獲得または費用削減が確実であると認められない場合または不明な場合	費用処理
市場販売	最初に製品化された製品マスターの完成時点までに発生した費用	研究開発費として、一般管理費に計上
	製品マスターの制作原価	無形固定資産に計上（制作仕掛品はソフトウェア仮勘定、完成品はソフトウェアなどの勘定科目を用いる）
	製品マスター完成後の制作費	原則として、無形固定資産に計上（著しい改良と認められる場合は、著しい改良が終了するまで研究開発費として処理する）
受注制作（無形固定資産に計上されない）	履行義務が一定の期間にわたり充足され、進捗度を合理的に見積れる場合	進捗度に応じて収益・原価を計上する
	履行義務が一定の期間にわたり充足されるが、進捗度を合理的に見積れない場合	合理的に見積ることができる時まで、原価回収基準を適用する

【 ソフトウェアの減価償却の方法 】

目的	償却方法	耐用年数
自社利用	一般的に、定額法	原則として、5年以内
市場販売	見込販売数量（または見込販売収益）に基づく償却額と残存有効期間に基づく均等配分額とを比較し、いずれか大きい額を計上する	原則として、3年以内

R04-05
R02-05
H29-07
H23-03

(5) 減損会計

① 減損会計の概要

　減損会計は、企業が保有する資産または資産グループ（以下「資産等」とする）に対する投資が、当該資産等を事業の用に供することで得られるキャッシュ・フローにより回収できるかという回収可能性をチェックするものである。なお、のれんも減損処理の対象となる。

　事業環境の変化や陳腐化の発生などにより、投資が回収できないと判定された場

合には、資産等の帳簿価額を回収可能価額まで減額する。

　キャッシュ・フローの悪化などの、減損の兆候がある資産等についての減損損失を認識するかどうかの判定は、資産等から得られる割引前将来キャッシュ・フローの総額と帳簿価額を比較し、資産等から得られる割引前将来キャッシュ・フローの総額が帳簿価額を下回る場合には、減損損失を認識する。

　減損損失を認識すると判定された資産等は、帳簿価額を回収可能価額まで減額し、当該減額分を減損損失として当期の特別損失とする。減損処理の実施後に、回収可能性が回復した場合であっても、減損損失の戻入れは行わない。

　割引前将来キャッシュ・フローとは、原則として資産等の継続使用によって得られると見込まれる将来キャッシュ・フローの額と資産等の使用後の処分によって生ずると見込まれる将来キャッシュ・フローの額を合計したもので、現在価値に割り引いていないものである。**回収可能価額**とは、資産等の**正味売却価額**（時価－処分費用見込額）と**使用価値**（将来キャッシュ・フローの現在価値）のいずれか高い額である。

② **減損損失の計上方法**

　たとえば、次のような場合の減損損失を求めてみよう。

> • 未償却残高 10,000 千円の機械に減損の兆候
> • 当期末に割引前将来キャッシュ・フローを見積もった結果、割引前将来キャッシュ・フローは、残存耐用年数 3 年で毎年 2,000 千円と使用後の残存価額 1,000 千円であった
> • 当該機械の当期末における時価は 5,500 千円、処分費用見込額は 400 千円
> • 将来キャッシュ・フローの割引率は 10%

(a) **減損損失の認識の判定**

　減損の兆候があるので、割引前将来キャッシュ・フローの総額と帳簿価額を比較して、減損損失の認識の判定を行う。「割引前将来キャッシュ・フローの総額＝2,000 千円 × 3 年 ＋ 1,000 千円 ＝ 7,000 千円」となる。

　帳簿価額と割引前将来キャッシュ・フローを比較すると「帳簿価額 10,000 千円 ＞割引前将来キャッシュ・フローの総額 7,000 千円」となるため減損損失を認識する。

(b) **減損損失の計上**

　資産等の正味売却価額と使用価値を比較すると、「資産等の正味売却価額 5,100 千円 ＜ 使用価値 5,725 千円」と使用価値のほうが大きくなるため、回収可能価額は 5,725 千円となる。計算は次のとおりである。

> 資産等の正味売却価額＝時価 5,500 千円－処分費用見込額 400 千円＝5,100 千円

$$使用価値 = \frac{2,000千円}{(1+0.1)^1} + \frac{2,000千円}{(1+0.1)^2} + \frac{2,000千円}{(1+0.1)^3} + \frac{1,000千円}{(1+0.1)^3} ≒ 5,725千円$$

減損損失を求めると「減損損失＝帳簿価額10,000千円－回収可能価額5,725千円＝4,275千円」となる。

【 減損損失計上までの流れ 】

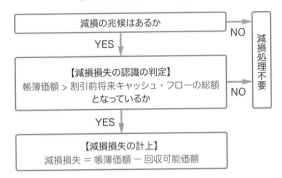

3 貸借対照表の知識③（繰延資産）

繰延資産には、創立費や開業費、株式交付費などがある。これらは原則、費用として計上するが、貸借対照表に繰延資産として計上することもできる。

たとえば、新しく支店を開設するために、株式を1億円発行したとする。株式を発行するために、株式交付費が180万円かかったとする。

この費用は将来、支店の営業から生じる収益のために支出した費用であるため、当期のみの費用とせずに、貸借対照表の繰延資産に株式交付費180万円と計上する。この株式交付費180万円は、定められた期間で償却して収益と費用を対応させる。

【 株式の発行と株式交付費の償却 】

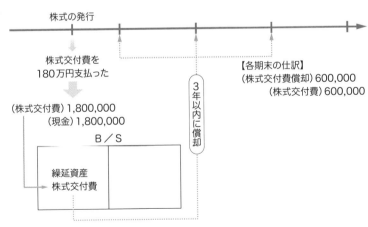

【 繰延資産の種類と償却期間 】

種　類	償却期間
創立費	会社成立後5年以内
開業費	開業後5年以内
株式交付費	株式交付のときから3年以内
開発費	5年以内のその効果の及ぶ期間 (ただし、最長で5年以内)
社債発行費等	利息法で月割償却 (または、定額法)

4 貸借対照表の知識④ (流動負債) Ⓑ

　負債の部は、流動負債と固定負債に分かれている。負債とは必ず金銭を支払わなければならない債務のことを示す。

H27-05 **(1) 支払手形と買掛金**

　支払手形と買掛金を合わせて**仕入債務**または**買入債務**と呼ぶ。支払手形も買掛金も、受取手形、売掛金と表裏一体の関係である。たとえば、取引先に対して100万円の売掛金があるということは、取引先の貸借対照表には買掛金が100万円記載されている。

　買掛金は仕入とともに発生する。そのため仕入によって買掛金が生じた場合、取引先には、損益計算書に売上高と、貸借対照表に売掛金が計上される。

　支払手形は企業の主たる営業取引の過程以外にも生じる。たとえば、①備品などの固定資産を購入して手形で支払った場合である。また、②約束手形を振り出して借り入れる場合もある。このような場合には、その他負債として、**営業外支払手形**や**手形借入金**と記載する。

【 仕入債務 】

$$\boxed{仕入債務・買入債務} = \boxed{支払手形} + \boxed{買掛金}$$

(2) 短期借入金

　短期借入金は返済期限が1年以内の借入金のことである。これは金融機関から調達した資金などを示している。

R04-08 R01-07 **(3) その他流動負債 (未払金、前受金、預り金)**

　未払金は、有価証券や土地の購入取引など主たる営業取引過程以外から生じる金銭債務である。決算日の翌日から起算して1年を超えて支払われる未払金は、貸借対照表上、固定負債に計上される。1年を超えないものは流動負債に計上される。買掛金は1年を超えるものでも正常営業循環基準により流動負債に計上される。

　また、その他流動負債として、受注品などに対する代金の前受け部分である**前受**

金や、源泉所得税や従業員負担の生命保険料、社内預金などの預り額である**預り金**がある。

【 買掛金と未払金 】

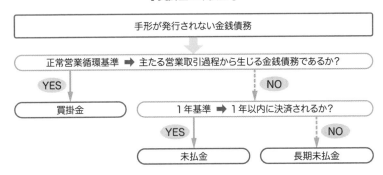

(4) 負債として記載される経過勘定項目（前受収益・未払費用）

H22-03
H19-03

　会計では、適正な期間損益計算をすることが目的となっている。そのために一括して家賃を受け取っても、当期の収益に属さないと考えた場合には、次期に繰り延べて計上する。

　また、利息を支払っていなくても、確実に次期に利息を支払うならば、当期分の費用を見越して計上する。このような手続きにより貸借対照表に負債として計上される科目が**前受収益**と**未払費用**である。

5 貸借対照表の知識⑤（固定負債） Ⓑ

H26-02
H23-02
H20-05

(1) 退職給付引当金

　退職給付引当金は、将来の退職給付のうち、当期の負担額を当期の費用として計上したときに生じる。退職給付引当金は、企業が従業員に対して退職一時金や退職年金などの退職給付の支払いを、労働協約や就業規則で約束している場合に生じる。

　退職給付の仕組みを①企業、②年金基金、③退職する従業員の関係から理解しよう。①企業は外部の年金資産を運用する年金基金などに対して掛け金を積み立てる。この積み立て分を年金資産という。②年金基金は企業からの掛け金を元手に株や債券、預金などにより運用する。③退職する従業員へは、企業から退職一時金が支払われる。また、年金基金から年金が支払われる。これらが従業員にとっての退職給付となる。

【 退職給付の仕組み 】

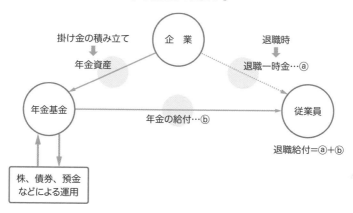

　将来の退職給付のうち、期末現在までに発生していると認められる部分を現在価値に割り引いた金額を**退職給付債務**という。退職給付制度が終了した場合、資産の減少を伴って退職給付債務が減少する。

　退職給付引当金は、会社が負担すべき退職給付債務の額から、積み立てた年金資産の額を差し引いた額を計上し、仕訳は次のようになる。年金資産および年金債務（退職給付債務）は両建て表示をせず、退職給付債務から年金資産の額を控除した純額を退職給付引当金として固定負債に表示する。（年金資産が退職給付債務より大きい場合は、純額を前払年金費用として固定資産に表示する。）

【 仕訳 】

（退職給付費用）50,000　　　　（退職給付引当金）50,000

【 退職給付引当金計算のイメージ 】

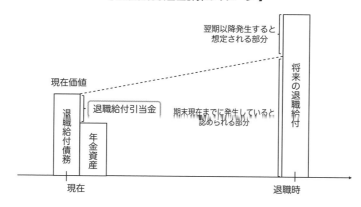

⑵ 社債

　社債は、企業が多額の資金を調達する目的で債券を発行することにより生じた債務である。たとえば、企業が1億円の機械を購入する場合、購入する資金が1億円必要である。このようなとき社債を発行して広く市場から資金を調達する。社債では、①**社債の発行**、②**社債の利払い**、③**社債の償還**を理解しよう。

① 社債の発行

　社債の発行には、平価発行、割引発行、打歩発行の3つがある。**平価発行**では、社債の券面額と等しい価額で発行する。**割引発行**では、社債の券面額よりも低い価額で発行する。**打歩発行**では、社債の券面額よりも高い価額で発行する。

　割引発行、打歩発行の場合には、社債の券面額と払込価額との差額を、償却原価法により毎期一定の方法で社債の貸借対照表価額に加減する。

【 社債の発行 】

種　類	社債の券面額		発行価額
平価発行	5万円	＝	5万円
割引発行	5万円	＞	3万円
打歩発行	5万円	＜	6万円

② 社債の利払い

　企業が社債を発行したら、利息の支払日に額面金額に利率を乗じた利息を支払う必要がある。たとえば、5万円の額面で利率が2％のときには1年間に「5万円×0.02＝1,000円」を支払う。社債を発行した企業は、損益計算書に費用として社債利息1,000円と計上する。

③ 社債の償還

H26-05

　社債を発行した企業が、その社債によって調達した資金を社債権者（社債を買った人）に弁済することを**社債の償還**という。たとえば、5年満期の社債で1億円調達した会社は、5年後に1億円を返済する義務がある。

【 社債と直接金融 】

　社債の償還方法は、一定期日に償還するか、随時に償還するかによって定時償還と随時償還に、全額一括して償還するか、分割して償還するかによって一括償還と分割償還に分けることができる。

R01-07 **(3) 資産除去債務**

　資産除去の義務を伴う有形固定資産を取得した場合、その資産の除去に要する支出額の割引価値を、貸借対照表日後１年以内にその履行が見込まれる場合を除き、**資産除去債務**として、固定負債の区分に表示する。また、同額を有形固定資産の帳簿価額に加え、減価償却を通じて費用を期間配分する。

【 取得時の仕訳 】

（機械設備）	350,000	（現金）	300,000
		（資産除去債務）	50,000

【 決算時の仕訳 】

耐用年数７年、残存価額０円、定額法で減価償却する場合
→（350,000円－０円）÷７年＝50,000円

（減価償却費）	50,000	（減価償却累計額）	50,000

H19-06 **6　貸借対照表の知識⑥（純資産）**

　純資産の部の学習と併せて各種資本と呼ばれるものを整理しよう。まず、純資産の部と負債の部の合計を**総資本**と呼ぶ。次に、純資産の部は①資本金、②資本剰余金、③利益剰余金などに分類される。企業は株主のものであるため、純資産の部は**自己資本**とも呼ばれ、負債の部は**他人資本**とも呼ばれる。

【 純資産の部の表示例 】

```
Ⅰ 株主資本
  資本金
  資本剰余金
    資本準備金
    その他資本剰余金
      資本剰余金合計
  利益剰余金
    利益準備金
    その他利益剰余金
      ××積立金
      繰越利益剰余金
        利益剰余金合計
  ▲自己株式
    株主資本合計
Ⅱ 評価・換算差額等
    その他有価証券評価差額金
      評価・換算差額等合計
Ⅲ 株式引受権
Ⅳ 新株予約権
        純資産合計
```

⑴ 資本金

H28-05
H22-05

資本金とは、会社の財産を確保するために基準となる一定の金額である。資本金と資本剰余金を合わせて**払込資本**と呼ぶ。たとえば、企業が資金調達の必要性から1億円を増資したときには、原則、貸借対照表には資本金1億円と記載する。

しかし、例外的に払込み又は給付に係る額の2分の1を資本金の最低額として、残りを株式払込剰余金とすることができる。その場合、資本金5,000万円、株式払込剰余金5,000万円となる。また、公開会社は会社設立に際し、発行可能株式数の4分の1以上の株式発行が必要である。

⑵ 資本剰余金

H27-04
H19-06

資本剰余金とは、会社の利益以外のものを源泉とする剰余金であり、資本準備金とその他資本剰余金からなる。**資本準備金**には、株式払込剰余金と合併差益が含まれる。合併差益は、他の企業を合併吸収したときに生じる。**その他資本剰余金**には、自己株式を処分したときに生じる処分価額と帳簿価額の差である自己株式処分差益などが含まれる。

⑶ 利益剰余金

利益剰余金は、企業が獲得した利益を源泉とする剰余金である。利益剰余金は、**利益準備金**、**その他利益剰余金**に区分して表示される。

⑷ 自己株式

R04-10
R03-16
R02-12
H27-12

企業がすでに発行した自社の株式を取得し、保有している場合に**自己株式**と呼ばれる。保有した自己株式は純資産の部にマイナス表示される。企業が自社の株式を取得すると当該企業の純資産は減少するが、市場に流通する発行済株式数も減少するため、理論的には株価に影響しない。自己株式の取得は、資本調達のために発行した株式の払戻しと同様の効果を生じさせる。自己株式に係る取引には主に、①取得、②処分、③消却がある。

①取得時の会計処理

取得原価をもって純資産の部にマイナス表示され、純資産の減少として処理する。他社の株式を取得する場合と異なり、付随費用は取得原価に含めない。

②処分時の会計処理

自己株式の処分とは、取得した自己株式を第三者へ売却することなどをいう。自己株式の処分（売却）は純資産の増加として処理する。自己株式の処分価額と帳簿価額の差額は、自己株式処分差益または自己株式処分差損として、その他資本剰余金に計上する。自己株式処分差損が生じたことにより、その他資本剰余金の残高がマイナスとなったときは、決算日に繰越利益剰余金を取り崩し、その他資本剰余金の残高をゼロにする。

③消却時の会計処理

手続完了時に、消却の対象となった自己株式の帳簿価額をその他資本剰余金から

減額する。よって、自己株式を消却しても資産は増減しない。自己株式の消却により、その他資本剰余金の残高がマイナスとなったときは、決算日に繰越利益剰余金を取り崩し、その他資本剰余金の残高をゼロにする。

⑸ その他有価証券評価差額金

持合株式などのその他有価証券の評価差額は、貸借対照表の純資産の部に計上される。損益計算書に計上されない点に注意しよう。たとえば、A社とB社が相互に株式を保有する関係にあるとする。このとき1,000万円で購入したA社の株式が1,200万円に上昇した場合、200万円が**その他有価証券評価差額金**となる。

⑹ 株式引受権

上場会社が、取締役等の報酬等として株式の無償発行をした場合に計上される。

⑺ 新株予約権

一定期間内に一定の価格で新株を引き受け、または、自己株式の移転を受ける権利の発行に伴う払い込み金額が計上される。

R05-07
R02-04
H28-05
H27-04
H25-02

⑻ 剰余金の配当

剰余金の配当をする場合には、その剰余金の配当により減少する剰余金の額に10分の1を乗じて算定した金額を資本準備金または利益準備金として積み立てなければならない。ただし、資本準備金と利益準備金の合計額が、資本金の額の4分の1を乗じた額に達すれば、それ以上は積み立てなくてもよい。

なお、配当の原資をその他資本剰余金とした場合は資本準備金を積み立てる必要があり、配当の原資をその他利益剰余金とした場合は利益準備金を積み立てる必要がある。

H29-03

⑼ 分配可能額

剰余金の配当や自己株式の取得を行うときには、その帳簿価額の総額に上限額が定められており、その上限額のことを**分配可能額**という。分配可能額の計算は個々の具体的なケースによって異なるが、原則的には、純資産から資本金と準備金を差し引いた額になる。

また、純資産が300万円を下回っている場合、あるいは剰余金の配当によって純資産が300万円を下回る場合は、配当を行ってはならない。

Ⅱ 損益計算書の知識

1 損益計算書の知識①（営業損益の部）

　第1章で紹介した損益計算書のイメージにもとづき、営業損益の部から学習しよう。営業損益の部は、一会計期間に属する売上高と売上原価を記載して売上総利益を計算し、ここから販売費及び一般管理費を控除して営業利益を表示する。

　営業損益は企業の主たる営業活動から生じた損益で、企業の本業が自動車メーカーならば、自動車の販売によって生じた損益となる。

(1) 売上高の算出

　売上高とは、販売目的で所有する商品の当期販売高である。総売上高から売上戻り、売上割戻引当金繰入、売上値引、売上割戻を控除した金額（純売上高）で表示する。

　売上値引は、売上品の量目不足、品質不良、破損等の理由により代価から控除される額である。一定期間に多額のまたは多量の取引をした得意先に対する売上代金の返戻額等の**売上割戻**は、売上値引に準じて取り扱う。**売上割戻引当金**は、当期中の売上高に関して次期以降に行われると見込まれる割戻を、期末に見積計上するものである。引当金の繰入額は当期の売上高から控除する。収益認識会計基準では、予想される割戻額を差し引いて売上を計上し売上割戻引当金は計上しない。

(2) 売上総利益の算出

　売上総利益は「売上高－売上原価」で計算する。

(3) 営業利益の算出

　営業利益は「売上総利益－販売費及び一般管理費」で算出する。販売費及び一般管理費のうち、**販売費**とは企業の販売業務に関連して発生した費用である。**一般管理費**は全般的な管理業務に関連して発生する。

　販売費及び一般管理費には、商品を運ぶ運搬費、TVのCMにかかる広告宣伝費、役員や従業員の給与手当、社会保険などの福利厚生費、出張や出勤にかかる旅費交通費、電話代などの通信費、水道やエアコン、蛍光灯などの水道光熱費、さらに減価償却費などが含まれる。

2 損益計算書の知識②（営業外損益の部）

(1) 経常利益の算出

　経常損益計算では、毎期経常的に発生し、企業の主たる営業活動以外から生じる

営業外収益と営業外費用を、営業利益に加減算して経常利益を表示する。**経常利益**は「経常利益＝営業利益－営業外費用＋営業外収益」で算出する。

　営業外費用は、企業の資金調達と密接に関係する。企業は社外に流出する利息などを少なくするために、最適な資金調達を考える。営業外費用には、借入金から生じた支払利息、社債から生じた社債利息、**売上割引**や有価証券売却損などが含まれる。

　営業外収益には、預金から生じた受取利息、社債から生じる有価証券利息、株式から生じた受取配当金、**仕入割引**や有価証券売却益などが含まれる。

R03-01
H28-02
H24-03
H21-02

(2) **売上割引**と**仕入割引**

　売上割引は、売掛金の代金決済が期限より早く行われたことにより、不要になった資金にかかる利息分を取引相手に返戻することである。売上割引は営業外費用に計上される。

　仕入割引は、買掛金の代金決済が期限より早く行われたことにより、不要になった資金にかかる利息分が取引相手から返戻されることである。仕入割引は営業外収益に計上される。

3　損益計算書の知識③（特別損益の部）　

(1) **税引前当期純利益の算出**

　税引前当期純利益は「経常利益＋特別利益－特別損失」で算出する。特別利益と特別損失をあわせて**特別損益**という。

　特別損益は「特別」という言葉のとおり、まれにしか生じない損益である。

R03-03
H30-02

(2) **臨時損益**

　固定資産の売却や災害による損失は、通常の経営をしていれば、毎期発生するものではない。固定資産を残存価額よりも高く売却することができれば、売却益として特別利益に計上される。また、災害による損失が発生したり、固定資産が残存価額よりも低く売却されたりした場合には、災害損失や固定資産売却損として特別損失に計上される。

【 固定資産の売却 】

　購入からちょうど3年目に、取得原価30万円、減価償却累計額18万円の備品を10万円で売却し、代金は現金で受け取った。

【仕訳】
　（現金）　　　　　　100,000　　（備品）300,000
　（減価償却累計額）180,000
　（固定資産売却損）　20,000

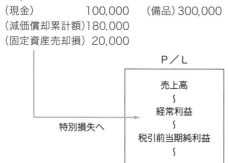

　　　　　　　　　　　　　　　　P／L

　　　　　　　　　　　　　　　売上高
　　　　　　　　　　　　　　　　〜
　　　　　　　　　　　　　　　経常利益
　　　　　　　　特別損失へ　　　　〜
　　　　　　　　　　　　　　税引前当期純利益
　　　　　　　　　　　　　　　　〜

　また、有形固定資産を、事業に使用できなくなったなどの理由で、帳簿から除外することを**除却**という。固定資産を除却した場合には、未償却の残高を**固定資産除却損**として特別損失に計上する。なお、除却した資産が処分価値を有する場合には、その額を見積もって貯蔵品として資産に計上し、残りを固定資産除却損として計上する。

【 固定資産の除却 】

　購入からちょうど3年目に、取得原価30万円、減価償却累計額18万円の備品を除却した。除却した備品の評価額は5万円だった。

【仕訳】
　（減価償却累計額）180,000　　（備品）300,000
　（貯蔵品）　　　　　50,000
　（固定資産除却損）　70,000

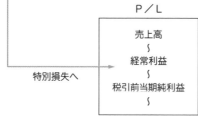

　　　　　　　　　　　　　　　　P／L

　　　　　　　　　　　　　　　売上高
　　　　　　　　　　　　　　　　〜
　　　　　　　　　　　　　　　経常利益
　　　　　　　　特別損失へ　　　　〜
　　　　　　　　　　　　　　税引前当期純利益
　　　　　　　　　　　　　　　　〜

III 決算整理事項

決算整理事項には、主に次のものがある。
①売上原価の算定（繰越商品勘定・仕入勘定の整理）、棚卸資産の評価
②減価償却費の計上
③引当金の計上
④費用・収益の見越しと繰延べ

1 売上原価の算定 Ⓑ

R02-01
R01-01
H28-01
H21-01

(1) 売上原価の算定方法 (三分法)

売上原価は、期首の在庫と、当期に仕入れた商品と、期末の在庫から求める。三分法を用いる場合は、期首商品および期末商品を、繰越商品勘定を用いて処理を行う。必ず箱図を書いて考えよう。

たとえば、A社は商品を1個30円で、100個仕入れたとする。前期からの在庫が20個（1個30円）ある。期末に商品を数えると30個残っていた。

今期はいくら売れたのだろうか。答えは、期首在庫20個＋当期仕入数量100個－期末在庫30個＝90個となる。この90個は数量ベースの売上原価である。

これを金額ベースに修正すると、売上原価は90個×30円＝2,700円となる。A社が仕入れた商品を1個50円で販売したら売上総利益は1,800円となる。

【 箱図を用いた売上原価の計算 】

【 売上原価の算出 】

決算整理においては、振替仕訳が行われる。例えば、期首商品棚卸高が1,000万円で期末商品棚卸高が700万円の場合、仕訳は次のようになる（単位：万円）。

| （仕　　入） | 1,000 | （繰越商品） | 1,000 |
| （繰越商品） | 700 | （仕　　入） | 700 |

2 棚卸資産の評価

(1) 棚卸資産の分類

棚卸資産には、次のものがある。
① 商品・製品：営業活動としての販売目的のもの
② 仕掛品・半製品：販売目的として製造過程中のもの
③ 原材料・部品：生産工程において将来消費されるもの
④ 事務用消耗品：販売活動において消費されるもの

パソコンを製造して販売している企業には、販売を目的として保有しているパソコンや、パソコンを製造するための材料や部品がある。これらの資産は棚卸資産として貸借対照表に記載される。

たとえば、期末に販売用のパソコンが100万円あるときは、製品100万円として記載される。未完成のパソコンが50万円あるときは、仕掛品50万円として記載される。製造のために消費される材料が150万円あるときは、材料150万円と記載される。これらの資産は、期末の棚卸しによって金額が確定するため**棚卸資産**と呼ばれる。

【 棚卸資産の取得原価 】

棚卸資産の取得原価 ＝ 棚卸資産の購入価格 ＋ 付随費用（手数料・関税など）

R05-01
R01-01
R01-06
R01-09
H28-01

(2) 期末棚卸資産の評価方法

期末棚卸資産の評価方法には、先入先出法、総平均法、移動平均法、売価還元法、個別法などの方法がある。

商品の仕入価格は仕入方法により変化するため、同じ商品であっても価格が異なる。特売のために大量に商品を仕入れた場合には、取引先から売上代金の返戻を受け、仕入原価が低くなる。

取扱商品が多い小売業などでは、今売れた商品が、いつ仕入れた商品かを判別するのは困難になる。在庫として残っている商品の仕入金額を決定する際には、商品の動向を「古い商品が先に売れる」というように考えて評価する方法や売価還元法などがある。棚卸資産の評価方法は、棚卸資産に含まれる「材料」「仕掛品」「半製品」「製品」にも適用される。

① 先入先出法

先に仕入れた商品から、売れていったとみなして払出単価を計算する方法である。

【 先入先出法のイメージ 】

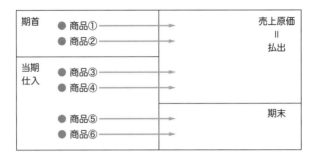

② 移動平均法

商品を取得するたびごとに、移動平均単価を算出し、これを次の商品の払出しに適用する方法である。

③ 総平均法

期首商品在庫高と当期商品仕入高の合計金額を、期首商品在庫高の数量と当期商品仕入数量の合計で除した総平均単価を期末商品在庫の単価とする方法である。

【 総平均法のイメージ 】

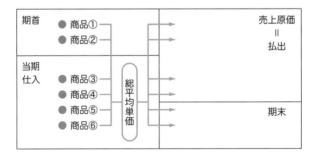

R02-01
H29-01
H27-01

(3) 商品棚卸減耗損の理解

棚卸資産のある企業では、期末に商品を実際に数え、個数と金額を調査する実地棚卸を行う。実地棚卸により判明した商品の有高を、**実地棚卸高**と呼ぶ。

帳簿棚卸高と実地棚卸高を比較して、実地棚卸高が少ないときは、管理ミスや盗難などで損失が発生しているため、当期の費用として損益計算書に計上する必要がある。商品が管理ミスや盗難などで減少することを**減耗**と呼ぶ。

たとえば、帳簿棚卸高と実地棚卸高を比較して、1個1,000円の商品が10個不足している場合は、1,000円×10個＝10,000円を商品棚卸減耗損として損益計算書に計上し、貸借対照表の商品からは10,000円を減額する。

商品棚卸減耗損を損益計算書に計上する場合、一般的には、売上原価の内訳科目として計上する場合と、販売費及び一般管理費の区分に計上する場合がある。

【 商品棚卸減耗損 】

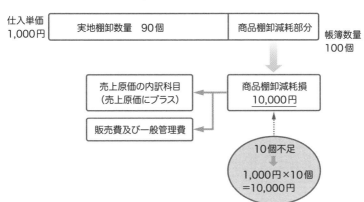

(4) 商品評価損の理解

R02-01
H29-01

季節性のある商品や衣料品などのように、価格の変動が激しい商品は、在庫として残っていても価値が下落している場合が多い。

夏物の衣料が冬まで残ってしまった場合には、予定していた価格で販売することが困難になる。そこで、期末時点で、時価まで切り下げて評価する。

たとえば、30,000円で仕入れた冬物のセーターが、春に半分の価値になったときには、15,000円を損益計算書に損失として計上する。商品評価損15,000円が損益計算書に計上される。

① 商品評価損の計算方法

帳簿数量が100個、原価が100円の商品が、実際に棚卸をしたら数量が90個で、商品の時価が80円となった場合を考えよう。

まず、商品1個当たりの時価と原価との差額を計算する。すると、100円－80円＝20円となり、20円が商品評価損となる。この1個当たりの商品評価損20円に、実地棚卸数量を乗じて棚卸資産全体の商品評価損を算出する。

② 商品評価損の計上

先ほど計算した1,800円を商品評価損として損益計算書に計上する場合、一般的には、売上原価の内訳科目として計上する。

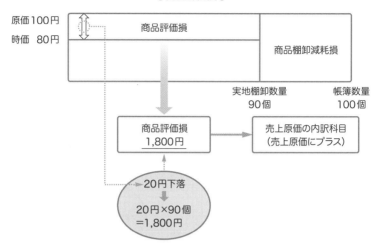

【 商品評価損 】

原価100円
時価　80円

商品評価損

商品棚卸減耗損

実地棚卸数量
90個

帳簿数量
100個

商品評価損
1,800円

→ 売上原価の内訳科目
（売上原価にプラス）

20円下落

20円×90個
＝1,800円

3 減価償却費の計上 Ⓑ

(1) 減価償却費の概要

　建物、機械のような有形固定資産は、長期にわたる使用により価値が減少する。もし、廃棄や売却されるまで費用が計上されなければ、廃棄や売却の年に費用が全額計上される。これは、資産の使用とその費用が対応しないため、費用収益対応の原則上、不合理である。そこで、資産の価値減少について一定のパターンを仮定し、価値の減少を計算していく減価償却という方法が採用される。

　減価償却では、価値の減少分を使用開始から耐用年数にわたり期間配分される。

　毎期計上される減価償却費の累計は、**減価償却累計額**と呼ばれ、取得時点からの資産価値の減価償却額の累計を示している。

【 減価償却費のイメージ 】

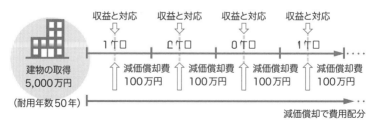

収益と対応　収益と対応　収益と対応　収益と対応

1年目　　2年目　　3年目　　4年目

建物の取得
5,000万円

（耐用年数50年）

減価償却費
100万円

減価償却費
100万円

減価償却費
100万円

減価償却費
100万円

減価償却で費用配分

(2) 減価償却の経済的効果

　減価償却の経済的効果には、「固定資産の流動化」「自己金融効果」がある。キャッ

シュ・フロー計算書にも関連する考え方であるためしっかり理解しよう。

① 固定資産の流動化

　固定資産の流動化とは、固定資産に投下された資金が、減価償却により貨幣性資産によって回収され流動化する効果である。つまり、固定資産の流動化とは、固定資産の価額が減少し、それに見合う流動資産が増加することである。

【 固定資産の流動化 】

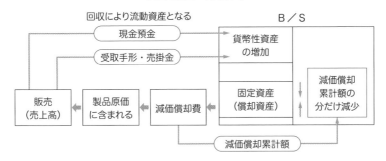

② 自己金融効果

　減価償却費は、費用だが、原材料費や労務費と違い支出を伴わない費用のため、減価償却累計額だけ資金が企業内部に留保されることになる。減価償却によって調達した資金は自社内で創出しているため、**自己金融効果**と呼ばれる。

【 自己金融効果 】

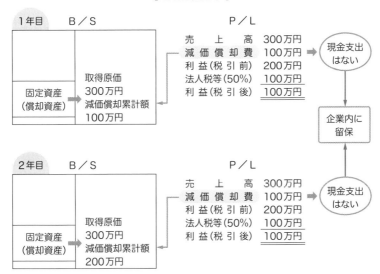

R05-03
R03-03
H30-02
H21-01

(3) 減価償却費の計算

減価償却費は、取得価額、耐用年数の2要素をもとに計算される。**耐用年数**とはその資産ごとの使用価値が認められる期間である。

① 定額法

定額法は、毎期同額の減価償却費を計上する方法である。毎期の減価償却費は、取得価額に定額法の償却率を乗じて求められる。

減価償却費＝取得価額 × 定額法の償却率※

※定額法の償却率＝1÷耐用年数

② 定率法

定率法は、減価償却資産の簿価（取得価額－既償却額）に定率法の償却率を乗じて毎期の減価償却費を計算する方法である。

減価償却費＝（取得価額－既償却額）× 定率法の償却率

また、**200％定率法**は、税法上認められる減価償却方法であり、定額法の償却率（＝1÷耐用年数）の2倍（＝200％）の償却率で定率法と同じ計算を行う。ただし、期首簿価に定率法の償却率を乗じた金額（①＝調整前償却額）が、取得価額に保証率を乗じた金額（②＝償却保証額）を下回った場合、その年度以降は改定取得価額（初めて①＜②となった年度の期首簿価）に改定償却率を乗じた金額が減価償却費となる。

①調整前償却額＝期首簿価×償却率
②償却保証額＝取得価額×保証率
①＞②の場合 ⇒ 減価償却費＝①
①＜②の場合 ⇒ 減価償却費＝改定取得価額×改定償却率

③ 生産高比例法

生産高比例法は、毎期当該資産による生産または用役の提供の度合いに比例した減価償却費を計上する方法である。

減価償却費＝取得価額 × $\dfrac{当期利用量}{総利用可能量}$

⑷ 減価償却費の仕訳

① 直接法

　減価償却費の相手勘定を償却資産そのものとすることで、減価償却資産の期首残高から減価償却費の金額を直接減じる方法である。

【 仕訳 】

　　（減 価 償 却 費）　200,000　　　（機 械 設 備）　200,000

② 間接法

　減価償却費の相手勘定を減価償却累計額とすることで、減価償却資産の残高を取得価額のままとする方法である。減価償却累計額の残高は毎期繰越されるため、減価償却資産の償却後残高は「取得価額－減価償却累計額」となる。

【 仕訳 】

　　（減 価 償 却 費）　200,000　　　（減価償却累計額）　200,000

4　貸倒引当金

⑴ 貸倒引当金と貸倒損失の概要

　売掛金などの金銭債権が取引先企業の倒産等により回収できなくなることを**貸倒れ**といい、貸倒引当金を設定していないときには、当該回収不能額を**貸倒損失**として計上する。

　前期に貸し倒れの原因があり、当期になってから貸し倒れが発生したときは、貸し倒れの原因は、当期ではなく前期以前にあるため、すべてを当期の損失として計上すると期間対応の観点からの合理性を欠くことになる。

　そこで、金銭債権の前期末残高に対して、貸し倒れが見込まれるときには、貸し倒れの見積額を決算時にその期の費用として、**貸倒引当金繰入勘定**を用いて計上する。このとき、貸倒引当金繰入の相手勘定になるのが、**貸倒引当金**である。

⑵ 貸倒引当金の理解

　翌期に貸倒れが発生しそうなため、売上債権100万円の2%を貸倒引当金繰入勘定を用いて費用計上した。この場合には、損益計算書に貸倒引当金繰入2万円が費用計上され、貸借対照表に貸倒引当金2万円が計上される。

　翌期に2万円が貸し倒れたときには、貸し倒れ額の2万円に対して、前期末に計上した貸倒引当金2万円を充当する。

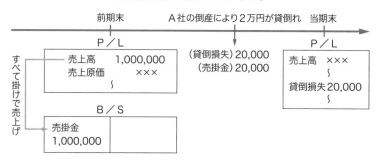

【 貸倒引当金を設定しない場合 】

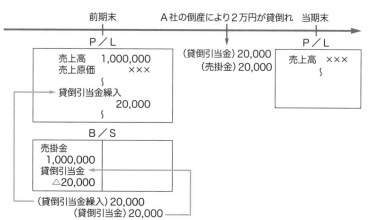

【 貸倒引当金を設定した場合 】

(3) 貸倒引当金の計上方法

　前期末に計上している貸倒引当金の当期末の決算整理前残高と当期計上する貸倒
引当金の額を比較し、当期末の決算整理前残高が少なければ差額を追加で計上し、
多ければ戻入して計上する。（差額補充法）

① 当期見積額よりも当期末の決算整理前残高が少ない場合

　当期末時点での貸倒引当金の見積額が1,200円であるとする。一方、貸倒引当
金の決算整理前残高が1,000円であるとする。この場合、差額の200円のみを当
期末に追加計上する。

【 仕訳 】

（貸倒引当金繰入）　　200　　　　（貸倒引当金）　　　200

② 当期見積額よりも当期末の決算整理前残高が多い場合

　当期末時点での貸倒引当金の見積額が1,200円であるとする。一方、貸倒引当
金の決算整理前残高が1,500円であるとする。この場合、差額の300円のみを当

期末に戻入れる。

【仕訳】

(貸倒引当金)　　300　　(貸倒引当金戻入)　　　300

　なお、貸倒引当金の計上は、差額補充法によることを原則とし、法人税法上の洗替法による繰入額を明らかにした場合には、法人税法に規定する洗替法による処理として取り扱うことができる(中小企業の会計に関する指針18項)。洗替法とは、前期末に計上している貸倒引当金の当期末の決算整理前残高を全額戻し入れ、改めて当期分の貸倒引当金を繰り入れる方法をいう。

5　その他引当金に関する知識　

(1) 引当金

① 引当金の概要

　将来、企業が使用している機械の修繕を計画しているとき、会計上はどのように処理をすればよいだろうか。将来の修繕資金が必要なときには、少しずつ積み立てておくだろう。会計上は修繕引当金繰入額として、前もって少しずつ費用を計上する。

　引当金とは、将来の資産の減少に備えて、当期の負担に属する金額を、合理的な見積もりにより、当期の費用または損失に計上した科目である。

　たとえば、将来、従業員の退職のために2,000万円必要なとき、従業員が入社してから退職するまでの期間に、少しずつ費用計上して負債に積み立てると考えよう。

　この2,000万円は会社で何十年間働いたことに対する報酬であるため、少しずつ毎期毎期の費用として計上する。

　会計上の引当金は、評価性引当金と負債性引当金に分類される。**評価性引当金**には貸倒引当金がある。**負債性引当金**には退職給付引当金や修繕引当金、売上割戻引当金などがある。負債性引当金の「負債性」とは、将来予想される支出額を意味している。負債性引当金は、条件付債務である**債務性引当金**と、債務以外の経済的負担である**非債務性引当金**に分類され、退職給付引当金や商品保証引当金は前者、修繕引当金は後者に該当する。

② 引当金の計上要件

　引当金は、企業会計原則注解18に次のとおり規定されている。

　「将来の特定の費用または損失であって、その発生が当期以前の事象に起因し、発生の可能性が高く、かつ、その金額を合理的に見積もることができる場合には、当期の負担に属する金額を当期の費用または損失として引当金に繰入れ、当該引当金の残高を貸借対照表の負債の部または資産の部に記載するものとする。」

　上記規定から、引当金の計上要件は「将来の特定の費用または損失である」「その発生が当期以前の事象に起因する」「発生の可能性が高い」「その金額を合理的に見

積もることができる」の4つである。

【 引当金の計上要件 】

計上要件	貸倒引当金	退職給付引当金	賞与引当金
将来の特定の費用又は損失である	将来の「貸倒損失」に特定した損失	将来の「退職給付費用」に特定した費用	将来の「賞与」に特定した費用
その発生が当期以前の事象に起因する	当期以前に発生した債権に起因する	当期以前の労働に起因する	当期以前の労働に起因する
発生の可能性が高い	過去の貸倒発生率等から発生可能性や合理的金額を見積もる	社内規定に支給の定めがある	
その金額を合理的に見積ることができる		社内規定から合理的金額を見積もる	

(2) 退職給付引当金

期末に在籍する従業員が将来退職した場合に支給する退職金や退職年金等に対する会社負担額を、当期の費用に計上するための引当金である。

【 仕訳 】

（退職給付費用）　5,000　　　　　（退職給付引当金）　5,000

(3) 賞与引当金

期末に在籍する従業者に対する賞与の額を見積もり、当期の費用に計上するための引当金である。

【 仕訳 】

（賞与引当金繰入）　3,000　　　　　（賞与引当金）　3,000

 6 経過勘定

経過勘定とは、発生主義の原則を根拠として費用や収益の見越し、または繰延べを行うことで、損益を追加で計上、または取り消す場合に発生する勘定である。

具体的には、利息の受払や家賃の受払のように、決算日をまたいで契約が継続している場合、収益・費用を計上すべき期と、収入・支出のある期が不一致になることがある。そのようなときに、不一致の金額を経過勘定で処理する。

経過勘定は、資産と負債の区分で二分できるほか、見越し勘定と繰延勘定の区分じ も 分できる。

資産	負債
前払費用	未払費用
未収収益	前受収益

見越勘定	繰延勘定
未収収益	前受収益
未払費用	前払費用

(1) 資産と負債の区分

① 資産

企業が所有する財産や権利の総称である。

② 負債

企業が所有する債務の総称である。

(2) 見越勘定と繰延勘定の区分

① 見越勘定

現金の収支がないため、期中には収益や費用が計上されていなくても、発生主義会計に基づき収益や費用を当期に見越して計上する必要があるときに発生する勘定科目である。

② 繰延勘定

現金の収支に伴い期中に収益や費用が計上されていても、発生主義会計に基づき収益や費用を次期に繰越して計上する必要があるときに発生する勘定科目である。

(3) 経過勘定の具体例

① 前払費用

たとえば、当期に火災保険料を120万円支払ったとしよう。支払ったときには支払保険料として120万円計上するが、決算のときに120万円のうち20万円が「次期の費用を前払いした」と考えられるときには、当期の支払保険料を100万円として、貸借対照表には20万円を**前払保険料（前払費用）**として、次期の費用として繰り延べ計上する。

【 前払費用 】

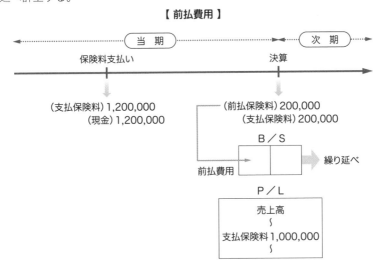

② 未収収益

たとえば、A社で当期6月1日に100万円を他社に貸付けて、11月末と翌年5月末の半年ごとに利息を18,000円ずつ受け取るとしよう。A社の決算が3月末日のときに、11月の利息分18,000円は受取利息として計上される。しかし、5月末に受け取る利息のうち12月1日から3月末の4ヵ月分はどのように処理したらよい

だろうか。

4ヵ月分は、当期の収益となるため、当期の損益計算書に収益を計上する。計算方法は「18,000円÷6ヵ月×4ヵ月＝12,000円」である。しかし現金として利息を受け取っていないため、貸借対照表には**未収利息（未収収益）**として12,000円を見越し計上する。

【 未収収益 】

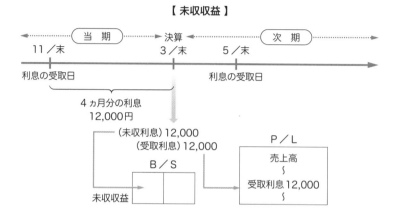

③ 前受収益

たとえば、当期に家賃を120万円受け取ったとしよう。受け取ったときには受取家賃を120万円計上するが、決算のときに120万円のうち20万円が「次期の収益を前受けした」と認識される場合は、当期の受取家賃を100万円とし、20万円を**前受家賃（前受収益）**として次期の収益として繰り延べる。

【 前受収益 】

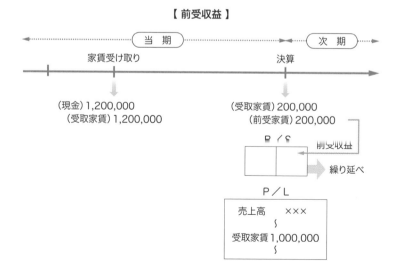

④ **未払費用**

　たとえば、A社で当期6月1日に100万円を借入れ、元本の返済を据え置きして11月末と翌年5月末の半年ごとに利息を18,000円ずつ支払うとしよう。A社の決算が3月末日のときに、11月の利息分18,000円は支払利息として計上される。しかし、5月末に支払う利息のうち12月1日から3月末の4ヵ月分は、当期の費用となるため、当期の損益計算書に費用として計上する。

　計算方法は「18,000円÷6ヵ月×4ヵ月＝12,000円」である。損益計算書には、支払利息12,000円を計上するが、まだ現金として利息を支払っていないため、貸借対照表には**未払利息（未払費用）**12,000円を見越して計上する。

【 未払費用 】

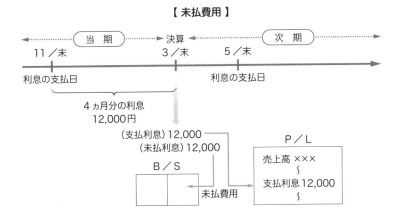

■■■ 問題編 ■■■　　Check!!

問1 (R05-08)　　　　　　　　　　　　　　　　　　　　　　［○・×］

　長期借入金は、時の経過により、返済期日が決算日の翌日から起算して1年以内となっても、固定負債に分類される。

問2 (H27-03改題)　　　　　　　　　　　　　　　　　　　　　　［○・×］

　当座預金口座は、小切手や支払手形の決済に使うものであるため、他社からの振込を受ける機能はない。

問3 (R02-03)　　　　　　　　　　　　　　　　　　　　　　　［○・×］

　子会社株式および関連会社株式は、取得原価をもって貸借対照表価額とする。

問4 (R04-05)　　　　　　　　　　　　　　　　　　　　　　　［○・×］

　無形固定資産の償却には定額法と定率法がある。

問5 (H30-05)　　　　　　　　　　　　　　　　　　　　　　　［○・×］

　市場販売を目的とするソフトウェアの製品マスターが完成するまでに要した制作費は、最初に製品化されたときに無形固定資産として計上する。

問6 (R04-08改題)　　　　　　　　　　　　　　　　　　　　　　［○・×］

　事業主負担の社会保険料は、従業員の給料・賞与支払時に「預り金」として処理する。

問7 (R04-09)　　　　　　　　　　　　　　　　　　　　　　　［○・×］

　年金資産および年金債務は両建てで貸借対照表に表示されなければならない。

問8 (H28-05)　　　　　　　　　　　　　　　　　　　　　　　［○・×］

　利益剰余金は、利益準備金、任意利益剰余金に区分して表示される。

問9 (R04-10)　　　　　　　　　　　　　　　　　　　　　　　［○・×］

　自己株式を消却した場合、その他利益剰余金が減少する。

問10 (H28-01改題)　　　　　　　　　　　　　　　　　　　　　　［○・×］

　商品の仕入および売上に関する先入先出法とは、先に仕入れた商品から売れていくように、現品の受払を工夫する方法である。

問11 (R01-06)　　　　　　　　　　　　　　　　　　　　　[○・×]

棚卸資産の評価方法のうち売価還元法は、取扱品種の極めて多い小売業等の業種において適用される方法である。

問12 (H21-01)　　　　　　　　　　　　　　　　　　　　　[○・×]

将来の特定の費用または損失であって、その発生が当期以前の事象に起因し、発生の可能性が高く、かつ、その金額を合理的に見積ることができる場合には、当期の負担に属する金額を当期の費用または損失として引当金に繰入れる。

問13 (R03-05改題)　　　　　　　　　　　　　　　　　　　[○・×]

貸倒引当金は、負債性引当金のうち、非債務性引当金に分類される。

■■■ 解答・解説編 ■■■

問1　×：長期借入金のうち、返済期日が決算日の翌日から起算して1年以内となった部分は、「1年内返済の長期借入金」として流動負債に分類される。

問2　×：当座預金口座には、他社からの振込を受ける機能もある。

問3　○：設問文のとおり。

問4　×：無形固定資産は原則的に、定額法で償却を行う。

問5　×：最初に製品化された製品マスターの完成時点までの制作活動は研究開発と考えられるため、ここまでに発生した費用は研究開発費として処理する。

問6　×：事業主負担の社会保険料は、従業員から預かるものではないため、「預り金」としては処理しない。

問7　×：年金資産および年金債務（退職給付債務）は両建て表示をせず、その差額を純額で表示する。

問8　×：利益剰余金は、利益準備金、その他利益剰余金に区分して表示される。繰越利益剰余金は、その他利益剰余金の内訳項目である。

問9　×：自己株式を消却した場合、その他資本剰余金が減少する。

問10　×：先に仕入れた商品から売れていったとみなす方法であるため、現品の受払が先入先出である必要はない。

問11　○：設問文のとおり。

問12　○：設問文のとおり。

問13　×：貸倒引当金は、負債性引当金ではなく評価性引当金に分類される。

■■■ 問題編 ■■■

　決算日現在の当店の当座預金勘定の残高は339,000円であったが、銀行から受け取った残高証明書と一致しなかったので、原因を調査したところ、次の(1)～(3)の事実が判明した。

(1)　福島商店に仕入代金として振り出した小切手50,000円が、決算日現在では銀行に未呈示であった。

(2)　得意先宮城商店から売掛金の支払いとして当座預金口座に71,000円が振り込まれていたが、決算日までに通知が届いていなかった。

(3)　販売手数料34,000円の入金を43,000円と誤って記帳していた。

このとき、当座預金の残高として最も適切なものはどれか。

ア　351,000円
イ　401,000円
ウ　409,000円
エ　419,000円

■■■ **解答・解説編** ■■■

解答：イ

　判明した事実に基づく修正仕訳に関する出題である。

(1) 仕訳不要

　不一致の原因は未取付小切手（未呈示小切手・未落小切手）であるが、この場合、修正仕訳は不要である。

　未取付小切手（未呈示小切手・未落小切手）とは、会社が小切手を振り出し、帳簿上は出金処理を行ったが、銀行ではまだ小切手が呈示されていない（取引先が銀行に小切手を呈示していないため、当座預金から引き落としされていない）状態である。

(2)（借）当座預金　71,000　／（貸）売掛金　71,000

　不一致の原因は、銀行から売掛金の振り込み通知が届いていないことである。この場合、当座預金勘定の残高を加算する修正仕訳を行う。

(3)（借）受取手数料　9,000　／（貸）当座預金　9,000

　不一致の原因は誤記入であるため、修正仕訳を行う。本問では入金を9,000円多く記帳しているため、当座預金勘定の減算処理を行う。

　以上より、求める金額は次のように計算する。

　修正前の当座預金勘定の残高339,000円＋(2) 71,000円－(3) 9,000円＝401,000円

　よって、イが正解である。

■■■ **問題編** ■■■

　20X1年1月1日に購入した建物（取得原価800,000千円、耐用年数20年、残存価額ゼロ）を20X2年6月30日に725,000千円で売却した。ただし、決算日は12月31日（年1回）であり、定額法により減価償却している。売却にあたり計上される固定資産売却損益の金額として、最も適切なものはどれか。

ア　固定資産売却益：5,000千円

イ　固定資産売却損：15,000千円

ウ　固定資産売却損：35,000千円

エ　固定資産売却損：75,000千円

解答：イ

　固定資産売却損益に関する出題である。
　期中に売却を行った場合、資産の価値が使用によって減少していることを考慮に入れ、売却月までの減価償却費を月割計算したうえで、売却の処理を行う。

$$減価償却費＝取得原価800,000千円÷耐用年数20年×\frac{18か月}{12か月}$$

$$＝60,000千円$$

　帳簿価額＝取得原価800,000千円－減価償却費60,000千円＝740,000千円
　売却価額と帳簿価額を比較すると、売却価額725,000千円＜帳簿価額740,000千円であるため、差額15,000千円は固定資産売却損となる。

　よって、イが正解である。

■■■ 問題編 ■■■

　以下の資料に基づいて、今期の売上原価として最も適切なものを下記の解答群から選べ。

【資　料】
　　期首商品棚卸高　　　120,000円
　　当期商品純仕入高　　650,000円
　　期末帳簿棚卸数量　　　1,300個（原価@100円）
　　期末実地棚卸数量　　　1,000個
　　棚卸減耗損は売上原価とする。

〔解答群〕
　　ア　610,000円
　　イ　640,000円
　　ウ　670,000円
　　エ　700,000円

解答：ウ

売上原価を算出する出題である。

売上原価＝期首商品棚卸高＋当期商品純仕入高－期末商品棚卸高

$\qquad$＝120,000円＋650,000円－130,000円＝640,000円…①

※期末商品棚卸高＝原価×期末帳簿棚卸数量

$\qquad\qquad$＝@100円×1,300個＝130,000円

仕訳を行うと以下の通りとなる。

期首商品棚卸高を繰越商品勘定より仕入勘定へ振替える。

$\quad$（借）仕入　　　　120,000　　　（貸）繰越商品　120,000

期末商品棚卸高を仕入勘定より繰越商品勘定へ振替える。

$\quad$（借）繰越商品　130,000　　　（貸）仕入　　　　130,000

本問では、棚卸減耗損は売上原価とするため、棚卸減耗損を売上原価①に加算する必要がある。

棚卸減耗損＝原価×（期末帳簿棚卸数量－期末実地棚卸数量）

$\qquad\qquad$＝100円×（1,300個－1,000個）

$\qquad\qquad$＝30,000円…②

なお、棚卸減耗とは、期中に何らかの原因で、商品の実地棚卸数量が帳簿棚卸数量より減少していることをいう。

仕訳を行うと以下の通りとなる。

棚卸減耗損を計上し、繰越商品の減算を行う。

$\quad$（借）棚卸減耗損　30,000　　（貸）繰越商品　　　30,000

売上原価に算入するため、棚卸減耗損を仕入勘定に振替える。

$\quad$（借）仕入　　　　30,000　　（貸）棚卸減耗損　30,000

売上原価＝売上原価①＋棚卸減耗損②＝640,000円＋30,000円＝670,000円

よって、ウが正解である。

【 箱図を用いた売上原価の計算 】

期首商品棚卸高 120,000円	売上原価① 640,000円
当期商品純仕入高 650,000円	棚卸減耗損② 30,000円
	期末商品棚卸高 100,000円

テーマ別出題ランキング

過去23年分 平成13年 (2001年) ～令和5年 (2023年)	
1位	精算表
2位	伝票式会計
3位	普通仕訳帳
3位	特殊仕訳帳
3位	試算表

直近10年分 平成26年 (2014年) ～令和5年 (2023年)	
1位	伝票式会計
1位	普通仕訳帳
1位	特殊仕訳帳

過去23年間の出題傾向

　全体的に出題が少ないが、基礎的な内容が多いため、しっかり理解しておこう。直近の出題はほとんどないが、23年間では、試算表・精算表などの決算手続きが合わせて9回出題されている。伝票式会計も23年間で3回出題されているため、いずれも軽視はできない。

第 3 章

会計帳簿の知識

I 会計帳簿の知識①

第1章で学習したように、日々の取引の記録から財務諸表を作成するまでには、多くの帳簿を作成する必要がある。それぞれの帳簿について確認していこう。

1 主要簿と補助簿

(1) 主要簿

帳簿のうち、どの企業も必ず備えなければならないものを**主要簿**という。具体的には、**仕訳帳**と**総勘定元帳**が主要簿に該当する。

(2) 補助簿

帳簿のうち、必要に応じて備え、取引の明細等を記録するものを**補助簿**という。さらに、補助簿は取引の発生順にその内容を記録していく**補助記入帳**と、勘定科目を相手先や内容によって区別して記録していく**補助元帳**に分けることができる。具体的には、現金出納帳、当座預金出納帳、売上帳、仕入帳、受取手形記入帳、支払手形記入帳などが補助記入帳に該当し、売掛金元帳、買掛金元帳、商品有高帳などが補助元帳に該当する。

2 現金出納帳・当座預金出納帳

(1) 現金出納帳

現金出納帳は、現金を受け取ったときまたは支払ったときに、その明細と残高を明らかにするために記入を行う帳簿である。

【 現金出納帳 】

現金出納帳

平成○年		摘　要	収　入	支　出	残　高
3	1	前月繰越	300		300
	17	消耗品の購入		50	250
	20	A社へ売上　小切手受領	250		500
	31	次月繰越		500	
			550	550	

(2) 当座預金出納帳

当座預金出納帳は、当座預金の預入れまたは払出しを行ったときに、その明細と残高を明らかにするために記入を行う帳簿である。

【 当座預金出納帳 】

当座預金出納帳

> 借方残高の場合には「借」、貸方残高の場合には「貸」と記入する。

平成 ○年		摘　要	収　入	支　出	借／貸	残　高
3	1	前月繰越	200		借	200
	5	B社から仕入		300	貸	100
	14	C社から売掛金回収	400		借	300
	31	次月繰越		300		
			600	600		

3 売上帳・仕入帳

 H24-02

(1) 売上帳

売上帳は、売上取引の明細を発生順に記録するための帳簿である。記入の方法は次のとおりである。

【 売上帳の記入方法 】

① 日付欄に取引の日付を記入する。
② 摘要欄に取引先、商品名、代金受取方法、数量、単価 (@) などを記入する。
③ 内訳欄は、商品の種類別の内訳の金額を記入し、合計を金額欄に記入する。
④ 値引・返品はすべて朱記する。
⑤ 金額欄に合計線を引いて総売上高を記入し、値引・返品の金額をマイナスして純売上高を示すように記入し、締め切る。

【 売上帳 】

売　上　帳

月日		摘　　要	内　訳	金　額
7	6	C商店　　　掛		
		甲品 40 @¥550		22,000
	25	D商店　　　掛		
		甲品 30 @¥560	16,800	
		乙品 40 @¥800	32,000	48,800
	26	D商店　　掛値引		
		甲品 16　@¥50		800
		総 売 上 高		70,800
		売 上 値 引 高		800
		純 売 上 高		70,000

(2) 仕入帳

仕入帳は、仕入取引の明細を発生順に記録するための帳簿である。記入の方法は次のとおりである。

【 仕入帳の記入方法 】

① 日付欄に取引の日付を記入する。
② 摘要欄に取引先、商品名、代金支払方法、数量、単価（@）などを記入する。
③ 内訳欄は、商品の種類別の内訳、仕入諸掛りの金額を記入し、合計を金額欄に記入する。
④ 値引・返品はすべて朱記する。
⑤ 金額欄に合計線を引いて総仕入高を記入し、値引・返品の金額をマイナスして純仕入高を示すように記入し、締め切る。

【 仕入帳 】

仕 入 帳

月	日	摘　　要	内 訳	金 額
7	4	A商店　　　　掛		
		甲品 50 @¥420	21,000	
		乙品 40 @¥600	24,000	45,000
	5	A商店　　　掛返品		
		甲品 10 @¥420		4,200
	23	B商店　　　現金		
		甲品 40 @¥400		16,000
		総 仕 入 高		61,000
		仕入戻し高		4,200
		純 仕 入 高		56,800

4　受取手形記入帳・支払手形記入帳

(1) 受取手形記入帳

手形の受取、決済、割引などにより手形債権が発生・消滅したときには、総勘定元帳の受取手形勘定に記入されるが、その手形の内容までは明らかにされない。そこで個々の手形の内容（手形の種類、手形番号、摘要、支払人・振出人・裏書人の名称、振出日、満期日、支払場所、手形金額、てん末）を記録する補助簿として、**受取手形記入帳**が用いられる。

【 受取手形記入帳 】

受取手形記入帳

平成○年		手形種類	手形番号	摘要	支払人	振出人または裏書人	振出日		満期日		支払場所	手形金額	てん末		
							月	日	月	日			月	日	摘要
2	3	約手	19	売上	D社	D社	2	3	5	2	新宿銀行	300	5	2	当座入金
3	9	為手	40	売掛金	E社	X社	3	9	6	8	赤坂金庫	200	6	8	当座入金

⑵ 支払手形記入帳

支払手形についても受取手形と同様に、個々の手形の内容（手形の種類、手形番号、摘要、受取人・振出人の名称、振出日、満期日、支払場所、手形金額、てん末）を記録する補助簿として、**支払手形記入帳**が用いられる。

【 支払手形記入帳 】

支払手形記入帳

平成○年		手形種類	手形番号	摘要	受取人	振出人	振出日		満期日		支払場所	手形金額	てん末		
							月	日	月	日			月	日	摘要
4	5	約手	12	仕入	F社	当社	4	5	6	4	渋谷銀行	180	6	4	当座支払
5	7	為手	59	買掛金	G社	Z社	5	7	8	6	湘南金庫	250	8	6	当座支払

5 売掛金元帳・買掛金元帳

⑴ 売掛金元帳

総勘定元帳の売掛金勘定には、すべての得意先に対する売掛金が記入されるため、この記録だけでは得意先ごとの売掛金残高が明らかにされない。そこで、得意先ごとに**売掛金元帳**（得意先元帳）をもうけ、総勘定元帳の売掛金勘定の明細を明らかにする。掛けによる売上取引が行われた場合には、総勘定元帳の売掛金勘定と売掛金元帳の当該得意先の勘定の両方に記入されることとなる。

【 売掛金元帳 】

売掛金元帳
水道橋商店

平成○年		摘　要	借　方	貸　方	借／貸	残　高
3	1	前月繰越	700		借	700
	11	売上	800		〃	1,500
	17	返品		200	〃	1,300
	22	入金		700	〃	600
	31	次月繰越		600		
			1,500	1,500		

⑵ 買掛金元帳

買掛金についても売掛金と同様に、仕入先ごとに**買掛金元帳**（仕入先元帳）をもうけ、総勘定元帳の買掛金勘定の明細を明らかにする。掛けによる仕入取引が行われた場合には、総勘定元帳の買掛金勘定と買掛金元帳の当該仕入先の勘定の両方に記入されることとなる。

【 買掛金元帳 】

買掛金元帳
飯田橋商店

平成○年		摘　　要	借　方	貸　方	借/貸	残　高
5	1	前月繰越		500	貸	500
	12	仕入		1,000	〃	1,500
	23	値引	200		〃	1,300
	25	支払	800		〃	500
	31	次月繰越	500			
			1,500	1,500		

6　商品有高帳

(1) 商品有高帳の概要

　商品有高帳は、商品の増減及び残高の明細を記録する補助簿である。この帳簿は、商品の種類ごとにもうけられ、その受入、払出及び残高について数量、単価、金額を記入する。単価、金額はすべて原価で記入する。

【 商品有高帳 】

商品有高帳
商品：Ａ

(数量単位：個)

平成○年	摘要	受入高			払出高			残　高		
		数量	単価	金額	数量	単価	金額	数量	単価	金額
3／1	前月繰越	1	20	20				1	20	20
3／7	仕　入	10	15	150				10	15	150
3／19	売　上				1	20	20	5	15	75
					5	15	75			
3／31	次月繰越				5	15	75			
		11		170	11		170			
4／1	前月繰越	5	15	75				5	15	75

II 会計帳簿の知識②

1 普通仕訳帳

H26-01
H22-01

(1) 普通仕訳帳の概要

普通仕訳帳は、すべての取引をその発生順に仕訳して記録する帳簿である。すべての取引を1つの仕訳帳に記帳して、元帳に転記する帳簿組織を**単一仕訳帳制**という。記入上の注意点は次のとおりである。

• 普通仕訳帳の記入上の注意点
① 借方または貸方に勘定科目が2つ以上ある場合には、勘定科目の上に諸口と記入する。
② 取引の簡単な説明（小書き）を摘要欄に記入する。
③ 元丁欄には総勘定元帳のページ数または番号を記入する。

【 普通仕訳帳 】

普通仕訳帳

平成○年		摘　要		元　丁	借　方	貸　方
4	3	(仕入)	諸口	70	150	
			(前払金)	13		50
			(買掛金)	27		100
		商品の仕入れ				
	15	(受取手形)		7	300	
			(売上)	50		300
		商品の売上				
	28	(当座預金)		2	250	
			(受取手形)	7		250
		約束手形の取り立て				

2 特殊仕訳帳

H26-01
H22-01

(1) 特殊仕訳帳の概要

特殊仕訳帳とは、頻繁に発生する特定の取引のみを記入する仕訳帳で、現金出納帳、当座預金出納帳、仕入帳、売上帳等の補助記入帳を、仕訳帳としても機能するようにしたものである。特殊仕訳帳を使用する帳簿組織を**特殊仕訳帳制**という。

特殊仕訳帳を導入した場合には、特殊仕訳帳に設定されている勘定科目及び特別欄（頻繁に発生する取引について相手勘定欄にもうけた記入欄、下図の現金出納帳では売掛金が該当する）の金額は、一定期間ごとに合計額を一括して総勘定元帳に転記し、諸口欄の金額は個別に転記する。

(2) 総勘定元帳への転記のルール（以下、「ルール」と省略する）

① 特殊仕訳帳に設定されている勘定へは、当該特殊仕訳帳から合計転記する。
② 特殊仕訳帳の特別欄の金額は特別欄の勘定へ合計転記する。
③ 特殊仕訳帳の諸口欄の金額は相手勘定へ個別転記する。
④ 普通仕訳帳に記帳された金額は個別転記する。

※ただし、②～④の場合であっても、ルール①により、ほかに特殊仕訳帳が設定されている勘定には転記しない。

(3) 一部現金取引の例

一部現金取引の例を考えよう。前提条件として、A社では、普通仕訳帳のほか、現金出納帳を特殊仕訳帳として使用している。また、20XX年8月20日に、取得原価800の有価証券を700で売却し（単位は省略）、売却代金は現金で受け取っている。総勘定元帳への合計転記は月末に行うこととする。

(4) 取引の仕訳

取引の仕訳は次のようになる。

【 取引の仕訳 】

（現金）	700	（有価証券）	800
（有価証券売却損）	100		

【 現金出納帳への記録 】

現金出納帳

20XX年		貸方科目	元丁	売掛金	諸口	20XX年	借方科目	
8	20	有価証券	7		700			

普通仕訳帳

20XX年		摘　　要	元　丁	借　方	貸　方
8	20	（有価証券売却損）	26	100	
		（有価証券）	7		100

(5) 総勘定元帳への転記

借方の現金700は、現金出納帳から総勘定元帳に合計転記される（ルール①）。貸方の有価証券700は現金出納帳から総勘定元帳に個別転記される（ルール③）。

しかし、現金出納帳だけでは借方の有価証券売却損100及び貸方の有価証券

100（800 − 700）を総勘定元帳に転記することができない。そこで、普通仕訳帳から個別に転記する必要がある（ルール④）。この場合には、1つの取引が普通仕訳帳と特殊仕訳帳である現金出納帳の両方に記録される。

【 総勘定元帳への転記 】

	現金		1
8／31　現金出納帳	700		

	有価証券		7
		8／20　現金出納帳	700
		8／20　有価証券売却損	100

	有価証券売却損		26
8／20　有価証券	100		

3 伝票式会計

(1) 伝票式会計の概要

　伝票式会計とは、仕訳帳の代わりに伝票を用いて会計記録を作成する簿記システムである。伝票は一定の書式により取引内容を記載した小紙片である。

【 伝票の例 】

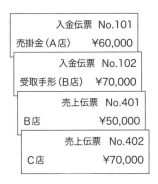

　伝票式会計では伝票を総勘定元帳に個別転記するが、1日または1週間などの一定期間ごとに伝票を貸借それぞれの勘定科目別に集計して合計転記することがある。この場合、1日分の伝票を集計した仕訳集計表を**仕訳日計表**という。また、伝票から補助元帳への転記については、仕訳日計表を用いず伝票から個別に行う。

(2) 伝票の種類

　伝票には、主として入金伝票、出金伝票、仕入伝票、売上伝票、振替伝票がある。入金伝票、出金伝票、振替伝票を用いる**3伝票制**と、3伝票制の伝票に加えて仕入伝票、売上伝票を用いる**5伝票制**がある。

①入金伝票

入金伝票は、借方・現金の取引を記入する伝票である。

②出金伝票

出金伝票は、貸方・現金の取引を記入する伝票である。

③仕入伝票

仕入伝票は、仕入取引を記入する伝票である。原則として取引はすべて掛で行われたものとして処理する。

④売上伝票

売上伝票は、売上取引を記入する伝票である。仕入伝票と同様に、原則として取引はすべて掛で行われたものとして処理する。

⑤振替伝票

振替伝票は、3伝票制の場合には入出金以外の取引、5伝票制の場合には入出金および売上・仕入以外の取引を記入する伝票である。

III 決算手続き

第1章では、簿記一巡の流れについて、取引から残高試算表まで作成しながら確認した。本節では、以降の試算表作成から、財務諸表作成までの流れを作成する。

【 取引から財務諸表までの流れ 】

取 引 ⇨ 仕 訳 ⇨ 総勘定元帳 ⇨ 試算表 ⇨ 精算表 ⇨ 財務諸表

1 試算表

 H21-01

(1) 試算表の概要

試算表には、合計試算表、残高試算表、合計残高試算表の3種類がある。**合計試算表**とは、各勘定口座の借方合計と貸方合計を集計し、それまでの記録を検証するものである。**残高試算表**とは、各勘定口座の借方残高と貸方残高を集計する表であり、**合計残高試算表**とは、合計試算表と残高試算表の機能を1つの表にまとめたものである。勘定の残高とは、各勘定の借方合計と貸方合計の差額であり、借方側に残高が発生した場合を借方残高、貸方側に残高が発生した場合を貸方残高という。

試算表の目的は、仕訳を総勘定元帳に転記する際のミスの有無の確認である。ミスなく転記されていれば、借方合計と貸方合計の合計金額は一致し、借方残高と貸方残高の合計金額は一致する。

【 試算表（合計残高試算表）】

合計残高試算表
平成××年3月31日

借方残高	借方合計	勘 定 科 目	貸方合計	貸方残高
135	190	現　　　金	55	
20	20	備　　　品		
	10	借　入　金	60	50
		資　本　金	100	100
		売　　　上	30	30
15	15	給　　　料		
7	7	水道光熱費		
3	3	支 払 利 息		
180	245		245	180

2 精算表

(1) 精算表の概要

　精算表は正式な帳簿決算を行う前に、インフォーマルなかたちで、試算表の作成から財務諸表の作成までをひとつの一覧表にしたものである。精算表を作成することにより、決算に先立って1会計期間の経営成績と期末における財政状態の概略を把握することができるようになる。

(2) 精算表作成の手順

　精算表作成の手順は次のとおりである。
　① 残高試算表の勘定科目と金額を、精算表の勘定科目欄と試算表欄に記入する。
　② 決算整理仕訳を修正記入欄に記入する。
　③ 試算表欄に記入された金額に、修正記入欄の金額を加減算して、損益計算書欄と貸借対照表欄に記入する。
　④ 損益計算書欄と貸借対照表欄の借方金額合計と貸方金額合計の差額から当期純利益（または当期純損失）を算出する。

【 精算表 】

精算表

(単位：円)

勘定科目	試算表		修正記入		損益計算書		貸借対照表	
	借方	貸方	借方	貸方	借方	貸方	借方	貸方
現　　　　金	500						500	
当 座 預 金	1,500						1,500	
売 　掛 　金	3,000						3,000	
貸 倒 引 当 金		100		20				120
繰 越 商 品	600		800	600			800	
備 　　　品	1,200						1,200	
減価償却累計額		540		180				720
買 　掛 　金		760						760
借 　入 　金		1,800						1,800
資 　本 　金		4,000						4,000
売 　　　上		6,800				6,800		
仕 　　　入	5,700		600	800	5,500			
給 　　　料	1,100				1,100			
支 払 家 賃	300			40	260			
支 払 利 息	100		20		120			
	14,000	14,000						
貸倒引当金繰入			20		20			
減 価 償 却 費			180		180			
前 払 家 賃			40				40	
未 払 利 息				20				20
当 期 純 損 失						380	380	
			1,660	1,660	7,180	7,180	7,420	7,420

■■■ 問題編 ■■■　　　　　Check!!

問1 (H24-02改題)　　　　　　　　　　　　　　　　　　　　［○・×］
　売上帳は、売上取引の明細を得意先別に記録するための帳簿である。

問2 (H22-04改題)　　　　　　　　　　　　　　　　　　　　［○・×］
　商品有高帳は、商品の増減及び残高の明細を記録する主要簿である。

問3 (H26-01)　　　　　　　　　　　　　　　　　　　　　　［○・×］
　特殊仕訳帳制においては、補助記入帳の特別欄の金額は総勘定元帳に合計転記される。

問4 (H25-01設問1)　　　　　　　　　　　　　　　　　　　　［○・×］
　伝票式会計を導入している場合、仕訳帳は利用されない。

問5 (H19-02改題)　　　　　　　　　　　　　　　　　　　　［○・×］
　簿記一巡の流れでは、精算表を作成してから試算表を作成する。

問1　×：「得意先別に」ではなくて「発生順に」である。

問2　×：「主要簿」ではなくて「補助簿」である。

問3　○：設問文のとおり。

問4　○：伝票式会計とは、仕訳帳の代わりに伝票を用いて会計記録を作成する簿記システムである。

問5　×：試算表を作成してから精算表を作成する。

■■■ 問題編 ■■■

次の商品有高帳、仕入帳および売上帳に基づき、甲品の月間の売上総利益として最も適切なものを下記の解答群から選べ。商品の評価は先入先出法による。

商 品 有 高 帳

先入先出法　　　　　　　　品名　甲品

月	日	摘　要	受　入			払　出			残　高		
			数量	単価	金額	数量	単価	金額	数量	単価	金額
7	1	前月繰越	20	410	8,200				20	410	8,200
				省　　略							
			100		41,000	100		41,000			

仕 入 帳

月日	摘　　要	内 訳	金 額
7　4	A商店　　　　掛		
	甲品 50 @¥420	21,000	
	乙品 40 @¥600	24,000	45,000
5	**A商店　　掛返品**		
	甲品 10 @¥420		**4,200**
23	B商店　　　現金		
	甲品 40 @¥400		16,000
	総 仕 入 高		61,000
	仕 入 戻 し 高		**4,200**
	純 仕 入 高		56,800

売 上 帳

月日	摘　　要	内 訳	金 額
7　6	C商店　　　　掛		
	甲品 40 @¥550		22,000
25	D商店　　　　掛		
	甲品 30 @¥560	16,800	
	乙品 40 @¥800	32,000	48,800
26	**D商店　　掛値引**		
	甲品 16 @¥50		**800**
	総 売 上 高		70,800
	売 上 値 引 高		**800**
	純 売 上 高		70,000

〔解答群〕

ア　1,800円

イ　4,900円

ウ　5,800円

エ　9,000円

解答：エ

　商品売買と補助簿に関する出題である。甲品について、補助簿から月中の取引を読み取り、また、先入先出法に基づいて月末繰越高を計算することが必要となる。

（1）売上原価と売上総利益を計算する。
　　売上原価＝前月繰越高＋純仕入高－次月繰越高
　　売上総利益＝純売上高－売上原価

（2）純売上高と純仕入高、および次月繰越高を計算する。
　　純売上高＝総売上高（22,000＋16,800）－売上値引高800＝38,000
　　純仕入高＝総仕入高（21,000＋16,000）－仕入戻し高4,200＝32,800
　　商品の評価は先入先出法によるため、先に仕入れた商品から先に売れていったとみなし、次月繰越高の商品は、仕入れた日付が新しい順に残っているとみなす。
　　次月繰越数量＝前月繰越数量20＋当月仕入数量（50－10＋40）－売上数量（40＋30）＝30
　　30個の次月繰越商品は、7月23日に仕入れた商品であり、単価は400円である。
　　次月繰越高＝400×30＝12,000

（3）売上総利益を計算する。
　　売上原価＝前月繰越高8,200＋純仕入高32,800－次月繰越高12,000＝29,000
　　売上総利益＝純売上高38,000－売上原価29,000＝9,000

　よって、エが正解である。

厳選!! 必須テーマ　重要例題②　——第3章——

平成21年度　第1問

■■■ 問題編 ■■■

　期末の決算整理前残高試算表と決算整理事項（単位：千円）は次のとおりである。当期の純損益として、最も適切なものを下記の解答群から選べ（単位：千円）。

決算整理前残高試算表

（単位：千円）

借　　　方	勘　定　科　目	貸　　　方
5,000	現　　　　　　金	
15,000	当　座　預　金	
30,000	売　　掛　　金	
	貸　倒　引　当　金	1,000
6,000	繰　越　商　品	
12,000	備　　　　　　品	
	備品減価償却累計額	5,400
	買　　掛　　金	7,600
	借　　入　　金	18,000
	資　　本　　金	40,000
	売　　　　　　上	68,000
57,000	仕　　　　　　入	
11,000	給　　　　　　料	
3,000	支　払　家　賃	
1,000	支　払　利　息	
140,000		140,000

決算整理事項：
① 商品の期末たな卸高は8,000である。
② 売掛金の残高に対して4％の貸倒引当金を設定する。
③ 備品（耐用年数6年、残存価額は取得原価の10％、取得後4年間経過）の減価償却を定額法により行う。
④ 家賃の前払い額は400、利息の未払い額は200である。

〔解答群〕

ア　損失　3,800　　イ　損失　10,600

ウ　利益　9,000　　エ　利益　13,200

解答：ア

　決算整理事項修正後の当期の純損益を求める出題である。

　決算整理とは、期間損益を正しくするために勘定残高を修正することである。決算整理事項修正後の当期の純損益は決算整理前損益に決算整理事項による利益の増減を調整して求めることができる。

　①～④の決算整理事項による利益の増減を計算する。（以下、単位省略）

①利益の増加

　期末たな卸高8,000－繰越商品（決算整理前たな卸高）6,000＝2,000

　上記の仕入金額が修正され売上原価が減少する。

　売上原価＝仕入57,000＋繰越商品6,000－期末たな卸8,000＝55,000

②利益の減少

　決算整理後貸倒引当金設定額＝売掛金30,000×0.04＝1,200

　決算整理後貸倒引当金設定額1,200－決算整理前貸倒引当金設定額1,000＝200

　差額補充法であるため、貸倒引当金繰入200を費用計上する。

③利益の減少

　備品減価償却累計額が計上されていることから、備品残高12,000は取得価額である。

　定額法による1年間の備品減価償却費＝$\dfrac{\text{取得価額}12{,}000 \times 0.9}{\text{耐用年数}6\text{年}}$＝1,800

　取得後4年間経過しているので、減価償却費1,800を費用計上する。

④利益の増加と減少

　家賃の前払い額400が前払家賃に計上され、その額分の支払家賃が減少する。利息の未払い額200が未払利息に計上され、その額分の支払利息が増加する。

　上記の決算整理事項による利益の増減をまとめて計算すると次のとおりである。

　2,000－200－1,800＋400－200＝200（利益の増加）

　決算整理前損益をまとめて計算する。

　売上68,000－仕入57,000－給料11,000－支払家賃3,000－支払利息1,000＝－4,000

　したがって、決算整理後の当期の純損益は、－4,000＋200＝－3,800（当期損失）となる。

　決算整理により勘定残高を修正した後に利益計算をする帳票として精算表がある。本問を精算表で示せば、次のようになる。

【精算表】

(単位：千円)

勘定科目	決算整理前試算表 借方	決算整理前試算表 貸方	決算整理 借方	決算整理 貸方	損益計算書 借方	損益計算書 貸方	貸借対照表 借方	貸借対照表 貸方
現　　　　　金	5,000						5,000	
当　座　預　金	15,000						15,000	
売　　掛　　金	30,000						30,000	
貸　倒　引　当　金		1,000		200				1,200
繰　越　商　品	6,000		8,000	6,000			8,000	
備　　　　　品	12,000						12,000	
備品減価償却累計額		5,400		1,800				7,200
買　　掛　　金		7,600						7,600
借　　入　　金		18,000						18,000
資　　本　　金		40,000						40,000
売　　　　　上		68,000				68,000		
仕　　　　　入	57,000		6,000	8,000	55,000			
給　　　　　料	11,000				11,000			
支　払　家　賃	3,000			400	2,600			
支　払　利　息	1,000		200		1,200			
	140,000	140,000						
貸倒引当金繰入			200		200			
減　価　償　却　費			1,800		1,800			
前　払　家　賃			400				400	
未　払　利　息				200				200
当　期　純　損　失						3,800	3,800	
			16,600	16,600	71,800	71,800	74,200	74,200

よって、アが正解である。

厳選!! 必須テーマ　重要例題③　── 第3章 ──

平成25年度　第1問

■■■ **問題編** ■■■

　伝票式会計は、分業による経理処理の効率化のための工夫として広く採用されている。伝票式会計に関する以下の設問に答えよ。

（設問1）

　伝票式会計に関する記述として、最も適切なものの組み合わせを下記の解答群から選べ。

　a　伝票式会計を導入している場合、売上戻りは売上伝票に記入される。
　b　伝票式会計を導入している場合、仕訳帳は利用されない。
　c　伝票式会計を導入している場合、仕訳日計表には売上伝票と仕入伝票を集計しない。
　d　伝票式会計を導入している場合、補助簿の記入は仕訳日計表を利用して行う。

〔解答群〕
　　ア　aとb
　　イ　aとc
　　ウ　bとc
　　エ　bとd
　　オ　cとd

（設問2）

　本日における伝票の一部が以下に示されている。売掛金勘定の本日の残高として最も適切なものを下記の解答群から選べ。なお、昨日の売掛金勘定は借方残高120,000円であった。

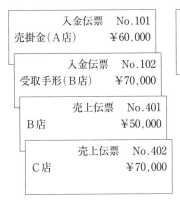

入金伝票　　No.101	
売掛金（A店）	￥60,000

入金伝票　　No.102	
受取手形（B店）	￥70,000

売上伝票　　No.401	
B店	￥50,000

売上伝票　　No.402	
C店	￥70,000

振替伝票　　　　No.301
借方：買掛金（D店）￥40,000
貸方：支払手形（D店）￥40,000

振替伝票　　　　No.302
借方：裏書手形（E店）￥10,000
貸方：受取手形（E店）￥10,000

振替伝票　　　　No.303
借方：受取手形（B店）￥80,000
貸方：売掛金（B店）￥80,000

〔解答群〕

　ア　　40,000 円

　イ　　90,000 円

　ウ　100,000 円

　エ　240,000 円

■■■ **解答・解説編** ■■■

［設問1］ 解答：ア

　伝票式会計に関する出題である。

a：適切である。売上戻りとは、販売した商品に何らかの問題があるなどの理由で
　　返品されることをいう。この場合、逆仕訳によって売上高を取り消すことにな
　　るため、売上伝票にマイナス金額を記入する。

b：適切である。伝票式会計では、伝票を発生順ないし科目別に集めて、仕訳帳や
　　元帳の代わりとして利用する。したがって仕訳帳は利用されない。

c：不適切である。伝票式会計では伝票を総勘定元帳に個別転記するが、取引の多
　　い企業では、一定期間（1日、1週間、10日間など）ごとに伝票を貸借それぞれ
　　の勘定科目別に集計して合計転記することがある。このとき、1日分の伝票を
　　集計した仕訳集計表を仕訳日計表という。仕訳日計表には、売上伝票や仕入伝
　　票も含め、その日に使用されたすべての勘定科目を集計する。

d：不適切である。補助簿とは、主要簿（仕訳帳や総勘定元帳）の記録を補足して
　　個別的に記録する帳簿であり、現金出納帳や仕入帳などの補助記入帳と売掛金
　　元帳や買掛金元帳などの補助元帳に分類される。いずれも重要な取引や勘定を
　　詳細に記録するものであり、補助簿への転記は、仕訳日計表からではなく伝票
　　から個別に行う。

　よって、適切な組み合わせはaとbであり、アが正解である。

［設問2］ 解答：ウ

　伝票式会計における勘定残高計算に関する出題である。
　示された伝票から売掛金にかかわる取引を正しく抽出し、売掛金勘定の本日の残
高を計算する。
　売掛金に関する取引は、勘定科目に売掛金のあるNo.101の入金伝票、No.303
の振替伝票が該当する。また、売上取引はすべて掛け（売掛金）で行われたとする
ため、No.401とNo.402の売上伝票も該当する。これらの仕訳は次のとおりである。
　No.101［入金伝票］（借）現金　60,000　（貸）売掛金　60,000
　No.303［振替伝票］（借）受取手形　80,000　（貸）売掛金　80,000
　No.401［売上伝票］（借）売掛金　50,000　（貸）売上　50,000
　No.402［売上伝票］（借）売掛金　70,000　（貸）売上　70,000
昨日の売掛金残高に上記の本日の増減を加えて、本日の残高を計算する。

【 売掛金残高 】

(単位：円)

	借方	貸方
昨日の売掛金残高	120,000	
No.101　売掛金 (A店) の現金入金		60,000
No.303　売掛金 (B店) の手形受領		80,000
No.401　売上計上 (B店)	50,000	
No.402　売上計上 (C店)	70,000	
計	240,000	140,000
本日の売掛金残高	100,000	

　よって、ウが正解である。

過去23年分 平成13年（2001年）〜令和5年（2023年）	
1位	キャッシュ・フロー計算書の作成
2位	キャッシュ・フロー計算書の概要
2位	税効果会計の知識
2位	連結貸借対照表の作成
3位	収益や費用の認識

直近10年分 平成26年（2014年）〜令和5年（2023年）	
1位	キャッシュ・フロー計算書の作成
1位	連結貸借対照表の作成
1位	収益や費用の認識
2位	税効果会計の知識
2位	本支店会計
2位	リース会計
3位	持分法

過去23年間の出題傾向

　キャッシュ・フロー計算書の作成は23年間で29回と、圧倒的に出題されているため、確実にマスターしてほしい。また、税効果会計と連結貸借対照表はいずれも10回以上出題されている重要テーマである。収益や費用の認識は、直近10年間で6回と出題が多く、会計の基礎となる重要なテーマなので確実に押さえてほしい。

第 **4** 章

その他財務諸表に
関する知識

I 株主資本等変動計算書の知識

H25-03

1 株主資本等変動計算書の概要

　株主資本等変動計算書は、貸借対照表の純資産の部の一会計期間における変動額のうち、主に、株主に帰属する部分である株主資本の各項目の変動事由を報告するために作成される。

【 株主資本等変動計算書 】

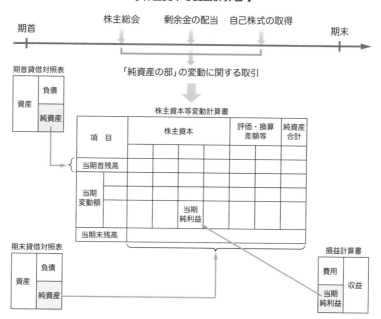

2 株主資本等変動計算書の作成手順

　株主資本等変動計算書の項目は、次の図のように並んでいる。横の列は、貸借対照表の「純資産の部」の項目で、縦の列は、変動事由が記載されている。一般的な、株主資本等変動計算書の作成手順は下記のとおりである。

① 当期首残高の行に前期末貸借対照表の純資産の部の数値を転記する
② 株主資本の各項目は、変動事由ごとに変動事由を明示し、変動額を総額表示する
③ 株主資本以外の各項目は、変動額を純額表示する

④ 当期変動額合計を、各項目について計算する

⑤ 当期末残高を、各項目について計算する

【 株主資本等変動計算書例 】

(単位：万円)

	株主資本										評価・換算差額等		新株予約権	純資産合計
		資本剰余金			利益剰余金									
						その他利益剰余金								
	資本金	資本準備金	その他資本剰余金	資本剰余金合計	利益準備金	別途積立金	繰越利益剰余金	利益剰余金合計	自己株式	株主資本合計	その他有価証券評価差額金	評価・換算差額等合計		
当期首残高	5,000	300	50	350	500	1,000	400	1,900	△200	7,050	150	150	100	7,300
当期変動額														
新株の発行	1,000	500		500						1,500				1,500
剰余金の配当							△100	△100		△100				△100
剰余金の配当に伴う利益準備金の積立て					10		△10	0		0				0
当期純利益							200	200		200				200
自己株式の取得									△50	△50				△50
自己株式の処分			△20	△20					100	80				80
株主資本以外の項目の当期変動額（純額）											50	50		50
当期変動額合計	1,000	500	△20	480	10	0	90	100	50	1,630	50	50	0	1,680
当期末残高	6,000	800	30	830	510	1,000	490	2,000	△150	8,680	200	200	100	8,980

II キャッシュ・フロー計算書の知識

1 キャッシュ・フロー計算書の概要

(1) キャッシュ・フロー計算書の構造

① 収益と収入、費用と支出の違い

貸借対照表と損益計算書は、先ほど学習したとおり、発生主義と実現主義にもとづき作成される。発生主義や実現主義の考え方では、商品を販売すれば代金の入金がなくても売上という収益が計上され、原材料を仕入れれば代金を支払っていなくても仕入という費用が計上される。

つまり、損益計算書に記載される損益は、直接「お金の出・入り」とは結びつかない。そのため、損益計算書に計上される利益と資金の残高は一致せず、損益計算書で利益が計上されていても「資金（お金）」が足りない場合や、反対に利益が少ない割には「資金（お金）」にゆとりがある場合が見られる。

このような状態が行き過ぎると、損益計算書上は黒字であるのに資金不足で倒産する黒字倒産になる恐れがある。

キャッシュ・フロー計算書では、売上高が計上されても入金があるまでは収入に計上されず、仕入れを行っても現金を支払うまでは支出に計上されない。**キャッシュ・フロー計算書**は、現金の流入と現金の流出のみを示す財務諸表である。

【 売上から現金受取・仕入れから現金支払 】

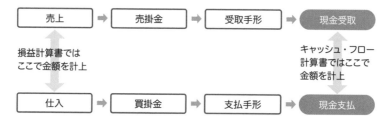

② キャッシュ・フロー計算書の構造

キャッシュ・フロー計算書では、一会計期間におけるキャッシュ・フローの状況を、営業活動、投資活動及び財務活動の3つの活動区分別に表示している。

たとえば、企業の営業期間内に、どれだけの現金を稼ぎ出して、どのくらい投資に現金を使い、また、現金を調達して手元にいくら残っているかという資金の流れと残高を表す。この現金の流れを、キャッシュ・フローの性格により「営業活動によるキャッシュ・フロー」、「投資活動によるキャッシュ・フロー」、「財務活動によるキャッシュ・フロー」の3つに分類している。

営業活動による キャッシュ・フロー	商品及び役務の販売による収入 商品及び役務の購入による支出 従業員及び役員に対する報酬の支出 災害による保険金収入 損害賠償金の支払い 法人税等の支払額
投資活動による キャッシュ・フロー	有形固定資産及び無形固定資産の取得による支出 有形固定資産及び無形固定資産の売却による収入 有価証券及び投資有価証券の取得による支出 有価証券及び投資有価証券の売却による収入 貸付による支出 貸付金の回収による収入
財務活動による キャッシュ・フロー	株式の発行による収入 自己株式の取得による支出 配当金の支払い 社債の発行及び借入による収入 社債の償還及び借入金の返済による支出

(2) キャッシュ・フロー計算書の作成方法

　キャッシュ・フロー計算書の作成方法には、直接法と間接法の2つがある。ほとんどの企業が間接法を採用しているため、本書では間接法を中心に紹介する。

① 直接法

　直接法は、現金収入または現金支払いを伴う取引を記録し、これを整理、集計することによって作成する。損益計算書との対比がしやすいという長所がある。

② 間接法

　間接法は、損益計算書や貸借対照表などに示された金額を使用し、現金収入または現金支払いを伴わない取引等の調整をして現金ベースに修正し作成する。キャッシュ・フローと利益との差異の原因を探りやすいという長所がある。

【 直接法によるキャッシュ・フロー計算書 】　【 間接法によるキャッシュ・フロー計算書 】

I.営業活動によるキャッシュ・フロー	
営業収入	×××
原材料又は商品の仕入支出	−×××
人件費支出	−×××
その他の営業支出	−×××
小計	×××
利息及び配当金の受取額	×××
利息の支払額	−×××
損害賠償金の支払額	−×××
…………………	×××
法人税等の支払額	−×××
営業活動によるキャッシュ・フロー	×××
II.投資活動によるキャッシュ・フロー	
有価証券の取得による支出	−×××
有価証券の売却による収入	×××
有形固定資産の取得による支出	−×××
有形固定資産の売却による収入	×××
投資有価証券の取得による支出	−×××
投資有価証券の売却による収入	×××
貸付による支出	−×××
貸付金の回収による収入	×××
…………………	×××
投資活動によるキャッシュ・フロー	×××
III.財務活動によるキャッシュ・フロー	
短期借入れによる収入	×××
短期借入金の返済による支出	−×××
長期借入れによる収入	×××
長期借入金の返済による支出	−×××
社債の発行による収入	×××
社債の償還による支出	−×××
株式の発行による収入	×××
自己株式の取得による支出	−×××
…………………	×××
財務活動によるキャッシュ・フロー	×××
IV.現金及び現金同等物に係る換算差額	×××
V.現金及び現金同等物の増加額	×××
VI.現金及び現金同等物期首残高	×××
VII.現金及び現金同等物期末残高	×××

I.営業活動によるキャッシュ・フロー	
税金等調整前当期純利益	×××
減価償却費	×××
貸倒引当金の増加額	×××
受取利息及び受取配当金	−×××
支払利息	×××
有形固定資産売却益	−×××
損害賠償損失	×××
売上債権の増加額	−×××
棚卸資産の減少額	×××
仕入債務の減少額	−×××
…………………	×××
小計	×××
利息及び配当金の受取額	×××
利息の支払額	−×××
損害賠償金の支払額	−×××
…………………	×××
法人税等の支払額	−×××
営業活動によるキャッシュ・フロー	×××
〜	
財務活動・投資活動は直接法と同じ	

2　キャッシュ・フロー計算書の作成　

次の【例題】を解答しながら、キャッシュ・フロー計算書の構造と損益計算書・

貸借対照表との関連を理解しよう。

[例題]

T社の簡略貸借対照表及び簡略損益計算書、ならびに下記の《資料》にもとづき解答欄の様式に合わせてキャッシュ・フロー計算書を作成しなさい。

《 資料 》

T社の第10期の取引は次のとおりである。

① 第10期末に有形固定資産を700百万円で購入した。第10期の減価償却実施額はすべて販売費及び一般管理費であり、620百万円である。

② 第10期にA金融機関から348百万円の借り入れをした。また、B金融機関に対して返済期限が到来した借入金500百万円を返済した。なお、どちらも長期の借入金である。

③第10期に株式を発行し、資本金60百万円を増資した。

【 T社の財務諸表データ 】

簡略貸借対照表

(単位：百万円)

科目	第9期末	第10期末
現金及び預金	585	727
受取手形	150	300
棚卸資産	1,986	2,208
その他流動資産	20	20
有形固定資産	2,840	2,920
投資その他の資産	980	980
支払手形	380	280
買掛金	91	280
短期借入金	1,090	1,110
未払費用	105	220
その他流動負債	300	300
長期借入金	3,720	3,568
その他固定負債	60	60
資本金	60	120
その他の剰余金	755	1,217

※未払費用は、すべて未払利息である。

簡略損益計算書

(単位：百万円)

科　目	第10期
売　　上　　高	20,760
売　　上　　原　　価	14,970
売　上　総　利　益	5,790
販売費及び一般管理費	4,790
営　業　利　益	1,000

営 業 外 収 益	
受取利息及び配当金	78
営 業 外 費 用	
支払利息及び手形売却損	156
経 常 利 益	922
特 別 利 益	0
税 引 前 当 期 純 利 益	922
法 人 税 等	460
当 期 純 利 益	462

【 T社のキャッシュ・フロー計算書第10期 −解答欄− 】

キャッシュ・フロー計算書

(単位：百万円)

I 営業活動によるキャッシュ・フロー		
		I−①
		I−②
		I−③
		I−④
		I−⑤
		I−⑥
		I−⑦
	小計	
		I−⑧
		I−⑨
		I−⑩
	営業活動によるキャッシュ・フロー	I−⑪
II 投資活動によるキャッシュ・フロー		
		II−①
	投資活動によるキャッシュ・フロー	
III 財務活動によるキャッシュ・フロー		
		III−①
		III−②
		III−③
		III−④
	財務活動によるキャッシュ・フロー	
IV 現 金 及 び 現 金 同 等 物 の 増 減 額		
V 現 金 及 び 現 金 同 等 物 の 期 首 残 高		
VI 現 金 及 び 現 金 同 等 物 の 期 末 残 高		

⑴ キャッシュ・フロー計算書作成の手順〈営業活動によるキャッシュ・フロー〉

　営業活動によるキャッシュ・フローの金額は、企業が外部からの資金調達に頼らずに、借入金の返済、営業能力の維持、配当金の支払い、新規投資等に必要なキャッシュ・フローをどの程度生み出したかを示す。

　営業活動によるキャッシュ・フローは、企業の収益を生み出す主要な諸活動から生まれる内部金融で、最も根源的なキャッシュ・フローである。

① 税引前当期純利益の設定［Ⅰ－①］

　まず、営業活動によるキャッシュ・フローを作成しよう。間接法によるキャッシュ・フロー計算書を作成する場合、営業活動によるキャッシュ・フローの一番上にくる科目は、税金等調整前当期純利益となる。しかし、今回の問題文には、該当する科目がないため「税引前当期純利益922百万円」となる。

② 減価償却費の加算［Ⅰ－②］

　非資金項目の減価償却費620百万円をプラスする。問題文に「第10期の販売費及び一般管理費に含まれる減価償却実施額は620百万円」とある。

③ 受取利息及び配当金の修正［Ⅰ－③］

　損益計算書の受取利息及び配当金78百万円を、小計の下で利息及び配当金の受取額とするため、一旦マイナスする。その後、未収利息や前受利息を調整する。今回は未収利息や前受利息がない。しかし、手続きとして小計の上でマイナスし、小計の下でプラスすることを覚えておこう。

④ 支払利息及び手形売却損の修正［Ⅰ－④］

　損益計算書の支払利息及び手形売却損156百万円を、小計の下で利息の支払額とするため、一旦プラスする。その後、前払利息や未払利息を調整する。今回は、未払利息が貸借対照表にある。修正の際には、第10期末と第9期末の差額を求める。

　　当期と前期の未払利息の差額115百万円
　　　＝第10期末の未払利息220百万円－第9期末の未払利息105百万円

　未払利息が増加していることは、まだ支払っていない利息が増加したことを示す。そこで、現金ベースでの利息の支払額を算出するために、支払利息及び手形売却損156百万円から当期と前期の未払利息の差額115百万円を差し引く。差額の41百万円を利息の支払額として小計の下にマイナス記入する。

　利息および配当金にかかるキャッシュ・フローは、2つの方法の選択適用が認められている。**第1法**は、受取利息、受取配当金および支払利息は「営業活動によるキャッシュ・フロー」の区分に記載し、支払配当金は「財務活動によるキャッシュ・フロー」の区分に記載する方法である。**第2法**は、受取利息および受取配当金は「投資活動によるキャッシュ・フロー」の区分に記載し、支払利息および支払配当金は「財務活動によるキャッシュ・フロー」の区分に記載する方法である。ここでは、第1法を適用する。

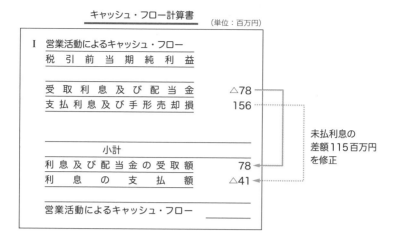

【 受取利息・支払利息の修正 】

キャッシュ・フロー計算書

(単位：百万円)

I	営業活動によるキャッシュ・フロー	
	税 引 前 当 期 純 利 益	
	受 取 利 息 及 び 配 当 金	△78
	支 払 利 息 及 び 手 形 売 却 損	156
	小計	
	利 息 及 び 配 当 金 の 受 取 額	78
	利 息 の 支 払 額	△41
	営業活動によるキャッシュ・フロー	

未払利息の
差額115百万円
を修正

「税金等調整前当期純利益」は、便宜上、「税引前当期純利益」としている。

ここまでが主に損益計算書に関する科目の修正となる。ここから貸借対照表の科目に関する修正である。

⑤ 売上債権の修正 [Ⅰ－⑤]

売上高が増加しても、すべて受取手形と売掛金で回収したならば、現金は受け取っていない。キャッシュ・フロー計算書では、売上債権の増加額を税引前当期純利益からマイナスする。

売上債権の増加額150百万円
＝第10期末の受取手形300百万円－第9期末の受取手形150百万円

⑥ 棚卸資産の修正 [Ⅰ－⑥]

棚卸資産の増加は、現金を減少させる。キャッシュ・フロー経営を考えている企業は、棚卸資産の圧縮へ積極的に取り組んでいる。キャッシュ・フロー計算書では、棚卸資産の増加額を税引前当期純利益からマイナスする。

棚卸資産の増加額222百万円
＝第10期末の棚卸資産2,200百万円－第9期末の棚卸資産1,900百万円

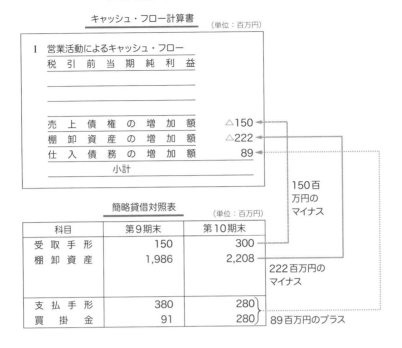

【 売上債権・棚卸資産・仕入債務の修正 】

キャッシュ・フロー計算書　（単位：百万円）

Ⅰ　営業活動によるキャッシュ・フロー
　　税　引　前　当　期　純　利　益

　　売　上　債　権　の　増　加　額　　　△150
　　棚　卸　資　産　の　増　加　額　　　△222
　　仕　入　債　務　の　増　加　額　　　　89
　　　　　　　　　　小計

150百万円のマイナス

簡略貸借対照表　（単位：百万円）

科目	第9期末	第10期末
受 取 手 形	150	300
棚 卸 資 産	1,986	2,208
支 払 手 形	380	280
買 掛 金	91	280

222百万円のマイナス

89百万円のプラス

⑦ 仕入債務の修正 [Ⅰ－⑦]

　仕入債務の増加は、相手に現金を支払ってないため現金を増加させる。商品を仕入れ、支払手形や買掛金で支払えば、仕入債務の決済まで現金は企業外部へ流出しない。キャッシュ・フロー計算書では、仕入債務の増加額を税引前当期純利益にプラスする。先ほど学習したとおり、仕入債務は支払手形と買掛金の合計である。

　仕入債務の増加額89百万円
　　＝第10期末の仕入債務560百万円－第9期末の仕入債務471百万円

⑧ 小計後の修正 [Ⅰ－⑧] [Ⅰ－⑨] [Ⅰ－⑩]

　小計後では、現金の受取額、現金の支払額を記入する。今回は利息及び配当金の受取額78百万円、利息の支払額－41百万円、法人税等の支払額－460百万円を記入する。法人税等の支払額で注意することは、貸借対照表に未払法人税がある場合には、未払利息と同じように修正が必要となる。

⑨ 営業活動によるキャッシュ・フローの算出 [Ⅰ－⑪]

　[Ⅰ－①]～[Ⅰ－⑩]までの修正により、税引前当期純利益が、営業活動によるキャッシュ・フローとなる。

(2) キャッシュ・フロー計算書作成の手順〈投資活動によるキャッシュ・フロー〉

投資活動によるキャッシュ・フローは、企業が将来の利益をいかに稼ぎ出し、どのように資金運用していくかといった経営方針にしたがい、どのようにキャッシュを運用し、回収しているかといった情報を示している。投資活動からのキャッシュ・フローを見ることで、企業がどのような分野の投資に力を入れているかを知ることができる。

投資活動によるキャッシュ・フローには、貸付とその回収、社債または株式、有形固定資産及び生産に使われる資産、すなわち企業による商品または用役の生産のために所有もしくは使用される資産の取得または売却などが含まれる。

① 有形固定資産の取得等による支出 [Ⅱ－①]

有形固定資産の取得金額と、貸借対照表の当期と前期の有形固定資産の差額とは異なる。キャッシュ・フロー計算書では、問題文にある「第10期末に有形固定資産を700百万円で購入」した金額が記入される。

(3) キャッシュ・フロー計算書作成の手順〈財務活動によるキャッシュ・フロー〉

財務活動によるキャッシュ・フローは、企業の営業活動や投資活動を支えるために、どのように資金を調達し、それを返済しているかを示す情報である。

たとえば、株主から資本を調達し、配当を支払い、投資の払戻しを行うことや、資金を借り入れたり、借入金額を返済することなどが含まれる。財務活動によるキャッシュ・フローを見れば、企業の資金繰り事情も知ることができる。

① 短期借入金の純増加額 [Ⅲ－①]

財務活動によるキャッシュ・フローに記載する短期借入金は、貸借対照表の当期と前期の短期借入金の差額で求める。

短期借入金の純増加額20百万円
　＝第10期末の短期借入金1,110百万円－第9期末の短期借入金1,090百万円

② 長期借入による収入と長期借入金の返済による支出 [Ⅲ－②、Ⅲ－③]

問題文に「第10期にA金融機関から348百万円の借り入れをした。また、B金融機関に対して返済期限が到来した借入金500百万円を返済した」とあるため、それぞれの金額を財務活動によるキャッシュ・フローに記載する。貸借対照表の当期と前期の長期借入金の差額と異なる点に注意しよう。

③ 株式の発行による収入 [Ⅲ－④]

問題文に「第10期に株式を発行し、資本金60百万円を増資した」とあるため、財務活動によるキャッシュ・フローに60百万円を記載する。

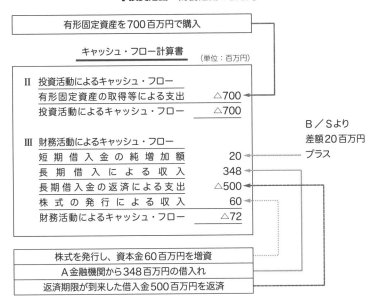

【 投資活動・財務活動の記載 】

有形固定資産を700百万円で購入

キャッシュ・フロー計算書　　　　(単位：百万円)

Ⅱ　投資活動によるキャッシュ・フロー
　　　有形固定資産の取得等による支出　　△700
　　　投資活動によるキャッシュ・フロー　　△700

Ⅲ　財務活動によるキャッシュ・フロー
　　　短期借入金の純増加額　　　　　　　　20
　　　長期借入による収入　　　　　　　　348
　　　長期借入金の返済による支出　　　△500
　　　株式の発行による収入　　　　　　　60
　　　財務活動によるキャッシュ・フロー　△72

B／Sより
差額20百万円
プラス

株式を発行し、資本金60百万円を増資
A金融機関から348百万円の借入れ
返済期限が到来した借入金500百万円を返済

(4) 現金及び現金同等物

R05-09
H25-04

　キャッシュ・フロー計算書の最後に「現金及び現金同等物の増減額」「現金及び現金同等物の期首残高」「現金及び現金同等物の期末残高」がある。

　キャッシュ・フロー計算書の現金には、手許現金のみならず、普通預金、当座預金、通知預金等が含まれる。現金同等物は、容易に換金可能で価値の変動について僅少なリスクしか負わない短期投資であり、取得日から満期日または償還日までの期間が3ヵ月以内の短期投資である定期預金、譲渡性預金、コマーシャル・ペーパー、公社債投資信託等が含まれる。本問では現金及び預金しかないため、現金及び現金同等物には、現金と預金が該当する。

　そのため、現金及び現金同等物の増減額は、貸借対照表の当期と前期の現金及び預金の差額と等しくなる。また、現金及び現金同等物の期首残高は、貸借対照表の前期の現金及び預金585百万円と、現金及び現金同等物の期末残高は、貸借対照表の当期の現金及び預金727百万円と等しくなる。しかし、例えば、預金の内訳に3か月超1年以内の定期預金がある場合などは、キャッシュ・フロー計算書の現金及び現金同等物期末残高と、貸借対照表の現金及び預金の期末残高は一致しないこともある。

【 現金及び現金同等物の修正 】

簡略貸借対照表

(単位：百万円)

科目	第9期末	第10期末
現金及び預金	585	727

142百万円

IV 現金及び現金同等物の増減額	142
V 現金及び現金同等物の期首残高	585
VI 現金及び現金同等物の期末残高	727

【 T社のキャッシュ・フロー計算書　第10期 －解答例－ 】

キャッシュ・フロー計算書

(単位：百万円)

I　営業活動によるキャッシュ・フロー	
税　引　前　当　期　純　利　益	922
減　　価　　償　　却　　費	620
受　取　利　息　及　び　配　当　金	△78
支　払　利　息　及　び　手　形　売　却　損	156
売　上　債　権　の　増　加　額	△150
棚　卸　資　産　の　増　加　額	△222
仕　入　債　務　の　増　加　額	89
小計	1,337
利　息　及　び　配　当　金　の　受　取　額	78
利　息　の　支　払　額	△41
法　人　税　等　の　支　払　額	△460
営業活動によるキャッシュ・フロー	914
II　投資活動によるキャッシュ・フロー	
有　形　固　定　資　産　の　取　得　等　に　よ　る　支　出	△700
投資活動によるキャッシュ・フロー	△700
III　財務活動によるキャッシュ・フロー	
短　期　借　入　金　の　純　増　加　額	20
長　期　借　入　れ　に　よ　る　収　入	348
長　期　借　入　金　の　返　済　に　よ　る　支　出	△500
株　式　の　発　行　に　よ　る　収　入	60
財務活動によるキャッシュ・フロー	△72
IV　現　金　及　び　現　金　同　等　物　の　増　減　額	142
V　現　金　及　び　現　金　同　等　物　の　期　首　残　高	585
VI　現　金　及　び　現　金　同　等　物　の　期　末　残　高	727

III 税務会計と税効果会計の知識

1 税務会計の知識

(1) 税務会計の概要

　税務会計とは「納税すべき税金がいくらであるか」を算定する会計である。法人企業の納税には、法人税、住民税、事業税、固定資産税などがある。その中で最も負担の重いものが法人税である。

　税法にもとづく会計では、納税額は各事業年度の課税所得（税法にもとづいて計算される法人税等が課される利益）に税率を乗じて算定する。各事業年度の課税所得は、益金の額から損金の額を差し引いて計算する。その算定は、企業会計上の各事業年度の利益（＝収益－費用）を元に税法上の調整を加える形で行う。

(2) 財務会計と税務会計の間に調整が必要な理由

R05-06

　財務会計と税務会計の間に調整が必要な理由は、収益と益金、費用と損金について、それぞれ扱う範囲が異なっていて、互いが完全には一致しないからである。

　企業は適正な納税を行うために税務会計を実施するとともに、会社法上の利益と税法上の所得の相違について検討し、収益の実態を把握することが求められる。

　具体的に、この調整は、税務申告書類の1つである「別表四」で行う。

【 損益計算書と別表四の関係 】

損益計算書

費用	収益
当期利益	

当期利益を【別表四】で調整

【別表四】

	当期利益	×××
加算	益金算入	＋ ×××
	損金不算入	＋ ×××
減算	益金不算入	△ ×××
	損金算入	△ ×××
	課税所得	×××

① 益金と損金

　税務上の概念である益金と損金には、次の図表のようなものがある。益金は税法上の収益、損金は税法上の費用と考えるとわかりやすい。益金・損金には含めないものとして、増資・減資・利益配分等の資本等取引から生じるものがある。

【 益金と損金 】

益　金	損　金
資産の販売、有償または無償での資産の譲渡、有償または無償での役務の提供、無償による資産の譲受け、資本等取引以外のその他の収益 　　　　　　　　　　　　　　など	収益獲得に係わった売上原価、完成工事原価、販売費、一般管理費、その他の費用、損失額で資本等取引以外の取引に係わるもの 　　　　　　　　　　　　　　など

② 申告調整

収益・費用と益金・損金の間には、「税制度上の目的」、「租税負担を公平に行う目的」、「産業政策上の目的」によって差異が生じる。この差異の修正のために申告調整を行う。

【 申告調整 】

特別に規定されている益金項目	特別に規定されている損金項目
受取配当等の益金不算入 還付金等の益金不算入 　　　　　　　　　　　　　　など	棚卸資産の範囲と評価方法 減価償却資産の範囲と償却限度額等 特別償却制度 繰延資産の範囲と償却限度額等 固定資産の圧縮記帳 役員の報酬・賞与・退職金 交際費、寄付金、租税公課 貸倒損失 　　　　　　　　　　　　　　など

【 法人税の計算の例 】

当期の税引前当期純利益は100,000円であった。ただし、受取配当金の益金不算入額が20,000円、交際費の損金不算入額が40,000円ある。また、前期末に設定した貸倒引当金10,000円が損金不算入となったが、当期において損金算入が認められた。法人税率を20％とするとき、当期の損益計算書に計上される法人税はいくらか。

課税所得＝税引前当期純利益＋当期の加算項目（益金算入・損金不算入）
　　　　　　　－当期の減算項目（益金不算入・損金算入）
　　　　＝100,000円＋40,000円－（20,000円＋10,000円）＝110,000円

法人税＝課税所得×法人税率＝110,000円×20％　22,000円

R02-09 (3) 消費税の税抜経理方式

仕入・費用の発生や資産取得時に支払う消費税は仮払消費税（資産）で経理処理する。売上・収益の実現や資産売却時に受け取る消費税は仮受消費税（負債）で経理処理する。例えば商品19,800円（内消費税1,800円）を現金仕入したときは、税抜方式で次のように処理する。

| （仕入） | 18,000 | （現金） | 19,800 |
| （仮払消費税） | 1,800 | | |

2 税効果会計の知識 Ⓑ

(1) 税効果会計の概要

R01-08

　税効果会計とは、「企業会計上の収益または費用と、課税所得計算上の益金または損金の認識時点の相違等」により、企業会計上の資産または負債の額と課税所得計算上の資産または負債の額に相違がある場合に、法人税等やその他利益に関連する金額を課税標準とする税金を適切に期間配分することにより、法人税等を控除する前の当期純利益と法人税等を合理的に対応させることを目的とする会計処理の方法である。

　たとえば、企業が購入するパソコンを減価償却する場合を考えてみよう。

　税法で、パソコンは4年で減価償却することになっている。しかし、現実には、パソコンは1〜2年で買い換えることが多いので、会計上は、購入した期の費用に全額計上したいところである。

　税法上はパソコンを購入した費用を、一時の損金にしてしまうと、その分、課税所得が減少し損益計上した年度の税金が少なくなるため、パソコンは4年間使用するものとみなして、4年かけて減価償却するように定めている。

　そのため、企業で、パソコンを購入した期にすべて費用にすると、そのうちの一部が税法上では当期の損金として認められないため、認められない部分については有税償却（有税処理）となり、税金を前払いすることになる。

　企業会計の立場から前払いした税金は、企業会計と税法での認識のタイミングの違いにより生じるものである。企業会計上納める時点よりも、早く納めてしまった税金の額は、当期の利益と直接対応していない金額である。そこで、当期の利益に対応する企業会計上負担すべき税額に修正するための方法が税効果会計処理である。

　具体的には、貸借対照表の勘定科目である**繰延税金資産**および**繰延税金負債**、損益計算書の勘定科目である**法人税等調整額**を用いて仕訳をする。

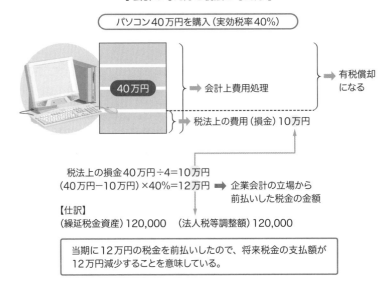

【 会計の考え方と税法の考え方 】

パソコン40万円を購入（実効税率40%）

40万円 ➡ 会計上費用処理 ➡ 有税償却になる

➡ 税法上の費用（損金）10万円

税法上の損金40万円÷4=10万円
（40万円−10万円）×40%=12万円 ➡ 企業会計の立場から前払いした税金の金額

【仕訳】
（繰延税金資産）120,000　（法人税等調整額）120,000

当期に12万円の税金を前払いしたので、将来税金の支払額が12万円減少することを意味している。

H20-08 **(2) 企業会計上の法人税額と法人税法上の法人税額の違い**

「当期の売上高20,000円、当期の貸倒引当金見積高10,000円（税法上の貸倒引当金5,000円）、法人税の実効税率50%」という企業を考える。

企業会計上の考え方では、法人税等は税法にもとづいて決められるため、企業会計上の数値とは異なる。

このような税法と企業会計のズレを修正するのが税効果会計の考え方である。ここで注意することは、税効果会計で修正される税金はあくまでも、利益に応じた「企業会計上の税金」であるため、税法に基づく実際の納税額は変わらない。

次の図表で考えよう。税法から見た貸倒引当金は10,000円ではなく5,000円であるため、課税所得は15,000円となる。すると、15,000円×0.5＝7,500円が法人税等の金額になる。

【 貸倒引当金の考え方 】

企業で見積もった貸倒引当金 10,000円

税法で認めた部分 5,000円

税法で認めない部分 5,000円

税法上の貸倒引当金 5,000円

そのため、税効果会計を適用し、貸倒引当金繰入限度超過額5,000円に対する税効果相当額2,500円を**繰延税金資産**として認識する。

繰延税金資産は、5,000円×実効税率50％＝2,500円となる。繰延税金資産は、前払費用のイメージで捉えよう。

【 税効果会計の適用 】

●税効果会計を適用しない場合

損益計算書（単位：円）		税務上（単位：円）	
収益（売上高）	20,000	益金（売上高）	20,000
費用（貸倒引当金繰入）	10,000	損金（貸倒引当金繰入）	5,000
税引前当期純利益	10,000	課税所得	15,000
法人税等	7,500	法人税等	7,500
当期純利益	2,500		

税率50％に対応していない　　　×50％

●税効果会計を適用する場合

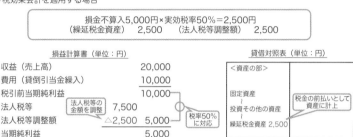

損金不算入5,000円×実効税率50％＝2,500円
（繰延税金資産）　2,500　（法人税等調整額）　2,500

損益計算書（単位：円）			貸借対照表（単位：円）
収益（売上高）		20,000	＜資産の部＞
費用（貸倒引当金繰入）		10,000	
税引前当期純利益		10,000	固定資産
法人税等	7,500		投資その他の資産
法人税等調整額	△2,500	5,000	繰延税金資産 2,500
当期純利益		5,000	

法人税等の金額を調整　　税率50％に対応　　税金の前払いとして資産に計上

(3) 税効果会計の用語

① 永久差異

H29-06
H23-08

　企業会計における利益と法人税法上の課税所得が異なる原因となる申告調整項目には、大きく次の2つの性格を持つものがある。
　　(a) 収益または費用と益金または損金との認識のタイミングが異なるもの
　　(b) 企業会計上収益または費用となるものが益金または損金とはならないもの
　aの違いは将来解消されるが、bの違いは永久に解消されない。前者のような差異を「**一時差異**」、後者のような差異を「**永久差異**」という。
　たとえば、企業会計において交際費は費用であるが、法人税法上、一定の限度額を超える交際費は損金不算入（税法上その期の支出と認めない）となる。この交際費の限度超過額は永久に損金算入されることはない。
　このような永久差異は、法人税等の前払いまたはその支払いが繰り延べられるという効果を持たないため、税効果会計の対象とはならない。

② 将来減算一時差異

　税効果会計では、貸借対照表上の資産及び負債の金額と課税所得計算上の資産及び負債の金額との差額（一時差異）に対する税金の額を、適切な会計期間に配分する。
　将来減算一時差異が発生した場合は、その一時差異に対する法人税等は企業会計上、税金の前払い（資産）として認識し、反対に、**将来加算一時差異が発生した場合**は、その一時差異に対する法人税等は企業会計上、税金の支払いの繰延べ（負債）として認識する。
　将来減算一時差異には、次のような項目が挙げられる。

(a) 減価償却資産及び繰延資産の償却限度超過額

(b) 各種引当金の繰入限度超過額

(c) 棚卸資産及び有価証券の評価損否認額

　将来減算一時差異が発生した場合は、その一時差異に対する法人税等を貸借対照表上、投資その他の資産の区分に「繰延税金資産」として計上するとともに、損益計算書には同額を「法人税等調整額」として法人税等の額から減額する。したがって、税効果会計を適用した場合は、適用しない場合に比べて当期純利益が法人税等調整額に計上した金額だけ多く計上される。

③ 将来加算一時差異

　税効果会計では、特別償却準備金、その他租税特別措置法上の諸準備金が計上され、法人税等の支払いが税法上延期されるときは、貸借対照表上、固定負債の区分に「繰延税金負債」として計上するとともに、損益計算書には同額を「法人税等調整額」として法人税等の額に加算する。

(4) 繰延税金資産と繰延税金負債の関係

H20-08

　繰延税金資産は、課税所得と会計上の利益との差異で将来、差異が解消したときに課税所得を減額させる差異の額に実効税率を乗じて算出し、貸借対照表の投資その他の資産の区分に計上する。同時に同じ金額を損益計算書の法人税等の直下に法人税等調整額として計上（貸方：税金費用の減少表示）する。

　繰延税金負債は、課税所得と会計上の利益との差異で将来、差異が解消したときに課税所得を増額させる効果がある差異の額に実効税率を乗じて算出し、貸借対照表の固定負債の区分に計上する。同時に同じ金額を損益計算書の法人税等の直下に法人税等調整額として計上（借方：税金費用の増加表示）する。

　繰延税金資産及び繰延税金負債に関する次の資料（単位：千円）にもとづいて、損益計算書（抜粋）の空欄Aを考えてみよう。

〈 資料 〉

	期首残高	当期計上額	当期取崩額
繰延税金資産	360	140	60
繰延税金負債	250	50	90

損益計算書（抜粋）

（単位：千円）

⋮　　　　　　　⋮

税引前当期純利益	2,500
法　人　税　等	1,120
法人税等調整額	A
当　期　純　利　益	（　　）

繰延税金資産及び繰延税金負債のいずれについても、取り崩しのときには計上時の逆仕訳を行う。仕訳は次のようになる。

【 繰延税金資産にかかる仕訳 】

当期計上	（繰延税金資産）	140	（法人税等調整額）	140
当期取崩	（法人税等調整額）	60	（繰延税金資産）	60

【繰延税金負債にかかる仕訳】

当期計上	（法人税等調整額）	50	（繰延税金負債）	50
当期取崩	（繰延税金負債）	90	（法人税等調整額）	90

以上の仕訳から法人税等調整額を計算すると、次のようになる。

借方計上額－貸方計上額＝（60 ＋ 50）－（140 ＋ 90）
$$= 110 - 230 = \triangle 120$$

(5) 繰越欠損金

税法には、当年度に税務上の欠損金が発生した場合、当該欠損金を繰り越し、その発生年度の翌年度以降で繰越期限切れとなるまでの期間（繰越期間）に生じた課税所得と相殺することで、課税所得が生じた年度の法人税負担を軽減できる制度がある。このとき、翌年度以降に繰り越される欠損金を**繰越欠損金**という。

課税所得が生じた年度の法人税等として納付すべき額は、税務上の繰越欠損金が存在しない場合に比べて軽減される。よって、税務上の繰越欠損金も将来減算一時差異に準ずるものとして税効果会計を適用し、繰越欠損金の額に実効税率を乗じた金額を繰延税金資産として計上するとともに、法人税等調整額を計上して当該年度の税費用を調整する。資本金1億円以下の中小法人が当期400万円の繰越欠損金を計上（実効税率30％）したとき、将来軽減できる税額は、400万円×実効税率30％＝120万円となり、当期の仕訳は次のようになる。

【 仕訳 】

（繰延税金資産）1,200,000 　　　（法人税等調整額）1,200,000

Ⅳ 連結財務諸表の知識

1 連結財務諸表の概要

(1) 連結財務諸表の必要性

連結財務諸表とは、企業集団を「一つの会社」と見た場合の財務諸表のことで、親会社、その会社の子会社、関連会社を含めた会社の集まり全体の報告書のことである。

実際の会社の組織形態にはさまざまあり、生産や販売などの企業活動の一部を親会社、子会社、関連会社などで分担していることがある。そのような場合、親会社だけの財務諸表を見ても企業集団全体の業績 (状況) はよくわからない。

たとえば、自動車を生産する親会社と、その自動車を販売する子会社の場合、親会社は造った自動車をすべて子会社に売れば業績がよく見えるが、実際には、そのメーカーの自動車は人気がなく販売不振で子会社に売れ残っていたとしたら、子会社だけが業績不振になってしまう。

このような場合、生産と販売を分担している企業集団全体で考えなければ、本当の意味での企業集団の状況はわからない。そこで企業集団全体の状況を把握するために、連結財務諸表が必要とされた。

(2) 連結の範囲

旧来は親会社の持ち株比率が50%超であれば子会社、20%以上では関連会社とし、連結の範囲を持株基準で決めていた。現在は持ち株比率がゼロでも、役員の派遣や資金・技術援助などを通じて密接な関係にあり、経営を実質的に支配していれば子会社、関連会社とみなして連結対象になる。

【 形式基準と実質基準 】

	従来【形式基準】	現在【実質基準】
子会社に対して	持株基準	支配力基準
関連会社に対して	持株基準	影響力基準

(3) 間接所有

子会社・関連会社の判定を行う場合は、「間接所有」の分も含める。子会社を通して間接的に所有している場合は、子会社の議決権の保有率にかかわらず、当該子会社を100%子会社とみなして、間接所有会社が子会社となるか否かを判定する。

⑷ 連結決算日

　連結財務諸表の作成に関する期間は1年とし、親会社の会計期間に基づき、年1回一定の日をもって**連結決算日**とする。

　子会社の決算日が連結決算日と異なる場合には、子会社は、連結決算日に正規の決算に準ずる合理的な手続きにより決算を行わなければならない。ただし、子会社の決算日と連結決算日の差異が3か月を超えない場合は、子会社の正規の決算を基礎として連結決算を行うことができる。

2 子会社の判定

⑴ 子会社

　ある会社がその他の会社等の意思決定機関（株主総会等）を支配している場合、支配している会社が**親会社**、支配されている会社が**子会社**である。

⑵ 支配力基準の内容

　支配力基準とは、子会社を判定する場合、親会社が所有する議決権の割合が50％以下であっても、一定の議決権を所有し、かつ意思決定機関を支配している等の実質的な支配関係の有無により判定する基準である。

　具体的には、次のいずれかの要件を満たしている場合、意思決定機関を支配していることになる。

① 他の会社等の議決権の過半数を自己の計算において所有している会社。

② 他の会社等の議決権の40％以上50％以下を自己の計算において所有している会社で、かつ次のいずれかの要件に該当する会社。

　⒜「自己が所有する議決権＋自己と緊密な関係がある者が所有する議決権＞他の会社等の議決権の50％」である場合。

　⒝ 役員もしくは使用人等が、当該会社の取締役会等の構成員の過半数を占めている場合。

　⒞ 他の会社等の事業の方針決定を支配する契約等が存在する場合。

　⒟　他の会社等の負債に計上されている資本総額の過半について融資している場合。

　⒠ その他、他の会社等の意思決定機関を支配していると推測される事実が存在する場合。

③ 他の会社等の議決権の40％未満を自己の計算において所有している会社で、「自己が所有する議決権＋自己と緊密な関係がある者が所有する議決権＞他の会社等の議決権の50％」であり、かつ上記b〜eまでのいずれかの要件に該当する会社。

⑶ 子会社の範囲の例

次の図の数値はＰ社の他社議決権株式における保有割合を示している。Ｂ社への61%、Ｃ社への20%、Ｅ社への21%はＡ社が保有する割合である。

なお、Ｐ社はＤ社の意思決定機関を支配している一定の事実が認められる。これから、Ｐ社の全部連結の対象となる企業を考えてみよう。

図表の場合、全部連結の対象となる会社は、Ａ社、Ｂ社、Ｃ社、Ｄ社である。

【 子会社の範囲 】

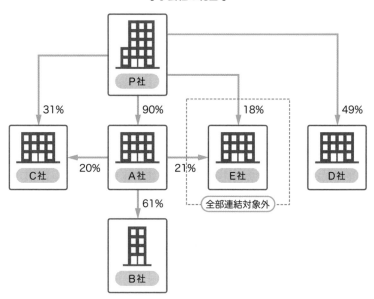

(a) Ａ社は、Ｐ社が90%の株式を保有しているので、Ｐ社の全部連結対象会社である。

(b) Ｂ社は、Ｐ社がＡ社を通じて61%の株式を保有しているので、Ｐ社の全部連結対象会社である。

(c) Ｃ社はＰ社が直接に31%と、Ａ社を通じて20%、合計51%の株式を保有しているので、上記支配力基準②b～eまでのいずれかの要件にも該当することを前提に、Ｐ社の全部連結対象会社となる。

(d) Ｄ社はＰ社が50%を超える株式を保有していないが、実質的な意思決定機関を支配していると認められるので、Ｐ社の全部連結対象会社である。

(e) Ｅ社は、Ｐ社が直接に18%と、Ａ社を通じて21%、合計39%の株式しか保有していないため、Ｐ社の全部連結対象会社ではない。

(1) 関連会社

　ある会社が出資、人事、取引などの関係を通じて、他の会社等に重要な影響を与えることができる場合、この会社を**関連会社**という。

(2) 影響力基準の内容

　影響力基準とは、関連会社の判定を行う場合、親会社が所有する議決権の割合が20％未満であっても、一定の議決権を所有し、かつ財務・営業の方針決定に重要な影響を与えうる事実等の有無により判定する基準であり次のような場合を指す。

① 子会社以外の他の会社等における議決権を20％以上、自己の計算において所有している会社。

② 子会社以外の他の会社等における議決権を15％以上20％未満、自己の計算において所有している会社で、かつ次のいずれかの要件に該当する会社。

　(a) 役員もしくは使用人等が、当該会社の代表取締役、取締役等に就任している場合。

　(b) 重要な融資を行っている場合。

　(c) 重要な技術を提供している場合。

　(d) 重要な事業上の取引がある場合。

　(e) その他、事業の方針の決定等に対して重要な影響を与えると推測される事実が存在する場合。

③ 「自己が所有する議決権＋自己と緊密な関係がある者が所有する議決権≧子会社以外の他の会社等における議決権の20％」で上記a〜eまでのいずれかの要件に該当する会社。

(3) 関連会社と子会社の範囲の例

　次の図表のように、TBC社が60％の株式を保有しているA社が、B社の60％の株式を保有しているとき、B社はTBC社の子会社になる。C社については、TBC社が直接30％保有するとともに、A社を経由して間接的に30％保有することで、60％の株式を保有していることになるため、C社もTBC社の子会社になる。D社については、20％の株式を保有しているため、TBC社の関連会社になる。

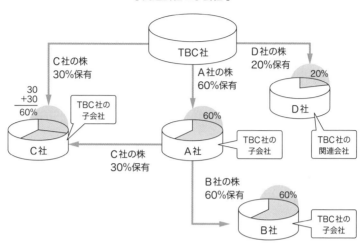

【 関連会社と子会社 】

TBC社

C社の株
30%保有

A社の株
60%保有

D社の株
20%保有

20%

D社

30
+30
60%

TBC社の
子会社

60%

C社

C社の株
30%保有

A社

60%

TBC社の
子会社

TBC社の
関連会社

B社の株
60%保有

60%

B社

TBC社の
子会社

4 連結貸借対照表の作成 Ⓐ

R01-03 **(1) 連結貸借対照表の作成フロー**

次の図は連結貸借対照表作成のフローである。次の手順を理解しよう。

【 連結貸借対照表の作成フロー 】

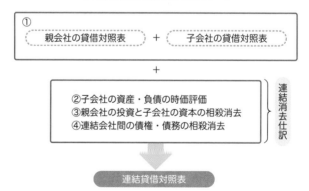

①
親会社の貸借対照表 ＋ 子会社の貸借対照表

＋

②子会社の資産・負債の時価評価
③親会社の投資と子会社の資本の相殺消去
④連結会社間の債権・債務の相殺消去

連結消去仕訳

連結貸借対照表

① 親会社と子会社の貸借対照表を合算する。ここでは、単純に貸借対照表を合計する。
② 子会社の資産と負債を時価評価する。
③ 親会社の投資と子会社の資本を相殺消去する。ここでは、のれんと非支配株主持分に注意する。

④ 連結会社間の債権・債務を相殺消去する。ここでは、連結会社間で生じた売
上債権や仕入債務を相殺消去する。

(2) 連結貸借対照表の作成①（100% 子会社の場合）

　T社が100万円を出資して子会社M社を設立した。T社の現金が100万円減少
する代わりに、子会社株式が100万円増加する。T社もM社も取引がないまま期
末を迎え、T社が連結財務諸表を作成することになった。

　連結財務諸表の作成では、まず、親会社と子会社の貸借対照表を合算する。
すると、連結貸借対照表では現金200万円、子会社株式100万円、資本金300万
円となる。

　単純に合算しただけでは相殺消去すべき科目が残るため、連結貸借対照表を完成
させるときには、相殺仕訳する。

【 100%子会社の場合 】

```
           T社 B／S
      ┌─────────┬─────────┐
      │ 現金      │ 資本金    │
      │ 200万円   │ 200万円   │
      └─────────┴─────────┘


           T社 B／S                          M社 B／S
  ┌─────────┬─────────┐            ┌─────────┬─────────┐
  │ 現金      │ 資本金    │ 100万円出資 │ 現金      │ 資本金    │
  │ 100万円   │ 200万円   │ ───────→  │ 100万円   │ 100万円   │
  │ 子会社株式 │          │            │          │          │
  │ 100万円   │          │            │          │          │
  └─────────┴─────────┘            └─────────┴─────────┘
                            合算               期末に連結B／Sを作成

           合算後 B／S                        連結 B／S
  ┌─────────┬─────────┐            ┌─────────┬─────────┐
  │ 現金      │ 資本金    │            │ 現金      │ 資本金    │
  │ 200万円   │ 300万円   │  ───────→  │ 200万円   │ 200万円   │
  │ 子会社株式 │          │            │          │          │
  │ 100万円   │          │            │          │          │
  └─────────┴─────────┘            └─────────┴─────────┘

        相殺仕訳
        （M社資本金）1,000,000　（子会社株式）1,000,000
```

(3) 連結貸借対照表の作成②（非支配株主がいる場合）

R01-03
H30-04
H20-07

　子会社M社にT社以外の株主がいるときは、どのようにすればよいだろうか。
たとえば、T社がM社の株式の8割を所有したとする。このときT社は、M社の親
会社となる。

　しかし、2割分を所有している株主がいる。連結会計では、親会社以外の株主の
持分を**非支配株主持分**と呼ぶ。非支配株主持分は、連結貸借対照表の純資産の部に

第4章　その他財務諸表に関する知識　**127**

表示される。

　非支配株主がいる場合の連結貸借対照表を作成する。まず、Ｔ社とＭ社の財務諸表を合算する。連結貸借対照表では現金220万円、子会社株式80万円、Ｔ社の資本金300万円、Ｔ社の持分80万円とＴ社以外の持分20万円となる。

　最後に相殺仕訳をする。

【 非支配株主がいる場合 】

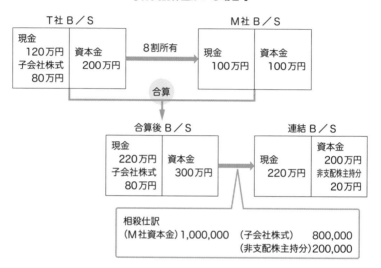

H25-06 (4) 連結貸借対照表の作成③（100%子会社の株式を評価額よりも高く購入した場合）

　たとえば、Ｔ社がＭ社の資本全額分の株式100万円を120万円で購入し、親会社になった場合にはどのように評価したらよいだろうか。Ｔ社がＭ社を支配後、Ｔ社もＭ社も取引がないまま期末を迎え、Ｔ社が連結財務諸表を作成することになった。

　まず、親会社と子会社の貸借対照表を合算する。すると、連結貸借対照表では現金180万円、子会社株式120万円、負債100万円、資本金200万円となる。

　相殺仕訳の際に、高く評価した部分を資産として評価する。高く評価した部分である20万円はのれん20万円となり、連結貸借対照表の資産となる。

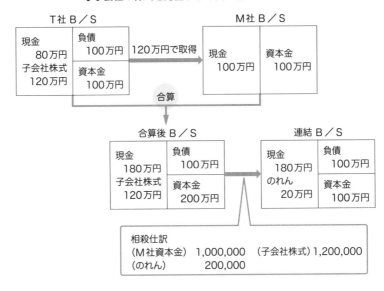

【 子会社の株式を簿価よりも高く購入した場合 】

相殺仕訳
(M社資本金) 1,000,000 (子会社株式) 1,200,000
(のれん)　　　 200,000

R05-04
R03-04
R02-06
H30-04
H28-03
H25-06
H23-05

(5) のれん

　のれんとは、被取得企業または取得した事業の取得原価が、受け入れた資産及び引き受けた負債に配分された純額を上回る場合のその超過額であり、被買収企業の超過収益力に対する対価とみなされ、20年以内に償却する。一方、被取得企業または取得した事業の取得原価が、受け入れた資産及び引き受けた負債に配分された純額を下回る場合には、その不足額は**負ののれん**となり、特別利益とする。

　被取得企業または取得した事業の取得原価は、原則として、取得の対価（支払対価）となる財の企業結合日における時価で算定する。

　上記から、株式を発行して吸収合併する場合、被合併会社の資産・負債は、時価で合併会社の貸借対照表に合併する。被合併会社の純資産は、株式の時価で合併会社の貸借対照表に合併する。

　また、**自己創設のれん**とは、長年企業において培われてきた自社の超過収益力のことをいい、資産計上することは認められていない。

5 連結損益計算書の作成 H24-05

　連結損益計算書を作成するためには、親会社と子会社の個別損益計算書を合算した後に①子会社の当期純利益の配分、②連結会社相互間の取引高の相殺消去、③未実現利益の消去などの処理をして作成する。

　次の〈資料〉にもとづき、連結当期純利益を算定する際に、P社（親会社）とS社（子会社）の当期純利益合計から控除される金額を考えてみよう。

〈資料〉
　1. P社はS社へ原価に対し一定の利益を付加して商品を販売している。
　2. S社の期末商品棚卸高はすべてP社からの仕入分である。
　3. P社はS社から配当金を受け取っている。

① 子会社の当期純利益の配分

連結損益計算書を作成する際には、子会社が獲得した純利益は、持分比率によって親会社に帰属する分と非支配株主に帰属する分に配分する。

S社の株主資本のうち、P社に帰属しない部分は非支配株主持分となる。S社当期純利益のうち、非支配株主持分に帰属する部分（S社当期純利益×非支配株主の持分比率＝非支配株主利益）は、P社の利益にならないため、連結当期純利益から非支配株主の持分を控除する。

たとえば、S社の当期純利益が200千円で、非支配株主の持分比率が30%のとき、当期純利益合計から控除される金額は、「200千円×30%＝60千円」となる。

② 連結会社相互間の取引高の相殺消去

親会社と子会社の間における商品や製品の売買、家賃などの授受、利息や手数料、配当金などの授受は、連結会社相互間の内部取引のため、相殺消去する。

〈資料〉の3.から、P社はS社から配当金を受け取っていることがわかる。連結会社相互間の債務（配当金）と債権（受取配当金）は相殺消去しなければならないため、S社からP社への配当金は連結当期純利益から控除する。

③ 未実現利益の消去

連結会社相互間の取引によって取得した棚卸資産、固定資産やその他の資産に含まれる未実現利益は、僅少な場合を除いて、原則、その全額を消去する。

〈資料〉の1.及び〈資料〉の2.から、S社の未実現利益は、すべてP社との取引であることがわかる。

連結会社相互間の取引によって取得した、棚卸資産に含まれる未実現損益はその全額を消去しなければならないため、S社期末棚卸商品未実現利益を、連結当期純利益から控除する。

6 持分法　Ⓑ

持分法とは、投資会社が被投資会社（持分法適用会社）の純資産および損益のうち投資会社に帰属する部分の変動に応じて、その投資の額を増額または減額し、当該増減額を**持分法による投資損益**に計上し、当期純利益の計算に含める方法である。持分法による投資損益は、連結損益計算書の営業外収益または営業外費用の区分に表示される。持分法は、原則として非連結子会社および関連会社に対する投資に適用される。

例えば、P社が議決権の30%を所有している持分法適用会社A社の当期純利益が200千円であった場合、P社ではA社株式の金額を200千円×30%＝60千円増加させると同時に、同額を持分法による投資損益に計上する。

【仕訳】

（A社株式）60,000　　　　　（持分法による投資損益）60,000

V その他の会計に関する知識

1 企業会計原則

 H29-05

　会社法 (431条) は、会計規定について「株式会社の会計は、一般に公正妥当と認められる企業会計の慣行に従うものとする」としており、「一般に公正妥当と認められる企業会計の慣行」の中心になるものが、企業会計原則である。

(1) 一般原則

① 真実性の原則
　企業会計は、企業の財政状態及び経営成績に関して、真実の報告を提供するものでなければならない。

② 正規の簿記の原則
　企業会計は、すべての取引につき、正規の簿記の原則に従って、正確な会計帳簿を作成しなければならない。

③ 資本取引・損益取引区分の原則
　資本取引と損益取引とを明瞭に区別し、特に資本剰余金と利益剰余金とを混同してはならない。

④ 明瞭性の原則
　企業会計は、財務諸表によって、利害関係者に対し必要な会計事実を明瞭に表示し、企業の状況に関する判断を誤らせないようにしなければならない。

⑤ 継続性の原則
　企業会計は、その処理の原則及び手続を毎期継続して適用し、みだりにこれを変更してはならない。

⑥ 保守主義の原則
　企業の財政に不利な影響を及ぼす可能性がある場合には、これに備えて適当に健全な会計処理をしなければならない。

⑦ 単一性の原則
　株主総会提出のため、信用目的のため、租税目的のため等種々の目的のために異なる型式の財務諸表を作成する必要がある場合、それらの内容は、信頼しうる会計記録に基づいて作成されたものであって、政策の考慮のために事実の真実な表示をゆがめてはならない。

〔注解1〕重要性の原則
　企業会計は、定められた会計処理の方法に従って正確な計算を行うべきものであるが、企業会計が目的とするところは、企業の財務内容を明らかにし、企業の状況に関する利害関係者の判断を誤らせないようにすることにあるから、重要性の乏しいものについては、本来の厳密な会計処理によらないで他の簡便な方法によること

も、正規の簿記の原則に従った処理として認められる。

(2) 損益計算書原則

損益計算書に関する原則であり、その内容は本書の次の箇所が該当する。
① 第1章第Ⅰ節第4項 損益計算書の概要
② 第2章第Ⅱ節 損益計算書の知識
③ 第4章第Ⅴ節第2項 収益や費用の認識

(3) 貸借対照表原則

貸借対照表に関する原則であり、その内容は本書の次の箇所が該当する。
① 第1章第Ⅰ節第3項 貸借対照表の概要
② 第2章第Ⅰ節 貸借対照表の知識

2 収益や費用の認識 Ⓑ

(1) 収益や費用の計上時点

損益計算書の構造は「収益－費用＝利益」で成り立っている。利益を増加させたいときには、収益を増やすか、費用を減らすかが必要である。

企業は利益を会計期間ごとに計算するため、収益と費用をいつの時点で認識し計上するかが重要である。会計では、収益や費用の計上基準に、発生主義と実現主義、現金主義と呼ばれる考え方がある。

① 発生主義の考え方

発生主義では、現金が支払われていなくても会計期間内に発生したと考えられる費用は、当期の損益計算書に費用として計上する。

たとえば、会計期間が4月1日から翌年3月末日までのA社が、当期の12月1日に社債を発行し、利息を年1回、11月末日に120万円支払うこととした。

利息の支払日は11月末日のため、当期は現金で利息を支払っていない。しかし、A社は社債で調達した現金を元手に、当期の営業活動を行っているため、4ヵ月分の利息40万円を、当期の費用として損益計算書に計上する必要がある。会計では、当期の収益および費用を対応させる考え方を「**費用収益対応の原則**」と呼ぶ。費用収益対応の原則には、個別的対応と期間的対応という考え方がある。

特定の商品や製品を販売することにより得られた実現収益と、その商品や製品の原価というように、特定の商品や製品の収益と費用を関連づける考え方を**個別的対応**と呼ぶ。

【 個別的対応 】

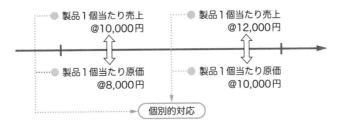

1会計年度を基準にして、その期間に実現した収益と、その期間に発生した費用を関連づける考え方を**期間的対応**と呼ぶ。

【 期間的対応 】

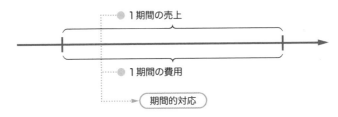

② 実現主義の考え方

　企業は商品を売り上げると現金や受取手形や売掛金などの**貨幣性資産**を受け取る。**実現主義**では、これらを受け取った時点で収益とする。ただし、**試用販売**のように得意先から買い取りの意思表示があったときに収益の実現を認識する場合もある。

　会計において、収益の計上は、費用の計上よりも慎重である。これは「配当できる利益を計算すること」に関連する。

　配当ができる利益のことを「**処分可能利益**」と呼ぶ。処分とは「利益を株主へ配当金として支払ったり、企業に積み立てたり、役員に賞与を支給したりする」ことである。

　たとえば、A社は、当期の売上高が500万円で、費用の合計は400万円とする。みなさんがA社の株主ならば、いくらの配当金を期待するだろうか。

　よくばりな方は100万円を全部もらおうと考える。しかし、A社が配当金を支払うためには現金を必要とする。収益を早く計上するとA社は去年から蓄積している現金を配当金に充てなければならない。費用は発生時に計上するのに対し、収益は実現した時点で計上する。

【 実現主義のイメージ 】

③ 現金主義の考え方

　現金主義は「現金」を扱った時点、つまり現金の支払いや、代金の回収時点で費用や収益を計上する考え方である。現金主義では、商品が販売されて売掛金や受取手形となった時点では収益として認識されない。

　たとえば、ゆで卵を考えよう。ゆで卵は、「半熟卵」でも「固ゆで卵」でもゆで卵と呼ぶ。実現主義では、「半熟卵」でもゆで卵とみなす。

　実現主義ではＡ社がＢ社に5,000万円の商品を販売した時点で、売上高5,000万円を認識する。

　しかし、販売先企業の倒産などで、この売り上げは崩れてしまうかもしれない。現金主義ではしっかりと黄身が茹で上がった「固ゆで卵」しか、ゆで卵と呼ばない。そのため売掛金の5,000万円が現金で回収されるまでは収益としてみなさない。

【 現金主義のイメージ 】

R04-03
R03-06 ### (2) さまざまな計上基準

① 商品売買

　商品売買では、商品の引渡しと同時に現金などの対価を受け取るのが一般的であるが、同時に行われない場合もある。

　一般的な商品販売については、顧客に商品等を販売した日をもって収益実現の日とする**販売基準**が適用される。販売基準は、どの時点をもって顧客に商品等を販売したとみなすかによって、商品等を発送した日とする「出荷基準」、商品等を顧客に引き渡した日とする「引渡基準」、商品等を顧客が検収した日とする「検収基準」の3つに分けられる。

	販売形態	売上収益の認識基準
委託販売	委託者が受託者に一定の手数料を支払って商品等の販売を委託する販売形態	受託者が委託品を販売した日をもって収益実現の日とする。ただし、仕切精算書が販売のつど送付されている場合、当該仕切精算書が到達した日をもって収益実現の日とみなすことができる（仕切精算書到達日基準）。
試用販売	商品等をあらかじめ顧客に送付して一定期間使用させたうえで、返品か購入かを決定してもらう販売形態	顧客から買取りの意思表示があった時に収益を認識する（買取意思表示基準）。
予約販売	商品等を将来引き渡すことを約束したうえで、代金の一部または全部を予約金として前もって受け取る販売形態	予約金受取額のうち、決算日までに商品等の引渡しが完了した分だけを当期の収益として認識し、残額は前受金として負債計上して次期以降に繰り延べなければならない。

　なお、**割賦販売**については、商品を引き渡した日をもって収益を認識する「販売基準」とともに、割賦代金のうち回収した金額だけを収益として認識する「回収基準」や、割賦代金の回収期限が到来した日に収益を認識する「回収期限到来基準」も認められてきたが、「収益認識に関する会計基準」では「回収基準」や「回収期限到来基準」は認められなくなる。また、委託販売における「仕切精算書到達日基準」も認められなくなる。

② 工事契約

　工事契約とは、仕事の完成に対して対価が支払われる請負契約のうち、土木、建築、造船や一定の機械装置の製造等、基本的な仕様や作業内容を顧客の指図に基づいて行うものをいう。**受注制作のソフトウェア**についても、工事契約に準じて、同様の会計処理が適用される。

　工事契約については、工事の進行途上においても、その進捗部分について成果の確実性が認められる場合には**工事進行基準**を適用し、この要件を満たさない場合には**工事完成基準**を適用する。

　工事進行基準では、工事収益総額のうち工事進捗度に対応する額を、当期の工事収益として計上する。また、決算日における工事進捗度を見積る方法として、**原価比例法**がある。原価比例法とは、その期の決算日までに発生した工事原価の累計額が工事原価総額に占める割合を工事進捗度とする方法である。

【 工事進行基準（原価比例法）を適用した場合 】

　20X1年度に工事契約を締結し、工事を開始した。20X3年度に工事が完成し、引渡しを行った。契約に基づく工事収益総額は240,000千円、当初の工事原価総額の見積額は180,000千円であったが、20X2年度末時点で工事原価が当初の見積

の45,000千円から60,000千円となり、20X3年度の工事原価の見積額が50,000千円になることがわかった。

	20X1年度	20X2年度	20X3年度	合計
当初の工事原価見積額の内訳	90,000千円	45,000千円	45,000千円	180,000千円
修正後の工事原価（20X2年度末時点）	90,000千円	60,000千円	50,000千円	200,000千円

20X1年度の工事収益＝240,000千円（工事収益総額）×$\dfrac{90,000千円}{180,000千円（工事進捗度）}$＝120,000千円

20X2年度の工事収益＝240,000千円（工事収益総額）×$\dfrac{90,000千円＋60,000千円}{90,000千円＋60,000千円＋50,000千円（工事進捗度）}$
－120,000千円（20X1年度の工事収益）＝60,000千円

20X3年度の工事収益＝240,000千円（工事収益総額）－120,000千円（20X1年度の工事収益）－60,000千円（20X2年度の工事収益）＝60,000千円

　上の例では、20X2年度の実際の工事原価は60,000千円となり、20X3年度の工事原価の見積額が50,000千円に増加して、合計額が200,000千円になったため、上記式の20X2年度の工事進捗度の数値も変化している。このように、工事収益総額や見積工事原価総額が途中で変更された場合は、変更が行われた期から変更後の金額で計算を行うことで、変更による影響額を変更が行われた期の損益として処理する。
　工事完成基準では、工事が完成して顧客への引渡しが完了した時点で、工事収益を計上する。上の例で工事完成基準を適用する場合、20X1年度と20X2年度の工事収益は0円、引渡しが完了する20X3年度の工事収益に240,000千円を計上する。
　「**収益認識に関する会計基準**」では、履行義務が一定の期間にわたり充足され、その進捗度を合理的に見積もることができる場合は、進捗度に基づき収益を一定の期間にわたり認識し、合理的に見積もることができない場合は、合理的に見積もることができる時まで、**原価回収基準**を適用することとなった。原価回収基準とは、履行義務を充足する際に発生する費用のうち、回収することが見込まれる費用の金額で収益を認識する方法をいう。
　上の例で**原価回収基準**を適用する場合、20X1年度と20X2年度の工事収益はそれぞれ工事原価と同額の90,000千円、60,000千円を計上し、20X3年度の工事完成後に残りの工事収益である90,000千円（＝240,000千円－90,000千円－60,000千円）を計上する。

③ サービス業
　サービス業においては、顧客との契約に基づくサービスの提供に応じて**役務収益**

を認識する。役務収益の計上以前に発生しサービス提供に費やされた費用については、一旦仕掛品勘定に計上しておき、サービスを提供し収益を認識した時点で、仕掛品勘定から**役務原価**勘定に振り替える。

　例えば、企業向けのセミナーや研修を中心とした業務を営む企業において、一連の取引と仕訳は次のようになる。

【 サービス業の取引と仕訳 】

4月20日　7月開講予定のセミナー（全10回、50,000円／回）の受講料総額
　　　　　500,000円を現金で受け取った。

| （現金） | 500,000 | （前受金） | 500,000 |

5月30日　開講準備にあたり、全10回分のテキスト作成のため現金250,000
　　　　　円を支出した。

| （仕掛品） | 250,000 | （現金） | 250,000 |

12月31日（決算日）　全10回のセミナーのうち6回が終了していた。

| （前受金） | 300,000 | （役務収益） | 300,000 |

　　50,000円／回×6回＝300,000円

| （役務原価） | 150,000 | （仕掛品） | 150,000 |

　　250,000円÷10回×6回＝150,000円

(3) 収益認識に関する会計基準

R05-02

① 収益認識の基本原則

　2021年4月1日以後開始する事業年度の期首から、収益認識に関する会計基準（以下、収益認識会計基準という）が原則適用となり、収益認識の基本原則が「実現主義」から「顧客への支配の移転」へと変わることになった。（ただし、中小企業（監査対象法人以外）については、引き続き企業会計原則に則った会計処理も可能である。）

　収益認識会計基準の基本となる原則は、約束した財またはサービスの顧客への移転を、当該財またはサービスと交換に企業が権利を得ると見込む対価の額で描写するように、収益を認識することである。この基本原則にしたがい、次の5つのステップを適用することにより収益が認識されることになる。

---

① 顧客との契約を識別する。
② 契約における履行義務を識別する。
③ 取引価格を算定する。
④ 契約における履行義務に取引価格を配分する。
⑤ 履行義務を充足した時にまたは充足するにつれて収益を認識する。

　たとえば製品の保証付き販売は、それが1つの契約であっても、一定の条件を満たした場合、「製品の販売」と「保証サービスの提供」という複数の履行義務に分けられる。この場合、履行義務のそれぞれに取引価格を配分する必要がある。取引価

格の配分は、**独立販売価格**の比率に基づいて行う。独立販売価格とは、それぞれの履行義務を独立に販売する場合の価格である。企業は、約束した財またはサービスを顧客に移転することにより履行義務を充足した時にまたは充足するにつれて、収益を認識する。履行義務のそれぞれが、一定の期間にわたり充足されるのか、または一時点で充足されるのかによって、収益認識の時期が異なってくる。

【 収益認識会計基準 】

　エレベータの販売と5年間の点検サービスを1,350万円で提供している。独立販売価格は、エレベータの販売が1,000万円、点検サービスが500万円である。20X1年度期首にエレベータの引渡しと同時に代金1,350万円を受け取った。

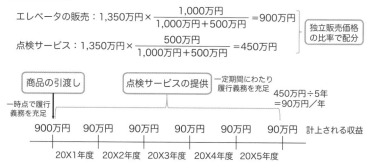

●取引価格の配分

エレベータの販売：$1,350万円 \times \dfrac{1,000万円}{1,000万円+500万円} = 900万円$

点検サービス：$1,350万円 \times \dfrac{500万円}{1,000万円+500万円} = 450万円$

独立販売価格の比率で配分

　なお、支配の移転は検収によって確定するが（検収基準）、国内取引で出荷から検収まで数日間程度の通常の期間であれば、出荷時（出荷基準）や着荷時（引渡基準）など一時点で収益を認識することができる。

②特有の勘定科目

　収益認識会計基準では、契約資産や契約負債など特有の勘定科目が使用される。

　(a) 契約資産

　契約資産とは、企業が顧客に移転した財やサービスと交換に受け取る対価に対する企業の権利のうち、法的な請求権がないものをいう。例えば、1つの契約の中に2つの履行義務があり、2つの履行義務を充足した時点で代金の請求権が生じる場合、1つの履行義務の充足した時点では、顧客への法的な請求権がないため、売上の相手勘定として契約資産を計上する。その後、法的な請求権が生じた時点で、売掛金などの債権の勘定に振り替える。

【 契約資産の仕訳 】

4月11日　取引先との間で5,000円の商品Aと3,000円の商品Bを販売する契約を締結し、商品Aについては、契約締結後速やかに取引先に引き渡した。代金は商品Aと商品Bの両方を引き渡した後に請求

することになっている。

| （契約資産） | 5,000 | （売上） | 5,000 |

4月25日　商品Bを取引先に引き渡した。商品Aと商品Bの代金に対する請求書を取引先に送付する予定である。

| （売掛金） | 8,000 | （契約資産） | 5,000 |
| | | （売上） | 3,000 |

(b) 契約負債
契約負債とは、財やサービスの移転前に顧客から対価を受け取った場合に計上される債務である。従来の会計基準における前受金に近い概念である。

(c) 返金負債
返金負債とは、顧客から受け取る対価の一部あるいは全部を顧客に返金すると見込まれる場合に計上される債務である。返品権付きの商品販売などで、顧客への返金が見込まれる場合、その見込額は売上として収益認識せず、返金負債として計上する。

3　本支店会計　Ⓑ

R03-02
H30-03
H27-02
H26-04
H20-01

(1) 本支店会計の必要性
企業規模が拡大し、支店や営業所が設置されると本店と支店、支店と支店間の取引を把握するための会計制度が必要である。支店が独自に業績を把握したり、全社の業績を把握したりするために、本支店会計が必要になる。

(2) 本支店会計の種類
本支店会計は、支店に独立した会計帳簿を設定するか否かにより、支店独立会計制度と本店集中会計制度に分けられる。

① 支店独立会計制度
本店から独立した会計帳簿を支店に設定し、その会計帳簿に支店の取引のすべてを記録し、期末に支店独自の財務諸表を作成する方法である。さらに、支店同士の取引の際、各支店において相手方の支店勘定を設定して記帳する**支店分散計算制度**と、本店と取引したものとみなして記帳する**本店集中計算制度**に分けられる。
例えば、A支店がB支店の買掛金200,000円について小切手を振り出して支払ったときの、支店分散計算制度および本店集中計算制度における本店と各支店の仕訳は、次のようになる。

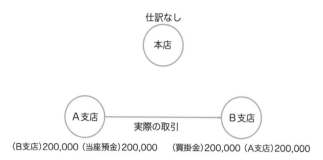

【 支店分散計算制度 】

仕訳なし

本店

A支店 ──── 実際の取引 ──→ B支店

(B支店)200,000 (当座預金)200,000　　(買掛金)200,000 (A支店)200,000

【 本店集中計算制度 】

（B支店） 200,000　　（A支店） 200,000

本店

本店と取引した
ものとみなす

A支店 ──── 実際の取引 ──→ B支店

(本店)200,000 (当座預金)200,000　　(買掛金)200,000 (本店)200,000

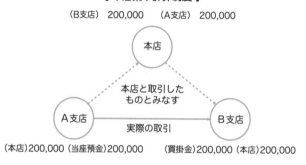

② 本店集中会計制度

本店の会計帳簿に支店の取引を記録する方法である。

(3) 支店独立会計制度における本支店間取引の記帳

本支店会計の計算では、支店側では「本店」、本店側では「支店」勘定を使い、本支店間の債権債務を処理する。本店と支店の双方において、本店勘定と支店勘定が貸借反対に記帳され、勘定残高が一致する。

(4) 未達事項

未達事項とは、本支店間で発生した取引において、取引の通知が片方に到着していないことにより、記帳されていない取引である。

決算期においては、本支店の合併財務諸表を作成しなければならないが、まず、未達事項を整理して本店の支店勘定と支店の本店勘定を一致させる必要がある。

支店独立会計制度における未達事項整理後の支店勘定残高を求めてみよう。A社では、未達事項整理前の支店勘定残高202,000円（借方）で、次のような未達事項がある。

① 本店から支店へ発送した商品 98,000円
② 支店から本店への 60,000円の送金
③ 支店の売掛金 162,000円の本店による回収
④ 本店の販売費 21,000円の支店による立て替え払い

未達事項修正仕訳を行うと次のようになる。
① 支店側で未達商品を計上する
  (未達商品) 98,000   (本店) 98,000
② 本店側で未達現金を計上する
  (未達現金) 60,000   (支店) 60,000
③ 支店側で売掛金の減少を計上する
  (本店) 162,000   (売掛金) 162,000
④ 本店側で販売費を計上する
  (販売費) 21,000   (支店) 21,000

　上記の仕訳を見ると、支店勘定残高の修正は②と④のみとなる、修正が貸方に発生しているため、未達事項整理前支店勘定残高（借方）から差し引く。

　未達事項整理後の支店勘定残高
　　＝ 202,000円 − 60,000円 − 21,000円 ＝ 121,000円

R02-07
H30-06
H28-04
H26-06
H25-13
H22-13

4 リース会計 Ⓑ

(1) リース取引の分類

　リース取引とは、特定の物件の所有者たる貸手（レッサー）が、当該物件の借手（レッシー）に対し、リース期間にわたりこれを使用収益する権利を与え、借手がリース料を貸手に支払う取引をいう。
　リース取引は法的には賃貸借取引であるが、リース取引によっては実質的にその物件を売買したのと同様の経済的実態をもつリース取引があるため、契約形態からファイナンス・リース取引とオペレーティング・リース取引に分けられる。

(2) ファイナンス・リース取引

　ファイナンス・リース取引とは、①ノンキャンセラブル、②フルペイアウトの要件を満たすリース取引をいう。

① ノンキャンセラブル（解約不能）

　リース期間の中途において契約を解除することができないことをいう。法的形式上は解約可能であるとしても、解約に際し、相当の違約金（規定損害金）を支払わなければならない等の理由から、事実上解約不能と認められる契約は、解約不能に準ずるものとして扱う。

② フルペイアウト

借手が、リース物件を自己所有しているのと同様の経済的利益を享受することができ、かつ、当該リース物件の使用に伴って生じるコスト（取得価額相当額、維持管理等の費用、陳腐化によるリスク等）を実質的に負担することをいう。

⑶ ファイナンス・リース取引の具体的な判定基準

次のいずれかに該当する場合には、ファイナンス・リース取引と判定される。

① 現在価値基準

解約不能リース期間中のリース料総額の現在価値が、見積現金購入価額（借手が現金で購入するものと仮定した場合の合理的見積金額）の概ね90％以上である場合。

② 経済的耐用年数基準

解約不能リース期間が、リース物件の経済的耐用年数の概ね75％以上である場合。

⑷ ファイナンス・リース取引の借手側の会計処理

ファイナンス・リース取引と判定される場合、借手は当該物件を購入したのと同様に、通常の売買取引に準じた会計処理をする必要がある。

【 ファイナンス・リース取引の借手側の会計処理 】

リース取引開始日における会計処理	リース物件をリース資産勘定（資産）、これにかかる債務をリース債務勘定（負債）として計上する。
リース資産およびリース債務の計上額の算定方法	原則として、リース契約締結時に合意されたリース料総額からこれに含まれている利息相当額の合理的な見積額を控除する方法による。
リース資産の表示	原則として、有形固定資産、無形固定資産の別に、一括してリース資産として表示する。ただし、有形固定資産または無形固定資産に属する各科目に含めることもできる。
リース債務の表示	貸借対照表日後1年以内に支払の期限が到来するものは流動負債に属するものとし、貸借対照表日後1年を超えて支払の期限が到来するものは固定負債に属するものとする。
ファイナンス・リース取引の注記	リース資産について、その内容（主な資産の種類等）および減価償却の方法を注記する。ただし、重要性が乏しい場合には、注記を要しない。

【 仕訳 】

（リ　ス資産）100,000　　　　　　（リース債務）100,000

⑸ 所有権移転ファイナンス・リース取引と所有権移転外ファイナンス・リース取引

ファイナンス・リース取引は、リース物件の所有権が借手に移転すると認められる「**所有権移転ファイナンス・リース取引**」と、それ以外の「**所有権移転外ファイナンス・リース取引**」に分類される。次のいずれかに該当する場合には、所有権移転ファイナンス・リース取引とされる。

①リース期間終了後またはリース期間の中途で所有権が移転する場合

②割安購入選択権が与えられており、その行使が確実に予想される場合

③リース物件が借手の用途等に合わせて特別の仕様により製作または建設されたものであり、借手によってのみ使用されることが明らかな場合

所有権移転ファイナンス・リース取引と所有権移転外ファイナンス・リース取引とでは、リース資産の減価償却費の算定等で異なる点が生じる。

【 リース資産の減価償却費の算定における相違 】

	所有権移転 ファイナンス・リース取引	所有権移転外 ファイナンス・リース取引
減価償却 の方法	自己所有の固定資産と同一の方法による。	自己所有の固定資産と同一の方法である必要はない。
減価償却費 の算定	自己所有の固定資産と同様に算定する。	原則として、リース期間を耐用年数とし、残存価額をゼロとして算定する。
償却方法が 異なる理由	リース物件の取得と同様の取引と考えられるため。	リース物件の取得とは異なり、リース物件を使用できる期間がリース期間に限定されるため。

⑹ オペレーティング・リース取引

オペレーティング・リース取引とは、ファイナンス・リース取引以外のリース取引のことをいう。オペレーティング・リース取引においては、通常の賃貸借取引に準じた会計処理を行う。オペレーティング・リース取引の借手側は、支払リース料を費用として計上し、貸借対照表にはリース資産およびリース債務を計上しない。

オペレーティング・リース取引のうち解約不能なリース取引については、未経過リース料を、貸借対照表日後1年以内と貸借対照表日後1年を超えるものとに区分して注記しなければならない。ただし、重要性が乏しい場合には、注記を要しない。

5 圧縮記帳　　

⑴ 直接減額方式

企業が国庫補助金や工事負担金の交付を受けて、固定資産を取得する場合がある。その際、取得した固定資産の取得価額から交付された国庫補助金等の金額を控除する処理を**直接減額方式**という。

⑵ 圧縮記帳の例

令和X1年4月1日に30万円の補助金が当座預金に入金され、令和X1年10月1日に補助金30万円と自己資金70万円を合わせて、機械装置100万円を購入し、直ちに使用を開始する。その際、直接減額方式による圧縮記帳で処理を行う。

令和X2年3月31日（決算日）には、定額法（耐用年数5年、残存価額ゼロ）により減価償却を行う場合、次のような仕訳となる。

【 圧縮記帳の仕訳 】

①令和X1年4月1日

   （当座預金）300,000   （国庫補助金受贈益） 300,000

②令和X1年10月1日

   （機械装置）1,000,000   （当座預金） 300,000

            （現金）700,000

③令和X1年10月1日

   （固定資産圧縮損）300,000 （機械装置）300,000

④令和X2年3月31日

   （減価償却費）70,000   （機械装置減価償却累計額）70,000

※減価償却費＝（100万円－30万円）÷耐用年数5年×6／12ヶ月＝7万円

 圧縮記帳を実施した場合、国庫補助金受贈益が固定資産圧縮損と相殺されるため、取得した初年度の税負担が軽減される。しかし、固定資産が減額され、減価償却費が少なくなるため、次年度以降は、税負担が増額する。よって、圧縮記帳には国庫補助金受贈益にかかる税負担を次年度に分散する税の繰り延べ効果がある。

 6 **外貨建取引**

R04-04

(1) 外貨換算

 取引価額が外国通貨で表示されている取引を**外貨建取引**という。外国通貨で測定・表示された会計項目を日本円によって表現しなおす手続きを**換算**といい、日本の基準では、**貨幣性項目**（最終的に貨幣で受領または支払うことになる項目）は決算時の為替レート、**非貨幣性項目**は取得時または発生時の為替レートで換算を行うこととしている。円換算による換算差額である**為替差損益**は、原則として営業外収益または営業外費用とする。

【 外貨建取引の換算レート 】

	換算レート	具体例
貨幣性項目	決算時の為替レート	外国通貨、金銭債権債務（売上債権、仕入債務、貸付金、借入金など）、未収収益、未払費用、子会社・関連会社株式以外の有価証券など
非貨幣性項目	取得時・発生時の為替レート	棚卸資産、有形・無形固定資産、繰延資産、前払金、前受金、前払費用、前受収益、子会社・関連会社株式など

たとえば、決算日が３月31日のＡ社が、海外の企業へ商品2,000ドル分を当期に掛販売し、当期の決算日以降に決済する契約であるとする。販売時の為替レートが１ドル＝100円であったならば、販売時の売掛金の換算額は20万円となる。

　当期の決算時の為替レートが１ドル＝90円になったならば、決算時の売掛金の換算額は18万円となる。販売時と決算時の為替レートの差額による換算額の差額２万円分の資産が減少しているため、この２万円が為替差損になる。

【 外貨建売掛金の換算 】

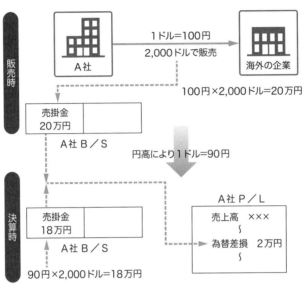

　外貨換算における会計処理の考え方には、輸出入などの外貨建取引とそれに伴って生じる売掛金や買掛金などの代金決済取引を別個の取引とみなす**二取引基準**と、外貨建取引と代金決済取引を一連の分離不可能な取引とみなす**一取引基準**がある。

　現行の会計処理基準では、二取引基準の採用が義務づけられている。例えば、外貨建取引を二取引基準と一取引基準で仕訳した場合、次のようになる。

10月１日	米国企業から、材料500ドルを掛けで輸入した。輸入時の直物為替相場は１ドル＝100円だった。
11月30日	輸入代金の支払期日であるため、500ドルを米国企業に送金して決済した。決済時の直物為替相場は１ドル＝105円だった。

【 二取引基準の仕訳 】

10月１日	（仕入）	50,000	（買掛金）	50,000
11月30日	（買掛金）	50,000	（現金預金）	52,500
	（為替差損益）	2,500		

10月1日	(仕入)	50,000	(買掛金)	50,000
11月30日	(買掛金)	50,000	(現金預金)	52,500
	(仕入)	2,500		

⑵ 在外支店の財務諸表項目の換算

外国にある支店を在外支店という。本支店合併財務諸表を作成するにあたり、外国通貨で表示されている在外支店の財務諸表を換算する必要がある。

在外支店の財務諸表項目は原則として、本店と同様の基準で換算し、本店に規定のない項目については、取得原価で表示されている項目は取得時または発生時の為替レートで、時価で表示されている項目は決算時の為替レートで換算する。

⑶ 在外子会社の財務諸表項目の換算

外国にある子会社を在外子会社という。連結財務諸表を作成するにあたり、外国通貨で表示されている在外子会社の財務諸表を換算する必要がある。

在外子会社の財務諸表項目は、次の基準で換算する。また、貸借対照表項目の換算により発生した差額は、**為替換算調整勘定**として純資産の部に計上し、損益計算書項目の換算により生じた差額は、為替差損益として当期の損益とする。

【 在外子会社の財務諸表項目の換算レート 】

		項目	換算レート
B/S	資産・負債		決算時の為替レート
	純資産	親会社による株式取得時の項目	株式取得時の為替レート
		親会社による株式取得後に生じた項目	取引発生時の為替レート
P/L	収益・費用	親会社との取引	親会社が用いた為替レート
		親会社以外との取引	期中平均の為替レート (原則) 決算時の為替レート (容認)

■■■ 問題編 ■■■　　　　　　Check!!

問1 (H25-03)　　　　　　　　　　　　　　　　　　　[○・×]
　株主資本等変動計算書の最下行の項目名は「当期末残高」である。

問2 (H22-09設問1改題)　　　　　　　　　　　　　　　[○・×]
　キャッシュ・フロー計算書（間接法）において、売上債権の増加額の符号はプラスである。

問3 (R05-09)　　　　　　　　　　　　　　　　　　　[○・×]
　支払利息は、営業活動によるキャッシュ・フローの区分で表示する方法と財務活動によるキャッシュ・フローの区分で表示する方法の2つが認められている。

問4 (H23-08改題)　　　　　　　　　　　　　　　　　[○・×]
　将来減算一時差異が発生した場合は、その一時差異に対する法人税等を貸借対照表上、「法人税等調整額」として計上する。

問5 (R05-04)　　　　　　　　　　　　　　　　　　　[○・×]
　子会社の決算日と連結決算日の差異が3か月を超えない場合は、子会社の正規の決算を基礎として連結決算を行うことができる。

問6 (R01-03)　　　　　　　　　　　　　　　　　　　[○・×]
　連結貸借対照表は、親会社、子会社および関連会社の個別貸借対照表を合算し、必要な調整を加えて作成される。

問7 (R03-04)　　　　　　　　　　　　　　　　　　　[○・×]
　自己創設のれんは、時価などの公正な評価額が取得原価となる。

問8 (H26-04改題)　　　　　　　　　　　　　　　　　[○・×]
　本支店間で発生した取引において、取引の通知が片方に到着していないことにより、記帳されていない取引を未達事項と呼ぶ。

問9 (H29-05)　　　　　　　　　　　　　　　　　　　[○・×]
　企業会計原則では「会計処理の原則および手続きを毎期継続して適用し、みだりに変更してはならない」と定めている。

問10 (R03-06)   [○・×]
 販売基準は実現主義に基づいている。

問11 (R04-03改題)   [○・×]
 試用販売においては、試用のために商品を発送した時点で収益を認識する。

問12 (H25-13)   [○・×]
 ファイナンス・リース取引によるリース物件の維持管理費用は、貸し手が負担する。

問13 (H26-06)   [○・×]
 オペレーティング・リース取引のうち解約不能なものに係る未経過リース料は、
貸借対照表上、負債に含める。

問14 (R04-04)   [○・×]
 外貨建の金銭債権・債務、前払金・前受金については、決算日の直物為替レート
により換算する。

■■■ **解答・解説編** ■■■

問1　○：設問文のとおり。
問2　×：売上債権の増加額の符号はマイナスである。
問3　○：設問文のとおり。
問4　×：「法人税等調整額」ではなくて「繰延税金資産」である。
問5　○：設問文のとおり。
問6　×：関連会社は対象外である。
問7　×：自己創設のれんの資産計上は認められていない。
問8　○：設問文のとおり。
問9　○：設問文のとおり。一般原則のうち継続性の原則である。
問10　○：販売基準は、顧客に商品等を販売した日をもって、収益実現の日とする
　　　　　考え方である。
問11　×：試用販売においては、顧客から買取りの意思表示があった時点で収益を
　　　　　認識する。
問12　×：借り手が負担する。
問13　×：通常の賃貸借取引に準じて処理を行うため、すでに支払ったリース料の
　　　　　み費用として計上する。
問14　×：前払金・前受金は、取引発生時の為替レートにより換算する。

■■■ 問題編 ■■■

　当期の資産と損益に関する次の資料（単位：千円）に基づいて、キャッシュ・フロー計算書の空欄Aに入る数値として最も適切なものを下記の解答群から選べ（単位：千円）。

資　　産	期　首	期　末	損　　益	
有形固定資産	48,700	47,000	減価償却費	2,040
減価償却累計額	12,000	13,200	固定資産売却益	150
	36,700	33,800		

キャッシュ・フロー計算書

営業活動によるキャッシュ・フロー		
営業収入		186,600
原材料または商品の仕入れによる支出	△	138,600
人件費の支出	△	9,300
その他の営業支出	△	7,800
小　　計		30,900
利息及び配当金の受取額		1,500
利息の支払額	△	460
法人税等の支払額	△	11,800
営業活動によるキャッシュ・フロー		20,140
投資活動によるキャッシュ・フロー		
有価証券の売却による収入		1,850
有形固定資産の売却による収入		A
投資活動によるキャッシュ・フロー		
（以　下　省　略）		

〔解答群〕

　ア　840　　　イ　960　　　ウ　1,010　　　エ　1,200

解答：ウ

　キャッシュ・フロー計算書の投資活動によるキャッシュ・フローの内訳項目である有形固定資産の売却による収入を計算させる出題である。

　有形固定資産の売却による収入は、一般論として「売却した有形固定資産の簿価±売却損益」で求めることができる。本問では売却益が発生しているため、有形固定資産の売却による収入は、「売却した有形固定資産の簿価＋売却益」となる。

　本問では減価償却の記帳に間接法を採用し、減価償却累計額を資産の内訳項目として表示しているため、有形固定資産の期首残高および期末残高は、取得価額である。

　まず、期首有形固定資産簿価と期末有形固定資産簿価の差額を求める。（以下、単位省略）

　期首有形固定資産簿価36,700－期末有形固定資産簿価33,800＝2,900

　2,900だけ簿価が減少している。

　ここで、損益欄の減価償却費2,040に着目する。本問では、有形固定資産について取得および除却の存在は示されていないため、売却した有形固定資産の残存簿価は、簿価の減少額と当期の減価償却費との差額である。

　有形固定資産簿価の減少額2,900－当期の減価償却費2,040＝860

　1つの式に整理すると、次のようになる。

　有形固定資産の売却簿価
　　　＝期首有形固定資産簿価－当期の減価償却費－期末有形固定資産簿価
　　　＝36,700－2,040－33,800＝860

　有形固定資産の売却による収入額
　　　＝有形固定資産売却簿価860＋固定資産売却益150＝1,010

よって、ウが正解である。

	売却簿価　860千円
有形固定資産期首簿価残高 36,700千円	有形固定資産 期末簿価残高 33,800千円
	当期減価償却費 2,040千円

【別解法】

　売却した有形固定資産の減価償却累計額を求めた後に売却した有形固定資産の残存簿価を算出し、その後に資料の各勘定科目の動きを仕訳で示し、有形固定資産の売却による収入額を算出する方法である。

　まず、売却した有形固定資産の減価償却累計額を求める。

　売却した有形固定資産の減価償却累計額
＝期首減価償却累計額12,000＋当期の減価償却費2,040－期末減価償却累計額13,200＝840

　次に売却した有形固定資産の残存簿価を求める。

　売却した有形固定資産の残存簿価
＝期首有形固定資産残高（取得価額）48,700－売却した有形固定資産の減価償却累計額840－期末有形固定資産残高（取得価額）47,000＝860

　仕訳で示すと次のようになる。

　　①（借）減価償却費　　　2,040　　（貸）減価償却累計額　　　2,040
　　②（借）減価償却累計額　　840　　（貸）有形固定資産　　　　　840
　　③（借）現預金　　　　　1,010　　（貸）有形固定資産　　　　　860
　　　　　　　　　　　　　　　　　　　　　固定資産売却益　　　　　150

　したがって、有形固定資産の売却による収入額は、現預金の増加を示している③仕訳から、1,010となる。

■■■ **問題編** ■■■

　決算に当たり、期首に取得した備品1,200千円（耐用年数4年、残存価額ゼロ）について定額法で減価償却を行った。しかし、この備品の税法上の耐用年数は6年であった。このとき、計上される繰延税金資産または繰延税金負債の金額として、最も適切なものはどれか。なお、法人税等の実効税率は30％とする。また、期首における一時差異はないものとする。

　ア　繰延税金資産：30千円
　イ　繰延税金資産：70千円
　ウ　繰延税金負債：30千円
　エ　繰延税金負債：70千円

■■■ 解答・解説編 ■■■

解答：ア

　税効果会計に関する出題である。

　会計上の減価償却費は300千円、税法上200千円となっており、300－200千円＝100千円は、税法で認められた償却額を超過しているため、損金への算入が認められない。減価償却費の損金算入限度超過額は、一時差異として税効果会計の適用対象となる。減価償却費の損金不算入額は、将来、その差異が解消するときに課税所得を減少させる効果をもつため、将来減算一時差異となる。

　100千円（将来減算一時差異）×30％（法人税等の実効税率）＝30千円

　30千円分は、法人税等の前払額に相当し、資産としての性格を有するものと考えられるため、繰延税金資産となる。

　よって、アが正解である。

■■■ **問題編** ■■■

　A社は、20X1年12月31日にB社株式の80％を85百万円で取得した。取得時のA社およびB社の貸借対照表は以下のとおりである。なお、B社の諸資産および諸負債の簿価は、時価と一致している。取得時におけるのれんと非支配株主持分の金額の組み合わせとして、最も適切なものを下記の解答群から選べ。

A社貸借対照表　（単位：百万円）

諸資産	415	諸負債	150
B社株式	85	資本金	200
		利益剰余金	150
	500		500

B社貸借対照表　（単位：百万円）

諸資産	200	諸負債	120
		資本金	40
		利益剰余金	40
	200		200

〔解答群〕

ア　のれん：　5百万円　　　非支配株主持分：　8百万円

イ　のれん：　5百万円　　　非支配株主持分：16百万円

ウ　のれん：21百万円　　　非支配株主持分：　8百万円

エ　のれん：21百万円　　　非支配株主持分：16百万円

■■■ 解答・解説編 ■■■

解答：エ

　連結財務諸表の作成における、資本連結に関する出題である。

　資本連結は、親会社の投資と子会社の資本を相殺消去し、消去差額が生じる場合にはのれんとして計上するとともに、子会社の資本のうち親会社に帰属しない部分を非支配株主持分に振り替える手続である。

　のれん＝親会社の投資－子会社の資本×親会社の持分比率

　　　　　＝A社投資85－B社資本（資本金40＋利益剰余金40）×80％

　　　　　＝21（百万円）

　非支配株主持分＝子会社の資本×非支配株主の持分比率

　　　　　　　　　＝B社資本（資本金40＋利益剰余金40）× 20％

　　　　　　　　　＝16（百万円）

　仕訳は次のようになる（単位：百万円）。

（借）B社資本金　　　　40　　（貸）A社投資　　　　　85

　　　B社利益剰余金　40　　　　　非支配株主持分　16

　　　のれん　　　　　　21

　よって、エが正解である。

過去23年分 平成13年(2001年)〜令和5年(2023年)	
1位	個別原価計算と総合原価計算
2位	実際原価計算と標準原価計算
3位	工業簿記と原価計算

直近10年分 平成26年(2014年)〜令和5年(2023年)	
1位	個別原価計算と総合原価計算
1位	実際原価計算と標準原価計算
2位	工業簿記と原価計算
2位	原価要素の分類
2位	各種費用の基礎知識
2位	その他の原価計算
3位	※該当項目が多数のため省略

過去23年間の出題傾向

個別原価計算と総合原価計算は合わせて13回、標準原価計算は10回と、出題のほとんどを占めている。よって、まずはこれらの計算問題を確実に得点できるようにしてほしい。また、原価の定義や原価要素の分類など、基礎的な正誤問題も定期的に出題されているため、注意が必要である。

第 **5** 章

原価計算の知識

I 原価計算の関連知識

H27-06

1 工業簿記と原価計算

(1) 工業簿記の考え方

　メーカーでは、材料を仕入れて、工場で加工し製品を製造する。工業簿記では工場の中で製品が製造されるまでの取引が中心となる。一般的に、加工をしないで販売するものを**商品**と呼び、加工して販売されるものを**製品**と呼ぶ。メーカーでは商業経営にはない、製造活動を記録する必要がある。

R04-06
H22-07

(2) 原価の定義

　製造業では、工業簿記により製造のプロセスの記録をするとともに、原価計算で製品1個当たりのコストを計算する。

　原価計算は、製品やサービスを生産・販売するために要した経済価値の消費分を、貨幣単位を用いて分類・測定・集計し、生産物1単位当たりの原価を算出する。

　原価とは、経営活動（製造販売）に用いられた物（材料など）やサービス（労働）を支出額により測定したものである。

　たとえば、パソコン1台当たりの製造に、プラスチックや金属などの材料費が5万円、組み立てなどに係る労務費が4万円、光熱費などの経費が2万円かかった場合、製品の製造原価は11万円になる。

　原価計算基準では原価の本質について「原価は、経営目的に関連したものである。経営の目的は、一定の財貨を生産し販売することにあり、経営過程は、このための価値の消費と生成の過程である。原価は、かかる財貨の生産、販売に関して消費された経済価値であり、経営目的に関連しない価値の消費を含まない。財務活動は、財貨の生成及び消費の過程たる経営過程以外の資本の調達、返還、利益処分等の活動であり、したがってこれに関する費用いわゆる財務費用は、原則として原価を構成しない」としている。よって、支払利息や支払保険料などの財務費用は**非原価項目**となる。

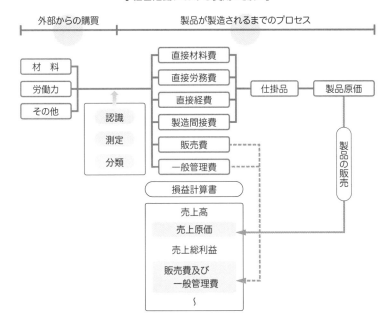

【 経営活動における費用の流れ 】

(3) 原価の分類と用語の意味

　パソコンメーカーでは、製品であるパソコンの製造活動にかかるコストのほかに、TVCM やパンフレットなどの広告費、セールスパーソンの給料などの販売活動にかかるコスト、本社の建物にかかる減価償却費、研究開発費など管理活動にかかるコストがある。

　これらのコストは、まとめて「**総原価**」と呼ばれる。総原価は、製造活動にかかるコストである**製造原価**、販売活動にかかるコストである**販売費**、管理活動にかかるコストである**一般管理費**に分類される。このうち原価計算で最も重要な原価は、製造原価である。

【 原価の構成 】

				営業利益	販売価格
			一般管理費	総原価	
			販売費		
	間接材料費	製造間接費	製造原価		
	間接労務費				
	間接経費				
直接材料費	製造直接費				
直接労務費					
直接経費					

2 原価要素の分類

原価を構成する原価要素を考える場合には、複数の分類基準がある。経営者や管理者の多様な分析ニーズに対応するためである。

(1) 形態別分類

形態別分類とは、原価発生の形態による分類であり、材料費、労務費、経費に分けられる。

① 材料費

物品の消費によって生じる原価要素であり、素材費、原料費、買入部品費などがある。

② 労務費

労働用役の消費によって生じる原価要素であり、賃金、給料、雑給などがある。

③ 経費

材料費、労務費以外の原価要素であり、減価償却費、賃借料、修繕料、電力料などがある。

(2) 製品との関連における分類

製品との関連における分類とは、特定製品の製造への関連度合いによる分類であり、直接費、間接費に分けられる。

① 直接費

特定の製品の製造に関して、直接的に認識、把握される原価要素である。直接費は、さらに直接材料費、直接労務費、直接経費に分けられる。

② 間接費

特定の製品の製造に関して、間接的にしか認識、把握できない原価要素である。間接費は、さらに間接材料費、間接労務費、間接経費に分けられる。

【 製造原価の分類 】

	製造直接費	製造間接費
材料費	直接材料費	間接材料費
労務費	直接労務費	間接労務費
経費	直接経費	間接経費

また、直接労務費、直接経費、製造間接費を合わせた原価（直接材料費以外の製造原価）を**加工費**という。

(3) 操業度との関連における分類

操業度との関連における分類とは、操業度の増減に対する原価要素の態様による分類であり、変動費と固定費に分けられる。

① 変動費

変動費とは、操業度（販売量、生産量、作業時間など）の増減に応じて、一定期間の総額において比例的に変動する原価要素である。具体的には、非製造業の仕入原価や製造業の直接材料費、外注加工費、買入部品費、間接材料費、出来高払いの労務費などがある。操業度に対する変動費の比を**変動費率**と呼ぶ。

② 固定費

固定費とは、操業度の増減にかかわりなく、一定期間の総額が変化しない原価要素である。具体的には、直接労務費（時間給部分を除く）、減価償却費、保険料、電気料、ガス料、水道料、不動産賃借料、固定額払いの労務費などがある。

(4) 機能別分類

機能別分類とは、どのような目的のために消費された原価要素なのかを基準にした分類であり、製造原価、販売費、一般管理費に分ける方法が代表的である。

製造原価で考えてみると、材料費ならば、主要材料費、修繕材料費、試験研究材料費、工場消耗品費などに分かれる。労務費ならば、作業種類別直接賃金、間接作業賃金、手待賃金などに分かれる。経費ならば各部門の機能別経費などに分かれる。

機能別分類は、「どんな目的のために」という考え方で分類するため、部門別原価計算との関係が深い。

(5) 原価の管理可能性に基づく分類

原価の管理可能性に基づく分類とは、原価管理の権限を持った者が管理できる原価要素か否かを基準にした分類であり、管理可能費と管理不能費に分けられる。

管理可能か管理不能かは、管理者に与えられた権限によって決まる。例えば材料費は、製造（加工や組立）を専門とする部門の管理者にとっては管理不能費だが、購買部門の管理者にとっては管理可能費である。

① 管理可能費

原価管理の権限を持った者が管理できる原価要素であり、生産量、能率、生産方法の変更などによって金額が変化するものである。

② 管理不能費

原価管理の権限を持った者が管理できない原価要素であり、管理者の持つ権限では金額が変化しないものである。

3 各種費用の基礎知識

(1) 材料費の種類

材料費は、製品を作るために必要な物品を消費することで発生する原価である。材料の購入原価は、「購入代価＋材料副費」となる。**材料副費**は、運賃や運送保険料、関税、荷役費などの付随費用である。材料費は次の5つに分類される。

① 主要材料費：椅子の素材としての木材など、製品の主要部分に使う物品の原

価

② 買入部品費：自動車のタイヤなど、他の会社から購入して、そのまま製品に組み込む部品の原価

③ 補助材料費：塗料などのように製品の生産に補助的に消費される物品の原価

④ 工場消耗品費：電球など、製品の生産に必要な消耗品の原価

⑤ 消耗工具器具備品費：金槌、ドライバーなど、耐用年数が１年未満で、金額が少額のものの原価

【 材料費の分類 】

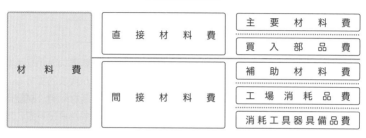

R02-10
H29-10
H25-09

(2) 労務費の種類

　労務費は、製造のために人の労働を消費することで発生する原価である。基本賃金は、主たる労働の対価で、工員に支給される。加給金は、在籍の工員に対して、基本賃金のほかに支払われる給与である。残業手当、危険作業手当などがある。

① 直接工賃金：加工作業に直接従事する工員（直接工）の直接作業時間に支払われる基本賃金と加給金。直接労務費になる。

② 直接工間接賃金：直接工の一時的な間接作業時間に支払われる基本賃金と加給金。原価計算基準では、「間接労務費となる直接工賃金」に分類される。

③ 間接工賃金：加工作業に直接従事せず、直接工の作業をサポートしている工員に支払われる基本賃金と加給金

④ 給料：生産に関連する部署の業務担当役員や管理職、技師、また工場事務員などに対して支払われる給与

⑤ 雑給：臨時雇いの工場労務員・工場事務員やパートタイマーなどに対して支払われる給与

⑥ 従業員賞与・手当：従業員に支払われる賞与や家族手当、住宅手当、通勤手当などの諸手当

⑦ 退職給付引当金繰入額：退職給付引当金に繰り入れられる金額（「退職給付費用」と同義）

⑧ 法定福利費：健康保険料、雇用保険料などの各種社会保険料のうち、工場従業員についての会社負担額

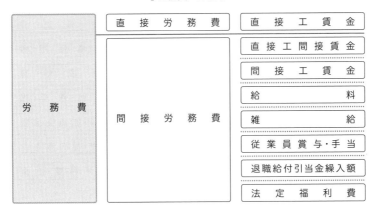

【 労務費の分類 】

労　務　費	直　接　労　務　費	直　接　工　賃　金
	間　接　労　務　費	直　接　工　間　接　賃　金
		間　接　工　賃　金
		給　　　　　　料
		雑　　　　　　給
		従　業　員　賞　与・手　当
		退　職　給　付　引　当　金　繰　入　額
		法　定　福　利　費

(3) 経費の種類

経費は、製造原価のうち、材料費と労務費以外の原価である。

① 外注加工費：生産の一部分の仕事を外部の業者に委託し、その対価として支払うコストである。加工量が少なく、加工に特殊の設備を必要とする製品及び部品は、特殊設備を有する外部の業者に委託加工をさせるほうが有利であるため採用される。

② 特許権使用料：外部の企業が所有している特許技術を利用して生産するときに、その対価としての支払原価

③ 福利厚生費：従業員の福利厚生のための施設に要する原価

(4) 間接経費の種類と把握方法

直接経費は、取引先からの請求にもとづいて計上する。間接経費は発生額の把握方法により次のように分類される。

① 支払経費は、毎月の支払高をその月の消費額として計算した原価である。旅費交通費、通信費、事務用消耗品費などがある。

② 月割経費は、1年分または数ヵ月分の支払いを月割して、各月の消費額を計算した原価である。減価償却費、賃借料、保険料などがある。

③ 測定経費は、計量器で検針して測定した消費量に料率を乗じて消費額を算定した原価である。ガス代、水道代、電気代などがある。

④ 発生経費は、当月生じた分を消費額とする原価である。棚卸減耗費などがある。

【 経費の分類 】

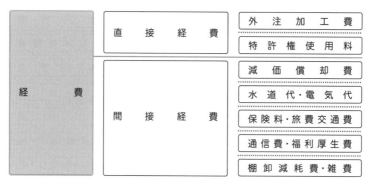

【 間接経費の把握方法 】

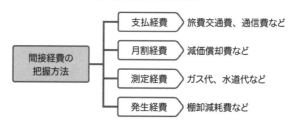

H30-09 **(5) 製造間接費の配賦**

　　製造間接費は製品との関係を直接的に認識できないため、製品原価を正確に計算するには、適切な基準を設けて各製品に配賦する必要がある。製造間接費の配賦には、配賦率の違いにより実際配賦と予定配賦がある。しかし、**実際配賦**には、原価計算期間の終了後にならないと把握できず計算が遅れてしまう問題や、操業度の変動により製品の単位原価が変わってしまう問題がある。このため、**予定配賦**を用いるのが通常である。

　　予定配賦では、売上高予算および製造数量予算などから基準操業度 (直接作業時間や機械運転時間などの配賦基準数値) を設定して、一定期間における製造間接費の発生額を見積もり、予定配賦率を算出する。

$$予定配賦率 = \frac{一定期間における製造間接費予算}{基準操業度}$$
$$予定配賦額 = 予定配賦率 \times 実際操業度$$

　　製造間接費予算は、固定予算と変動予算に大別される。

① 固定予算

　　固定予算とは、予算期間において予定される一定の操業度に基づいて設定された予算である。操業度が変化しても、予算は固定されている。

② 変動予算

変動予算とは、予算期間において予定される範囲内における種々の操業度に対応して設定された予算である。変動予算には、**公式法変動予算**と**実査法（多桁式）変動予算**がある。

(a) 公式法変動予算

固定費と変動費率を決定し、予定される操業度の範囲内では、$y = a + bx$（y：予算額、a：固定費、b：変動費率、x：操業度）という一次関数の形で製造間接費を定義することで、特定の操業度における製造間接費予算額を算定する方法である。

(b) 実査法（多桁式）変動予算

基準操業度を中心として、予期される範囲内の種々の操業度を一定間隔に設け、各操業度に対応する複数の製造間接費予算を算定していく方法である。

H20-10

1 製造原価報告書

(1) 製造原価報告書の概要

　製造業では、貸借対照表と損益計算書のほかに製造原価報告書を作成する。

　製造原価報告書は一定期間の製品にかかった原価を報告するものである。当期材料費は、当期の材料費の総額を示す。当期労務費は、当期の労務費の総額を示す。当期経費は当期の経費の総額を示す。期末仕掛品棚卸高は、未完成の製品の原価を示す。また、製造原価報告書の当期製品製造原価が、損益計算書の当期製品製造原価となることを理解しよう。

【 製造原価報告書と損益計算書 】

製造原価報告書 (単位：円)

Ⅰ. 材料費		
1. 期首材料棚卸高	500	
2. 当期材料仕入高	5,500	
合　計	6,000	
3. 期末材料棚卸高	1,200	
当期材料費		4,800
Ⅱ. 労務費		
1. 賃　金		
当期労務費	5,200	5,200
Ⅲ. 経費		
当期経費		2,400
当期製造費用		12,400
期首仕掛品棚卸高		800
期末仕掛品棚卸高		400
合　計		12,800
当期製品製造原価		12,800

損益計算書 (単位：円)

Ⅰ. 売上高		10,000
Ⅱ. 売上原価		
1. 期首製品棚卸高	200	
2. 当期製品製造原価	12,800	
合　計	13,000	
3. 期末製品棚卸高	600	12,400
売上総利益		5,600
Ⅲ. 販売費及び一般管理費		1,600
営業利益		4,000

166

(2) 製造原価報告書の作成

次の例題にある企業（Ｔ工業）の取引と仕訳を見ながら、先ほどの製造原価報告書の材料費、労務費、経費、当期製造費用、当期製品製造原価との関係について理解しよう。

〈 例題 〉

Ｔ工業では、製品を製造販売している。Ｔ工業では会計期間において、次の①〜⑨の取引があった。この例題では、便宜上、期首の材料棚卸高を500円、期首の仕掛品棚卸高を800円、期首の製品棚卸高を200円とし、労務費と経費の期首の残高はないものとする。また、1種類の製品の製造とする。

① 材料5,500円を購入し、代金は現金で支払った。
② 材料のうち、4,800円を製品製造のために消費した。
③ 工場の作業員に賃金5,200円を現金で支払った。
④ 上記の賃金5,200円を製品製造のためにすべて消費した。
⑤ 経費2,400円を現金で支払った。
⑥ 上記の経費2,400円を製品製造のためにすべて消費した。
⑦ 製品が完成した。このとき製品の当期製品製造原価は12,800円である。
⑧ 製品12,400円分を18,000円で販売した。なお、販売はすべて掛けである。
⑨ 商品販売のための営業職員の給料を600円、広告宣伝費1,000円を現金で支払った。なお、これらの費用はすべて販売費及び一般管理費で処理する。

Ｔ工業の取引に基づき仕訳を考えよう。仕訳で使用する勘定科目には、いくつか種類があるが、ここでは便宜上、仕訳で例示した勘定科目を使用する。

① 材料の購入

「①材料5,500円を購入し、代金は現金で支払った」という取引では、仕訳は次のようになる。

【 仕訳 】

（材　料）　　5,500　　（現　金）　　5,500

② 材料の消費

「②材料のうち、4,800円を製品製造のために消費した」とあるため、材料が消費され.て仕掛品となることがわかる。

【 仕訳 】

（仕掛品）　　4,800　　（材　料）　　4,800

③ 賃金の支払い

「③工場の作業員に賃金5,200円を現金で支払った」という取引では、仕訳は次のようになる。

【仕訳】

（賃　金）　　5,200　　（現　金）　　5,200

④ 賃金の消費

「④上記の賃金5,200円を製品製造のためにすべて消費した」とあるため、賃金が消費されて仕掛品となることがわかる。

【仕訳】

（仕掛品）　　5,200　　（賃　金）　　5,200

⑤ 経費の支払い

「⑤経費2,400円を現金で支払った」という取引では、仕訳は次のようになる。

【仕訳】

（経　費）　　2,400　　（現　金）　　2,400

⑥ 経費の消費

「⑥上記の経費2,400円を製品製造のためにすべて消費した」とあるため、経費が消費されて仕掛品となることがわかる。

【仕訳】

（仕掛品）　　2,400　　（経　費）　　2,400

⑦ 製品の完成

「⑦製品が完成した。このとき製品の当期製品製造原価は12,800円である」という内容にもとづき、未完成の仕掛品勘定が、完成品である製品勘定へ振り替えられる。仕訳は次のようになる。

【仕訳】

（製　品）　　12,800　　（仕掛品）　　12,800

⑧ 製品の販売

「⑧製品12,400円分を製品18,000円で販売した。なお、販売はすべて掛けである」という取引から、仕訳は次のようになる。

【仕訳】

（売掛金）　　18,000　　（売　上）　　18,000
（売上原価）　12,400　　（製　品）　　12,400

⑨ 販売費及び一般管理費

「⑨商品販売のための営業職員の給料を600円、広告宣伝費1,000円を現金で支払った。なお、これらの費用はすべて販売費及び一般管理費で処理する」という内容から、仕訳は次のようになる。

【 仕訳 】

(販売費及び一般管理費)　1,600　　　(現　金)　1,600

(3) 仕訳と勘定連絡図との関係

先ほど紹介した仕訳を勘定連絡図で示すと、次のようになる。勘定連絡図の中にある①～⑧は、Ｔ工業の取引と仕訳との関係を示している。なお、図表の⑧は、Ｔ工業の取引と仕訳との関係の⑧製品の販売の売上原価のみを反映している。

- 当期材料費4,800円と当期労務費5,200円、当期経費2,400円が、当期製造費用12,400円として仕掛品勘定に振り替えられる。
- 期首仕掛品棚卸高800円と当期製造費用12,400円の合計から、期末仕掛品棚卸高400円を引いたものが、当期製品製造原価12,800円となる。
- 当期製品製造原価12,800円が製品勘定に振り替えられる。
- 期首製品棚卸高200円と当期製品製造原価12,800円の合計から、期末製品棚卸高600円を引いたものが売上原価12,400円となる。
- 期末材料棚卸高1,200円と期末仕掛品棚卸高400円と期末製品棚卸高600円の合計額2,200円は、期末の貸借対照表の棚卸資産に記載される。

【 勘定連絡図 】

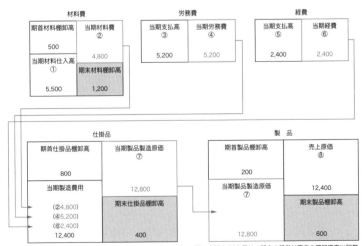

□の合計 2,200 円は、期末の貸借対照表の棚卸資産に記載

⑷ 勘定連絡図と製造原価報告書・損益計算書との関係

　製造原価報告書と損益計算書と勘定連絡図の関係は、次の図のようになる。なお、図表の⑧は、Ｔ工業の取引と仕訳との関係の⑧製品の販売の売上高と売上原価の双方を反映している。⑨は、Ｔ工業の取引と仕訳との関係の⑨販売費及び一般管理費を反映している。

【 製造原価報告書と損益計算書 】

製造原価報告書　　　　　　　（単位：円）

Ⅰ. 材料費		
1. 期首材料棚卸高	500	
2. 当期材料仕入高	5,500	……①
合　　計	6,000	
3. 期末材料棚卸高	1,200	
当期材料費		4,800　……②
Ⅱ. 労務費		
1. 賃　　金		
当期労務費	5,200	5,200　……④
Ⅲ. 経費		
当期経費		2,400　……⑥
当期製造費用		12,400
期首仕掛品棚卸高		800
期末仕掛品棚卸高		400
合　　計		12,800
当期製品製造原価		12,800　……⑦

損益計算書　　　　　　　（単位：円）

Ⅰ. 売上高		18,000　……⑧
Ⅱ. 売上原価		……⑧
1. 期首製品棚卸高	200	
2. 当期製品製造原価	12,800	……⑦
合　　計	13,000	
3. 期末製品棚卸高	600	12,400
売上総利益		5,600
Ⅲ. 販売費及び一般管理費		1,600　……⑨
営業利益		4,000

III 原価計算の種類

1 原価計算の体系と手続き

(1) 原価計算の体系

　原価計算は、生産形態、原価の性質、原価の集計範囲によって、適した方法がある。原価計算の体系に統一されたものはないが、一般的によく使われる分類と体系を紹介する。

【 原価計算の分類と体系 】

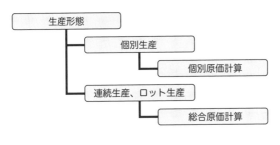

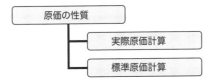

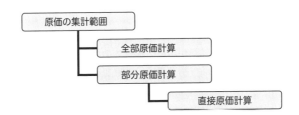

(2) 原価計算の手続き

　原価計算では、経営活動による原価の流れを追跡し、記録し計算する。原価の認識、測定、分類、集計は、「費目別計算⇒部門別計算⇒製品別計算」の3段階の手続きで行われる。

① 費目別計算

費目別計算は、一定期間による原価要素を費目別に分類する手続きである。原価計算における一定期間は、通常1ヵ月である。

費目別計算では、原価を直接費と間接費に分類し、必要に応じて機能別分類などを加味する。

たとえば、**材料費**は直接材料費と間接材料費に分類される。さらに機能別分類を加味すると直接材料費は、主要材料費、買入部品費に分類される。また、間接材料費は、補助材料費、工場消耗品費、消耗工具器具備品費に分類される。

② 部門別計算

部門別計算は、費目別計算で把握された原価要素を、原価部門別に分類集計する手続きである。原価を発生場所に集め、その場所で加工され、次の場所へと通過していく製品へ、合理的な方法で場所別原価を割り当てるために行われる。

たとえば、第1製造部門は自動車のエンジンの組立作業が中心で、第2製造部門は、自動車ボディの塗装作業が中心の場合、費目別計算で把握した原価を部門別に分けて把握する。小規模の企業では、部門に分かれていないため、部門別計算を省略する場合がある。

原価部門とは原価要素を分類集計する計算組織上の区分であり、製品の製造作業を直接行う部門であるか否かにより、製造部門と補助部門に大別される。**補助部門**とは、製造部門あるいは他の補助部門に用役を提供する部門のことである。

補助部門はさらに、**補助経営部門**(動力部、運搬部、修繕部など、製品の製造には直接従事しないものの、製造部門に直接用役を提供する部門)と**工場管理部門**(材料部、労務部、工場事務部など、工場全体の管理業務を行う部門)に分類される。

部門別計算は、通常2段階の計算手続を必要とする。

(a) 部門費の第1次集計

部門別計算の対象となる原価要素を部門個別費と部門共通費に分類し、各製造部門および各補助部門に集計する。部門個別費は当該部門に賦課し、部門共通費は適切な配賦基準によって関係部門に配賦する。

(b) 部門費の第2次集計

第1次集計によって集計された補助部門費を、その補助部門が用役を提供した関係部門に配賦する。補助部門が用役を提供する関係部門には他の補助部門もあるが、すべての部門費を製品へ割り当てる必要があるため、最終的には製造部門に集計される。補助部門相互間の用役授受の関係を計算上いかに処理するにより入の3つの配賦方法がある。

【 補助部門費の配賦方法 】

直接配賦法	補助部門相互間の用役授受を計算上無視し、製造部門に対してのみ配賦する方法。
相互配賦法	補助部門相互間の用役授受を計算上も認め、製造部門と補助部門とに配賦していく方法。
階梯式配賦法	補助部門相互間の用役授受を計算上一部認め、順位づけされた補助部門の上位から下位へと順次、配賦していく方法。

【 部門別計算の手続 】

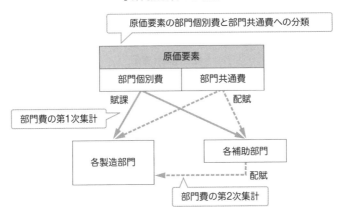

③ 製品別計算

製品別計算は、製造部門別に集計した原価を、一定の製品単位に集計し、単位製品の製造原価を算定する手続きである。たとえば、車1台当たりの原価を計算する。

製品別計算のためには、製品に原価を集計する一定の製品単位、すなわち原価単位を定める。原価単位は、個数、時間数などをもって示す。

【 原価計算のフロー 】

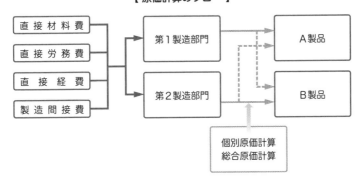

2　個別原価計算と総合原価計算

製品別計算は、大きく**個別原価計算**と**総合原価計算**に分類される。

【 個別原価計算 】

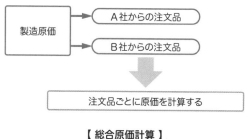

【 総合原価計算 】

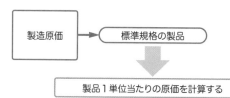

(1) 個別原価計算

　顧客の注文に応じて製品を製造する個別生産型経営をしている企業は、個別原価計算を採用している。このような経営では、製造過程で、ある製品が他の製品と相互に区別して加工され、反復生産の可能性が低くなる。

　個別原価計算制度を採用しているA社の当月における製造指図書別の製造・販売及び製造原価に関する〈資料〉にもとづき、当月の売上原価を求めてみよう。

〈 資料 〉

（単位：千円）

製造指図書	#121	#122	#123	#124	合　計
前月繰越	5,600	0	0	0	5,600
直接材料費	0	3,200	2,400	1,200	6,800
直接労務費	300	2,100	1,860	460	4,720
機械運転時間	100時間	900時間	700時間	200時間	1,900時間
備　考	完成・引渡	完成・引渡	完成・未渡	未完成	―

※製造間接費は機械運転時間に基づいて予定配賦している。本年度の製造間接費予算額は48,000千円（予定機械運転時間24,000時間）である。

　製造間接費は機械運転時間にもとづいて予定配賦しているため、予定機械運転時間24,000時間に対する本年度の製造間接費予算額が48,000千円であることから、製造間接費は1時間当たり2千円となる。

　当月の売上原価を求めるために、対象となる製造指図書は、備考欄に完成・引渡

との記載がある#121及び#122となる。

① #121の売上原価は前月繰越、直接労務費、製造間接費の合計の6,100千円となる。

#121の売上原価＝5,600千円＋300千円＋2千円×100時間＝6,100千円

② #122の売上原価は直接材料費、直接労務費、製造間接費の合計の7,100千円となる。

#122の売上原価＝3,200千円＋2,100千円＋2千円×900時間＝7,100千円

③ 当月の売上原価は、#121の売上原価と#122の売上原価の合計の13,200千円となる。

当月の売上原価＝6,100千円＋7,100千円＝13,200千円

(2) 部門別個別原価計算

H30-08

部門別個別原価計算とは、部門別計算を行う個別原価計算である。部門別に集計される原価は、通常、製造間接費のみである。

部門別個別原価計算の手続において、製造直接費は各製造指図書に賦課され、製造間接費は部門個別費と部門共通費に分類され第1次集計・第2次集計を経て各部門に賦課または配賦される。最終的に、各製造部門に集計された製造間接費は各製造指図書へ配賦される。

(3) 総合原価計算

H29-08
H25-11
H23-10

標準規格製品等の生産で、連続生産やロット生産を採用している企業は、総合原価計算を採用している。このような経営では、同じ規格の製品が、製造過程で同じように加工され、反復して生産される。

総合原価計算での完成品原価の計算では、1ヵ月の製造費用の総額をその期間の生産量で除すことで完成品単価を算出する。

月初に製造を開始して月末にすべて完成している場合は「完成品原価＝総製造費用」になる。しかし、通常は月末には完成品だけでなく、仕掛品が発生するため、総製造費用を完成品および月末仕掛品に按分する必要がある。

したがって、完成品原価は次のとおりになる。

完成品原価＝（月初仕掛品原価＋当月製造費用）－月末仕掛品原価

総製造費用を完成品および月末仕掛品に按分する方法には、①**平均法**と②**先入先出法**がある。

① 平均法による仕掛品原価の算出

平均法では、月初仕掛品原価と当月製造費用の合計額を完成品と月末仕掛品に按分する。平均法における月末仕掛品の直接材料費と加工費の公式は、次のとおりである。

$$月末仕掛品直接材料費$$

$$=（月初仕掛品直接材料費＋当月直接材料費）× \frac{月末仕掛品量}{当月完成品量＋月末仕掛品量}$$

$$月末仕掛品加工費$$

$$=（月初仕掛品加工費＋当月加工費）× \frac{月末仕掛品換算量}{当月完成品量＋月末仕掛品換算量}$$

換算量とは、仕掛品の数量に加工進捗度を乗じたものである。仕掛品の加工費を完成品基準で換算することができる。例えば、仕掛品の数量500個（加工進捗度60％）のとき、換算量は500個×60％＝300個となり、300個分の加工が完了していると換算する。

【 平均法のイメージ 】

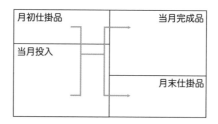

② 先入先出法による仕掛品原価の算出

先入先出法では、先に加工を始めた月初仕掛品から先に完成品になると考える。先入先出法における月末仕掛品の直接材料費と加工費の公式は、次のとおりである。

$$月末仕掛品直接材料費＝当月直接材料費× \frac{月末仕掛品量}{当月投入量}$$

$$月末仕掛品加工費＝当月加工費× \frac{月末仕掛品換算量}{当月投入換算量}$$

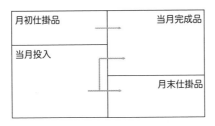

【 先入先出法のイメージ 】

⑷ **総合原価計算の例**

　総合原価計算制度を採用しているＡ社の当月における生産量および原価に関する
＜資料＞に基づき、①平均法、②先入先出法、それぞれの場合の月末仕掛品原価お
よび当月完成品原価を求めてみよう。なお、材料は工程の始点ですべて投入されて
いる。

〈 資料 〉

・当月の生産量

月初仕掛品	200個（加工進捗度50％）
当月投入	800個
合　計	1,000個
月末仕掛品	400個（加工進捗度50％）
当月完成品	600個

・当月の原価

月初仕掛品直接材料費	200千円
月初仕掛品加工費	100千円
当月投入直接材料費	1,000千円
当月投入加工費	700千円

① **平均法**

　総合原価計算の問題では、次のように材料費と加工費それぞれの箱図を書いて考
えるとわかりやすい。加工費の箱図は換算数量で記入することに注意する。

直接材料費

月初仕掛品
200個
200千円

当月完成品
600個

当月投入
800個
1,000千円

月末仕掛品
400個

加工費

月初仕掛品
200個×50%＝100個
100千円

当月完成品
600個

当月投入
600個＋200個－100個
＝700個（差引）
700千円

月末仕掛品
400個×50%＝200個

月末仕掛品直接材料費＝(200千円＋1,000千円)÷
(600個＋400個)×400個
＝480千円
完成品直接材料費＝(200千円＋1,000千円)－480千円
＝720千円

月末仕掛品加工費＝(100千円＋700千円)÷
(600個＋200個)×200個
＝200千円
完成品加工費＝(100千円＋700千円)－200千円
＝600千円

月末仕掛品原価＝480千円＋200千円＝680千円
当月完成品原価＝720千円＋600千円＝1,320千円

② 先入先出法

先入先出法では、次のような箱図を書くことで月末仕掛品原価と当月完成品原価を計算することができる。

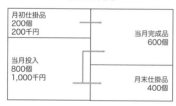
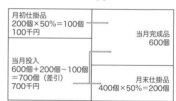

直接材料費

月初仕掛品
200個
200千円

当月完成品
600個

当月投入
800個
1,000千円

月末仕掛品
400個

加工費

月初仕掛品
200個×50%＝100個
100千円

当月完成品
600個

当月投入
600個＋200個－100個
＝700個（差引）
700千円

月末仕掛品
400個×50%＝200個

月末仕掛品直接材料費＝1,000千円÷800個×400個
＝500千円
完成品直接材料費＝(200千円＋1,000千円)－500千円
＝700千円

月末仕掛品加工費＝700千円÷700個×200個
＝200千円
完成品加工費＝(100千円＋700千円)－200千円
＝600千円

月末仕掛品原価＝500千円＋200千円＝700千円
当月完成品原価＝700千円＋600千円＝1,300千円

R05-10 ## (5) 仕損、減損が存在する場合の総合原価計算（度外視法）

仕損とは、製造過程において失敗が生じ、不合格品が発生することをいう。**減損**とは、加工中に蒸発やガス化などによって原料が消失することをいう。また、これらの発生に伴い消費された原価をそれぞれ**仕損費、減損費**という。

仕損（減損）費は、その発生が通常発生する程度の正常な発生原因による**正常仕損（減損）**か、異常な発生原因による**異常仕損（減損）**かによって、処理が異なる。正常仕損（減損）費は、合格品を生産するために生じたコストと考え、完成品や月末仕掛の原価に負担させる。異常仕損（減損）費は、製造原価から除外し非原価項目として処理する。なお、仕損と減損の基本的な処理は同じであるため、以降は減損の場合を前提に説明する。

正常減損費の処理方法には、正常減損費を分離計算せずに自動的に合格品の原価

に含める度外視法と、正常減損費を分離計算して後で合格品に配賦する非度外視法がある。原価計算基準では、正常減損費の処理方法として度外視法を原則的な処理方法としているため、以下では、度外視法による正常減損費の処理について説明する。

①負担関係の判断

正常減損費の負担関係として、当月完成品と月末仕掛品の両者に負担させる方法と、当月完成品にのみ負担させる方法があり、まずこれを判断する。月末仕掛品の加工進捗度が正常減損費の発生点に到達している場合は、当月完成品と月末仕掛品の両者に負担させ、到達していない場合は、当月完成品にのみ負担させる。

> 月末仕掛品の進捗度 ≧ 正常減損費の発生点 ⇒ (a) 両者負担
> 月末仕掛品の進捗度 ＜ 正常減損費の発生点 ⇒ (b) 当月完成品のみ負担

②製造費用の配分

(a) 両者負担の場合

正常減損数量を無視して製造費用を配分することで、自動的に当月完成品と月末仕掛品に正常減損費が配分される。

【 度外視法・両者負担の場合 】

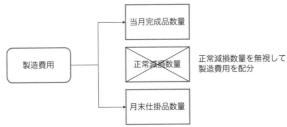

(b) 当月完成品のみ負担の場合

正常減損数量を当月完成品数量に含めて製造費用を配分することで、当月完成品にのみ正常減損費が配分される。

【 度外視法・当月完成品のみ負担の場合 】

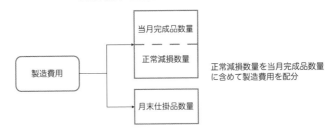

(1) 実際原価計算

　実際原価計算とは、製品または用役の製造及び販売のために、実際に消費された原価を計算する方法である。過去の一定期間における損益ならびに期末における財政状態を財務諸表に表示するために、必要な真実の原価を集計することが中心となる。

(2) 標準原価計算

　標準原価計算は、製品のコストダウンを図るために工夫された原価計算である。標準原価計算は目標値の標準原価と実際値である実際原価とを比較して、両者の差から無駄を見つけコストダウンにつなげる。

　たとえば、陸上選手は、1,500mを5分という目標を達成したら、次は4分台の目標を目指し練習するというように、レースでよい結果を出すために、目標を立てて練習する。

　標準原価計算も、企業が目標値の標準原価を設定し、生産工程の改善や資材購買先との交渉により目標を達成したら、さらなる目標値を設定し、生産活動の効率化を図る。

H19-08
　原価計算は「価格×消費量」として計算される。実際原価は「実際価格×実際消費量」で計算され、「予定価格×実際消費量」で計算することもある。

　つまり、実際の消費量にもとづいて計算された原価が実際原価となる。標準原価計算は、標準消費量を用いて標準原価を計算する。

(3) 標準原価計算の手順

　次の例題を解答しながら標準原価計算を学習しよう。
　[例題]

> 　A社の第2製造部では部品Xを製造している。先日報告された、先月の実際原価発生額は、直接材料費3,450,000円（＝250円／個×13,800個）、直接労務費1,470,000円（＝1,400円／時×1,050時間）、製造間接費2,100,000円、合計で7,020,000円であった。先月の実際生産量は1,000個で、部品Xの実際原価は7,020円／個である。また、部品Xの標準原価カードは下図のとおりである。
>
> 　なお、製造間接費は変動予算を用いて分析し、能率差異は（実際直接作業時間－標準直接作業時間）×「標準配賦率」で計算する。変動予算は、変動費率が850円／時、固定費が1,155,000円（月額）、基準操業度が1,155時間である。

【 標準原価カード 】

直接材料費	230円／個	14個	3,220円
直接労務費	1,250円／時間	1時間	1,250円
製造間接費	1,850円／時間	1時間	1,850円
部品X1個当たりの標準製造原価			6,320円

① 原価標準の算定

会計年度の初めに製品1個当たりの標準原価を設定する。これを**原価標準**といい、完成単位原価をあらかじめ決めていることが特徴である。原価標準を製品ごとにまとめた資料を**標準原価カード**という。

(a) 標準直接材料費の決定

標準直接材料費は「標準価格×標準消費量」で求める。企業が材料1個を230円で購入した場合、標準価格は230円／個となる。また、標準消費量は製品単位当たりの目標消費量で、部品Xは1単位当たり14個の材料消費が目標となっている。

(b) 標準直接労務費の決定

標準直接労務費は「標準賃率×標準作業時間」で求める。標準原価カードを見ると、標準賃率は1,250円／時間、部品Xを1個作るのに必要な作業時間は1時間となる。標準直接労務費は「1,250円／時間×1時間＝1,250円」となる。

(c) 標準間接費の決定

標準間接費は「標準配賦率×標準基準（時間・数量など）」で求める。ここでは「1,850円／時間×1時間＝1,850円」となる。なお、標準配賦率は「変動費率＋（固定費÷基準操業度）」で求める。

【 標準配賦率の算出 】

$$標準配賦率＝変動費率850円／時間＋\frac{固定費予算額（月額）1,155,000円}{基準操業度1,155時間}$$
$$＝1,850円／時間$$

② 当月標準原価の計算

期首に原価標準を算定し、原価計算期間に入り当月生産量が判明したら、当月標準原価を計算する。

6,320円／個（原価標準）×1,000個（当月の生産量）＝6,320,000円（当月標準原価）

③ 差異の把握

月末に実際原価が集計され、標準原価と実際原価の差額が差異となる。

6,320,000円（標準原価）− 7,020,000円（実際原価）＝△700,000円（差異）

　差異の700,000円は、標準原価どおりであれば、700,000円のコストダウンの可能性を示している。毎月、毎月、月別処理を繰り返し、期末に12ヵ月分の差異を処理する。

【 標準原価計算の手順 】

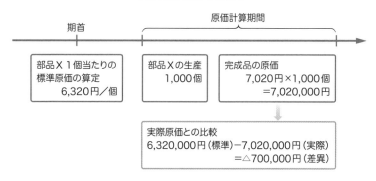

⑷ 標準原価差異の分析

　標準原価差異には次のようなものがある。標準原価計算では、差異の総額を知るだけでは原価管理に役立てることはできない。そのため、差異の発生原因を把握することが必要である。差異の原因把握により、有効な対策を考えることができる。

【 標準原価差異の分析 】

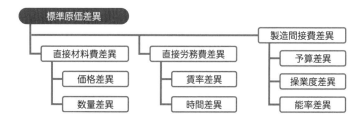

R01-09
H28-07
H25-10

① 直接材料費差異

　直接材料費差異は、価格差異と数量差異に分けて分析する。直接材料費差異と直接労務費差異の分析には、箱図を使用する。次の箱図に数値を記入しながら分析しよう。

　⒜ 価格差異
　価格差異における不利差異は、材料を高い価格で購入したことによる材料費の超過額を表している。価格差異は材料価格の相場変動により発生する。

　⒝ 数量差異
　数量差異における不利差異は、材料を多く消費したことによる材料費の超過額

を表している。数量差異は工具の失敗や機械の不良などにより発生する。

【 箱図による直接材料費差異の分析 】

（ア）　材料標準消費量：14個×1,000個＝14,000個

（イ）　標準直接材料費：@230円×14,000個＝3,220,000円

（ウ）　直接材料費総差異：3,220,000円－3,450,000円＝△230,000円

（エ）　数量差異：(14,000個－13,800個)×@230円＝46,000円

（オ）　価格差異：(@230円－@250円)×13,800個＝△276,000円

② 直接労務費差異

（a）賃率差異

賃率差異における不利差異は、高い賃率になったことによる労務費の超過額を表している。賃率差異は賃金水準の変動などにより生じる。

（b）時間差異

時間差異における不利差異は、作業時間がかかりすぎたことによる労務費の超過額を表している。具体的には、工員や監督の怠慢、作業上の失敗などがある。

【 箱図による直接労務費差異の分析 】

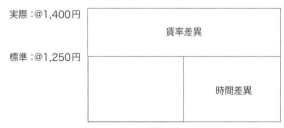

（ア）　直接作業時間：1時間×1,000個＝1,000時間

（イ）　標準直接労務費：@1,250円×1,000時間＝1,250,000円

（ウ）　直接労務費総差異：1,250,000円－1,470,000円＝△220,000円

（エ）　時間差異：(1,000時間－1,050時間)×@1,250円＝△62,500円

（オ）　賃率差異：(@1,250円－@1,400円)×1,050時間＝△157,500円

(5) 製造間接費差異の分析

　製造間接費差異は、予算差異、操業度差異、能率差異を分析する。製造間接費の分析には、シュラッター＝シュラッターの図を用いる。

　記入の順番は、①固定費予算、②基準操業度、③変動費・固定費の配賦率の算定となる。年間データの場合、月間データに修正して計算することが必要である。

① 予算差異と操業度差異

　予算差異は製造間接費の実際発生額と、実際直接作業時間に許容された製造間接費予算との差異である。また、**操業度差異**とは、実際作業時間が基準操業度に達しないときなどに生じる。操業度差異が不利差異の場合、実際作業時間が基準操業度を下回ったために生じた製造間接費の配賦不足を表している。原因は、需要が減少したことによる受注不足、機械の故障などによる生産停止などである。

② 能率差異

　能率差異は、不能率が発生したため製造間接費が無駄になったときなどに発生する。

【 シュラッター＝シュラッターの図 】

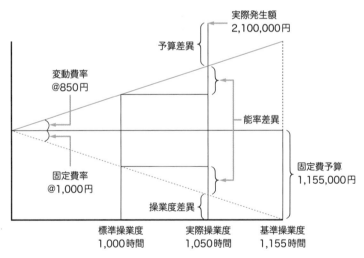

- （ア）　固定費率：@1,850円－@850円＝@1,000円
- （イ）　標準操業度：1時間×1,000個＝1,000時間
- （ウ）　製造間接費総差異：@1,850円×1,000時間－2,100,000円
　　　　　　　　　　　　　　　　　　　　　　　　　＝△250,000円
- （エ）　予算差異：@850円×1,050時間＋1,155,000円－2,100,000円
　　　　　　　　　　　　　　　　　　　　　　　　　＝△52,500円
- （オ）　能率差異：(1,000時間－1,050時間)×@1,850円＝△92,500円
- （カ）　操業度差異：(1,050時間－1,155時間)×@1,000円＝△105,000円

4 全部原価計算と直接原価計算

(1) 全部原価計算

H28-06

全部原価計算とは、製品製造にかかるすべての原価を計算し、個別の製品に割り振って（賦課して）いく計算方法である。

全部原価計算は、財務会計・税務会計における売上原価の計算や棚卸資産の評価を行う目的で用いられる。一般的には実際原価計算（総合原価計算・個別原価計算）が用いられる。しかし、製品単位当たり製造原価の算出において、固定費の配賦額が売上高予算により異なるため、固定費の配賦額によって単位当たり利益も変動する。そのため全部原価計算は、利益計画や原価管理には用いにくいという問題点がある。

(2) 直接原価計算の概要

直接原価計算は、費用を変動費と固定費に分解し、製品別に売上高から変動費を控除して限界利益を求め、製品別の限界利益の合計額から固定費を一括控除して純利益を算出する。

図表は、製造原価の分類図である。全部原価計算では、変動製造原価も固定製造原価もすべて「製品原価」として考え、製品1つ1つに配賦していた。

直接原価計算では、変動製造原価だけを製品原価として扱い、固定費は期間原価としている。直接原価計算の考え方では、製品製造のために発生した原価は、変動製造原価であり、固定製造原価は製品製造のために発生した原価ではないと考えて計算する。

たとえば、直接材料費は製品を製造すれば必ず発生する。しかし、固定製造原価に含まれる機械の減価償却費は、時間の経過とともに発生するため、製品製造のために発生した原価とは考えない。

【 全部原価計算と直接原価計算の関係 】

全部原価計算		直接原価計算
製品原価	直接材料費 → 直接労務費 → 変動間接費 → 変動製造原価	製品原価
	固定間接費 → 固定製造原価	期間原価

(3) 全部原価計算と直接原価計算の損益計算書

R04-12
H24-09
H21-10

全部原価計算では、売上高から売上原価を控除し、売上総利益を求め、販売費及び一般管理費を控除し営業利益を求める。一方、直接原価計算では売上高から変動費を控除し、限界利益を算出し、固定費を控除して営業利益を算出する。

直接原価計算の損益計算書で**変動製造マージン**は、売上高から変動売上原価を差し引いて算出した利益である。これは**変動製造差益**とも呼ばれる。

　当期に発生した固定製造原価は期間原価として処理されるため、固定費の項目に記載される。

【 全部原価計算と直接原価計算の損益計算書 】

全部原価計算		直接原価計算	
Ⅰ. 売上高	×××	Ⅰ. 売上高	×××
Ⅱ. 売上原価	×××	Ⅱ. 変動売上原価	×××
売上総利益	×××	変動製造マージン	×××
Ⅲ. 販売費及び一般管理費	×××	Ⅲ. 変動販売費	×××
営業利益	×××	限界利益	×××
		Ⅳ. 固定費	
		製造原価	×××
		固定販管費	×××
		営業利益	×××

⑷ 直接原価計算のメリット・デメリット

　直接原価計算のメリットは、製品別・地域別・得意先別などの業績を評価するのに役立つことである。デメリットは、在庫品の原価を変動費で計算することは、財務会計や税務会計では認められていないことである。一般的に、直接原価計算はCVP分析と合わせて内部管理目的で使われる。

H25-07 ## ⑸ 生産量が期間利益に及ぼす影響

　全部原価計算を採用していると、販売量よりも生産量が上回る場合、製品1単位当たりの固定費は減少する。製品1単位当たりの固定費が減少すると、販売量が同じでも製品1単位当たりの原価が減少する。原価が減少することは、利益が増加することを意味する。

　直接原価計算の場合には、生産量が販売量を上回っても、製品原価は変動費のみで構成されているため、製品1単位当たりの原価は変化しない。

　次の図表を見ると、製品の販売量が3個と変わらないときに、生産量が5個から10個へと倍増すると、生産個数によって固定費が各製品へ配賦されることにより、製品1単位当たりの固定費額が20円から10円へと小さくなる。

　すると、販売量が変化していないのに、利益が増加する。売れ残りは、棚卸資産の増加につながる。

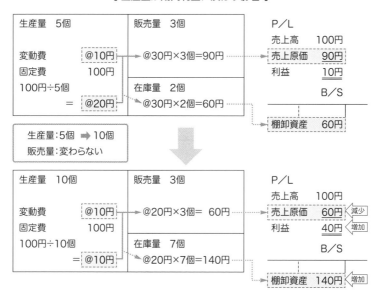

【 生産量が期間利益に及ぼす影響 】

生産量　5個	販売量　3個	P／L
変動費　　　@10円	@30円×3個=90円 →	売上高　　　100円
固定費　　　100円		売上原価　　90円
100円÷5個		利益　　　　10円
＝　　　@20円	在庫量　2個	B／S
	@30円×2個=60円	棚卸資産　60円

生産量：5個 ➡ 10個
販売量：変わらない

生産量　10個	販売量　3個	P／L
変動費　　　@10円	@20円×3個= 60円 →	売上高　　　100円
固定費　　　100円		売上原価　　60円〈減少〉
100円÷10個		利益　　　　40円〈増加〉
＝　　　@10円	在庫量　7個	B／S
	@20円×7個=140円	棚卸資産　140円〈増加〉

5 全部原価計算と直接原価計算の相違点

　直接原価計算では、棚卸資産原価は変動製造原価のみで計算される。そのため勘定連絡が全部原価計算と異なる。次の例題を解答しながら理解しよう。

[例題]

　次のデータにもとづき全部原価計算と直接原価計算の貸借対照表を作成しよう。ここでは勘定連絡がどのようになるかを把握しよう。

〈 データ：単位は省略 〉

直接材料費80、直接労務費70、製造間接費80（内、固定費30）、販売費及び一般管理費40（内、固定費15）、仕掛品の期首在庫60（内、固定費20）、仕掛品の期末在庫90（内、固定費30）、製品の期首在庫50（内、固定費20）、製品の期末在庫40（内、固定費30）、当期の売上高400

(1) 直接原価計算方式の勘定連絡

① 仕掛品（変動費）の処理

　直接原価計算では仕掛品はすべて変動費である。そこで、データにある製造間接費80から固定費30を控除した、50を仕掛品とする。直接材料費80と直接労務費70は変動費のため仕掛品とする。3つの費用の合計は200となり、当期の仕掛品発生額となる。

　仕掛品の期首在庫は60から固定費の20を控除した40となる。また、期末在庫は90から固定費の30を控除した60となるため、完成品は180となる。

② 製品（変動費）の処理

　製品の期首在庫は 50 から固定費の 20 を控除した 30 となる。また、期末在庫は 40 から固定費の 30 を控除した 10 となる。完成品が 180 のため、売上原価は 200 となる。直接原価計算方式のため、売上原価は変動売上原価である。

③ 損益の計算

　当期の売上高は 400 である。ここから、変動売上原価 200、変動販管費の 25 と固定販管費の 15、固定製造間接費 30 を控除する。すると営業利益 130 が算出される。

【 直接原価計算方式の勘定連絡図 】

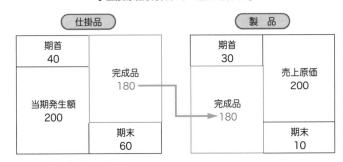

① 　期首の仕掛品の計算
　　直接原価計算方式の期首仕掛品在庫40
　　　　＝仕掛品の期首在庫60－固定費20
② 　当期の仕掛品の計算
　　直接原価計算方式の製造間接費50
　　　　＝製造間接費80－固定費30
　　直接原価計算方式の当期仕掛品発生額200
　　　　＝直接材料費80＋直接労務費70＋製造間接費50
③ 　当期の完成品の計算
　　直接原価計算方式の期末仕掛品60
　　　　＝仕掛品の期末在庫90－固定費30
　　直接原価計算方式の完成品180
　　　　＝期首仕掛品40＋当期仕掛品発生額200－期末仕掛品60＝完成品180
④ 　期首の製品の計算
　　直接原価計算方式の期首製品在庫30
　　　　＝製品の期首在庫50－固定費20
⑤ 　当期の売上原価の計算
　　直接原価計算方式の期末製品10
　　　　＝製品の期末在庫40－固定費30
　　直接原価計算方式の売上原価200
　　　　＝完成品180＋期首製品30－期末製品10

(2) 全部原価計算方式の勘定連絡

① 仕掛品の処理

全部原価計算では製造間接費は製造原価に含める。仕掛品は、データにある製造間接費80と、直接材料費80、直接労務費70とする。3つの費用の合計は230となり、当期の仕掛品発生額となる。仕掛品の期首在庫は60、期末在庫は90のため、完成品は200となる。

② 製品の処理

製品の期首在庫は50、期末在庫は40となる。完成品が200のため、売上原価は210となる。

③ 損益の計算

当期の売上高は400である。ここから、売上原価210、変動販管費の25と固定販管費の15を控除する。すると営業利益150が算出される。

【 全部原価計算方式の勘定連絡図 】

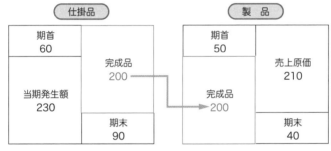

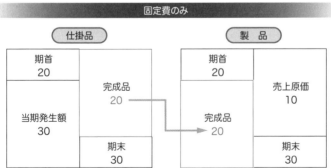

① 当期の完成品の計算

完成品200

＝仕掛品の当期発生額230＋期首仕掛品60－期末仕掛品90

② 当期の売上原価の計算

売上原価210

＝完成品200＋期首製品50－期末製品40

(3) **直接原価計算と全部原価計算の営業利益**

　営業利益が異なる理由は、直接原価計算と全部原価計算では、固定製造原価（製造固定費）の取り扱いが異なるからである。全部原価計算の勘定連絡図の仕掛品勘定と製品勘定の固定製造原価部分と変動製造原価部分を上下に分けた。すると、変動部分は直接原価計算の方法と同じになる。

　全部原価計算では、固定製造原価のうち売上原価に含まれる金額のみを当期に費用化するのに対して、**直接原価計算**では当期に発生した固定製造原価を当期中にすべて費用化するからである。

(4) 固定費調整の計算方法

　現行の原価計算制度では、直接原価計算による財務諸表の外部報告は認められない。そのため、企業内部で直接原価計算を採用した場合には、外部報告のために修正が必要となる。

　修正する際には、次の公式を用いる。この公式は費用の増加が利益を減少させることに着目している。公式に当てはめて算出すると、全部原価計算の営業利益が算出される。例えば前記〔例題〕で直接原価計算の営業利益が130の場合、全部原価計算の営業利益は150になる。

【 固定費調整の公式 】

全部原価計算の 営業利益	=	直接原価計算の 営業利益	+	期末在庫品に 含まれる 製造固定費	−	期首在庫品に 含まれる 製造固定費

全部原価計算の営業利益150
　＝直接原価計算の営業利益130
　＋期末在庫品に含まれる製造固定費（30＋30）
　−期首在庫品に含まれる製造固定費（20＋20）

6　その他の原価計算

(1) **連産品**

　連産品とは、同一工程において、同一原料から必然的に生産される、相互に重要な経済的価値をもつ2種以上の製品をいう。各種製品に分離されるまでに共通に発生した原価を**連結原価（結合原価）**といい、各連産品に配賦する必要がある。

(2) **活動基準原価計算 (Activity-Based Costing)**

　活動基準経営管理（ABM）の基礎になるもので、間接費をその製品にかかる活動を基準に管理し、間接費の実態に合わせたコスト・ドライバー（配賦基準）により

製品等への配賦計算することで、経営実態に則した製品原価を計算する手法である。

例えば、W社では、出版する書籍Aと書籍Bの作成にかかる人件費の合計が200万円で、執筆時間の合計は400時間、今までのコスト計算では執筆時間をコストの配賦基準にしている。

書籍Aの執筆時間が240時間、書籍Bの執筆時間が160時間のとき、書籍Aのコストは200万円×（240時間÷400時間）＝120万円になり、書籍Bのコストは、200万円×（160時間÷400時間）＝80万円となる。

しかし、実際の執筆に取りかかる前の準備として、取材や会議に時間がかかっているならば、取材や会議にかかる時間や回数を把握し、人件費の200万円を活動単位ごと（執筆活動に100万円、取材活動に60万円、編集会議に40万円）に配分する。

その後で、書籍Aの作成にかかっている時間（執筆活動240時間、取材活動20時間、編集会議回数1回）と、書籍Bの作成にかかっている時間（執筆活動160時間、取材活動80時間、編集会議回数4回）ごとに配分して、書籍ごとのコストを算出する。

書籍Aの作成にかかるそれぞれのコストは、執筆活動コスト＝100万円×（240時間÷400時間）＝60万円、取材活動コスト＝60万円×（20時間÷100時間）＝12万円、編集会議コスト＝40万円×（1回÷5回）＝8万円で、合計すると80万円となる。同様に書籍Bの作成コストを計算し合計すると120万円となり、実は高コストであることが判明する。

厳選!! **必須テーマ [○・×] チェック**──第5章──

過去 23 年間（平成 13 ～令和 5 年度）**本試験出題の必須テーマから厳選！**

■■■ **問題編** ■■■　　　　　**Check!!**

問1 (R04-06改題)　　　　　　　　　　　　　　　　　　　　　[○・×]
　売上債権に対する貸倒引当金繰入は、原価計算における非原価項目である。ただし、正常なものであるとする。

問2 (H28-06)　　　　　　　　　　　　　　　　　　　　　　　[○・×]
　原価計算基準上の原価のうち、総原価とは製造原価の合計額のことをいう。

問3 (H27-07)　　　　　　　　　　　　　　　　　　　　　　　[○・×]
　個別原価計算における売上原価は、完成して引き渡した製品の製造原価を合計したものになる。

問4 (H23-10)　　　　　　　　　　　　　　　　　　　　　　　[○・×]
　特定の製品を単一工程で大量生産しており、材料はすべて工程の始点で投入している場合、原価を直接材料費と加工費に分けるならば、加工進捗度に応じて発生する原価は加工費のみである。

問5 (H28-06)　　　　　　　　　　　　　　　　　　　　　　　[○・×]
　原価計算基準における実際原価は、実際に発生した原価であって、予定価格が使われることはない。

問6 (H15-10)　　　　　　　　　　　　　　　　　　　　　　　[○・×]
　直接材料費の差異分析では「数量差異＝標準価格×（標準消費数量－実際消費数量）」である。

問7 (H24-09)　　　　　　　　　　　　　　　　　　　　　　　[○・×]
　直接原価計算を用いた事業部の業績評価では「セグメントとしての事業部が、各事業部に共通的に発生する固定費を回収し、さらに利益を獲得する」という考え方を基本にしている。

問8 (R02-14)　　　　　　　　　　　　　　　　　　　　　　　[○・×]
　活動基準原価計算（ABC）で用いられる「活動」は、コスト・ドライバーと呼ばれる。

問1　×：売上債権に対する貸倒引当金繰入は、販売費及び一般管理費として総原
　　　　　価を構成するため、原価項目である。

問2　×：原価計算基準上の総原価には、販売費及び一般管理費も含める。

問3　○：設問文のとおり。

問4　○：加工費は、加工が進むほど増えるため、加工進捗度に応じて発生する。
　　　　　しかし、材料は、すべて工程の始点で投入しているため、直接材料費の
　　　　　発生は加工進捗度に関わらない。

問5　×：原価計算基準では「実際原価は、厳密には実際の取得価格をもって計算
　　　　　した原価の実際発生額であるが、原価を予定価格等をもって計算しても、
　　　　　消費量を実際によって計算する限り、それは実際原価の計算である」と
　　　　　している。

問6　○：設問文のとおり。

問7　○：設問文のとおり。

問8　×：コスト・ドライバーは「配賦基準」である。

■■■ 問題編 ■■■

労務費に関する次の資料に基づいて、製造原価明細書の空欄AとBに入る数値の計算式の組み合わせとして、最も適切なものを下記の解答群から選べ。

賃金：期首未払高3,600千円　当期支払高11,100千円　期末未払高2,500千円

製造原価明細書

(単位：千円)

Ⅰ	原 材 料 費	（　　　）
Ⅱ	労　務　費	A
Ⅲ	経　　　　費	（　　　）
	当 期 総 製 造 費 用	B
	期首仕掛品たな卸高	8,200
	合　　　計	（　　　）
	期末仕掛品たな卸高	7,900
	当期製品製造原価	37,100

〔解答群〕

ア　A：11,100 + 2,500 − 3,600　　B：37,100 + 7,900 − 8,200
イ　A：11,100 + 2,500 − 3,600　　B：37,100 + 8,200 − 7,900
ウ　A：11,100 + 3,600 − 2,500　　B：37,100 + 7,900 − 8,200
エ　A：11,100 + 3,600 − 2,500　　B：37,100 + 8,200 − 7,900

解答：ア

製造原価明細書の記載内容を問う出題である。

製造原価明細書の当該部分を作成するのに必要な勘定関連図は次のとおりである。

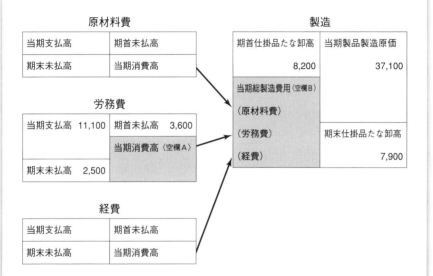

原材料費

当期支払高	期首未払高
期末未払高	当期消費高

労務費

当期支払高 11,100	期首未払高 3,600
	当期消費高〈空欄A〉
期末未払高 2,500	

経費

当期支払高	期首未払高
期末未払高	当期消費高

製造

期首仕掛品たな卸高 8,200	当期製品製造原価 37,100
当期総製造費用〈空欄B〉	
（原材料費）	
（労務費）	期末仕掛品たな卸高 7,900
（経費）	

よって、空欄A、空欄Bの数値は以下の計算式により算出することとなる。

空欄A＝当期支払高＋期末未払高－期首未払高

　　　＝11,100＋2,500－3,600＝10,000

空欄B＝当期製品製造原価＋期末仕掛品たな卸高－期首仕掛品たな卸高

　　　＝37,100＋7,900－8,200＝36,800

よって、アが正解である。

■■■ 問題編 ■■■

当工場の以下の資料に基づき、平均法による月末仕掛品原価として、最も適切なものを下記の解答群から選べ。なお、材料は工程の始点ですべて投入されており、減損は工程の終点で発生している。また、月末仕掛品原価の計算は度外視法によるものとする。

【資料】

(1) 当月の生産量

月 初 仕 掛 品	200kg	（ 50%）
当 月 投 入	400kg	
合　　　計	600kg	
正 常 減 損	100kg	(100%)
月 末 仕 掛 品	200kg	（ 50%）
当 月 完 成 品	300kg	

※カッコ内は加工進捗度である。

(2) 当月の原価

	直接材料費	加工費
月初仕掛品	30,000円	18,000円
当 月 投 入	120,000円	84,000円
合　　　計	150,000円	102,000円

〔解答群〕

ア　70,400円

イ　81,000円

ウ　85,500円

エ　108,000円

解答：ア

総合原価計算に関する出題である。

まず、正常減損費の負担関係を判断する。問題文に「減損は工程の終点で発生している」とあるため、正常減損費の発生点は100%である（資料からも読み取れる）。一方、資料より月末仕掛品の加工進捗度は50%である。よって、月末仕掛品の加工進捗度50%＜正常減損費の発生点100%であるため、正常減損費を当月完成品のみに負担させる。

次に、製造費用を配分する。直接材料費および加工費の配分について、箱図で表すと次のとおりである。問題文より、減損の処理方法は度外視法であり、正常減損費を当月完成品にのみ負担させることが読みとれるため、正常減損数量を当月完成品数量に含めて計算する。

<table>
<tr><th colspan="2">直接材料費</th><th colspan="2">加工費</th></tr>
<tr>
<td>月初仕掛品
200kg
30,000円</td>
<td rowspan="2">当月完成品300kg
＋
正常減損100kg</td>
<td>月初仕掛品
200kg×50%＝100kg
18,000円</td>
<td>当月完成品300kg
＋
正常減損
100kg×100%＝100kg</td>
</tr>
<tr>
<td rowspan="2">当月投入
400kg
120,000円</td>
<td>当月投入
(300kg＋100kg)
＋100kg－100kg
＝400kg
(差引)
84,000円</td>
<td rowspan="2">月末仕掛品
200kg×50%＝100kg</td>
</tr>
<tr>
<td>月末仕掛品
200kg</td>
</tr>
</table>

上図より、平均法による月末仕掛品原価は、次のとおり計算できる。

$$直接材料費 = (30{,}000円 + 120{,}000円) \times \frac{200kg}{(300kg + 100kg) + 200kg}$$

$$= 50{,}000円$$

$$加工費 = (18{,}000円 + 84{,}000円) \times \frac{100kg}{(300kg + 100kg) + 100kg} = 20{,}400円$$

月末仕掛品原価＝50,000円＋20,400円＝70,400円

よって、アが正解である。

■■■ 問題編 ■■■

　標準原価計算を採用しているB工場の以下の資料に基づき、作業時間差異として、最も適切なものを下記の解答群から選べ。

【資　料】
(1) 原価標準 (抜粋)

　　直接労務費　　　　　300円／時間×6時間 = 1,800円

(2) 当月の生産量

月初仕掛品	40個	（加工進捗度50％）
当月投入	120個	
合計	160個	
月末仕掛品	60個	（加工進捗度50％）
当月完成品	100個	

(3) 当月の実際直接労務費

　　実際賃率　　　　　　310円／時間

　　実際直接作業時間　700時間

〔解答群〕

　ア　不利差異：12,000円

　イ　不利差異：12,400円

　ウ　有利差異：　6,000円

　エ　有利差異：　6,200円

解答：ア

　作業時間差異に関する出題である。作業時間差異は、「（標準直接作業時間－実際直接作業時間）×標準賃率」で算出する。実際直接作業時間は700時間、標準賃率は300円と与えられている。

　標準直接作業時間を算出するために、当月加工量を算出する。

当月加工量＝完成品加工量100個＋月末仕掛品加工量30個（60個×50％）－月初仕掛品加工量20個（40個×50％）＝110個

【当月加工量の算出】

	材料	加工量		材料	加工量
月初	40個	20個	完成	100個	100個
当月	120個	110個	月末	60個	30個

　標準直接作業時間＝110個× 6時間（原価標準）＝660時間

作業時間差異＝（標準直接作業時間660時間－実際直接作業時間700時間）×標準賃率300円＝－12,000円（不利差異）

　よって、アが正解である。

過去23年分 平成13年(2001年)～令和5年(2023年)	
1位	収益性分析
2位	損益分岐点分析
3位	短期安全性分析

直近10年分 平成26年(2014年)～令和5年(2023年)	
1位	収益性分析
2位	損益分岐点分析
3位	長期安全性分析

過去23年間の出題傾向

収益性分析が23回、損益分岐点分析が22回、短期安全性分析が16回、長期安全性分析が15回と、ほぼ毎年出題されている超重要テーマである。生産性分析は、令和4年度の2次試験や令和5年度の1次試験で出題されるなど、出題が増えているので注意が必要である。また、テーマをまたいだ複合的な分析問題が多いことも特徴である。

第 6 章

経営分析の知識

I 収益性・効率性分析

1 経営分析の概要

(1) 財務諸表分析

財務諸表分析は、財務諸表の分析を通して企業の財政状態や経営成績などの良否を判定する。また、包括的な比率を分析し、原因を追究するために分析の範囲を細分化する。試験対策上、財務諸表分析は公式を覚えることが重要である。最低でも本書にある公式は計算できるようにしよう。

(2) 時系列分析と競合他社分析

分析した数値を判断する基準として、①自社の過去と比較して判断する時系列分析、②競合他社と比較する競合他社分析などがある。比率の良し悪しを判断する場合、「自社の過去と比較して悪いのか?」「競合他社と比較して悪いのか?」を明確にする必要がある。

例「総資本回転率が、A社と比較して○○回悪化している。」

根拠となる「A社」を明記することにより、総資本回転率が、A社の数値と比較して悪いことが相手に伝わる。

R01-11
H29-11
H26-10
H26-07
H26-09
H25-05
H22-08
H21-07
H20-11

2 収益性分析

(1) 収益性分析

収益性分析は、投下資本に対して満足な利益を獲得しているか否かを検討する分析である。収益性を測定する基本指標は、「資本利益率」である。

「資本利益率」は算定する「資本」と「利益」に用いる科目が、分析の主体、目的、対象により異なる。用いる利益には、営業利益、経常利益、当期純利益(純利益)がある。

(2) 総資本経常利益率の分解

総資本経常利益率の算出式は、売上高で「売上高経常利益率」と「総資本回転率」に分解できる。分解することで、より詳しい企業の財務諸表分析が可能となる。

分析結果の評価は、「売上高経常利益率」と「総資本回転率」が大きいほど、一般的にはよい企業といえる。

【 公式 】

$$総資本経常利益率（\%）= \frac{経常利益}{総資本} \times 100$$

【 総資本経常利益率の分解 】

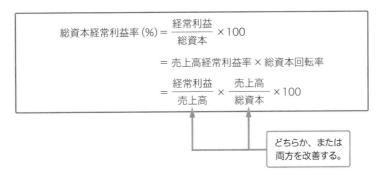

$$総資本経常利益率（\%）= \frac{経常利益}{総資本} \times 100$$
$$= 売上高経常利益率 \times 総資本回転率$$
$$= \frac{経常利益}{売上高} \times \frac{売上高}{総資本} \times 100$$

どちらか、または両方を改善する。

① 総資本経常利益率の分母

　総資本経常利益率の計算では、一般的に期末時点の総資本額を使用する。しかし、より実態に即した計算を行う場合や期首と期末で総資本額が大きく異なるときは、期首総資本額と期末総資本額を平均した値を使用する。

　本試験では、問題文を注意して読み、分母に用いる数値が「1期間の数値」か「平均値の数値」かを判断しよう。総資本に平均値を用いる場合には、期首と期末の総資本を合計して、2で除す。

② 総資本回転率

H27-11

　売上高経常利益率と並んで総資本経常利益率を決定する要因は、総資本回転率である。**総資本回転率**は、資本の運用効率を示す指標である。回転率は、総資本だけでなく、棚卸資産、売上債権、有形固定資産の効率測定にも使われる。

　会社が調達した資本は資産として運用される。貸借対照表で学習したように「総資本の額＝総資産の額」であるため、総資本回転率の算式では資産合計を使用する。

　同じ業界に属するA社とB社の総資本が、ともに100億円で、売上高はA社が200億円、B社が100億円とすると、総資本回転率はA社が2回転、B社が1回転となり、A社のほうが総資本を効率よく利用していると判断される。

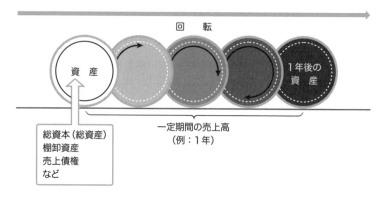

【 回転率と売上高の関係 】

回　転

資　産

1年後の
資　産

総資本（総資産）
棚卸資産
売上債権
など

一定期間の売上高
（例：1年）

③ 総資本経常利益率の改善の方向性

総資本経常利益率を改善するためには、「売上高経常利益率」と「総資本回転率」に分解し、各比率のどちらか、または両方を改善する。注意点は、両方同時の改善が無理な場合は、業種・業態を考えてから改善の方向性を示すことである。

たとえば、百貨店の場合には、利益率の高い商品を扱っているため、利益率を重視し、ディスカウントストアは、店舗の建築にコストをかけず、利益率の低い商品を扱うため、回転率を重視する。

H23-09 **(3) 売上高利益率の分析**

売上高利益率には、①売上総利益を売上高で除した売上高総利益率、②営業利益を売上高で除した売上高営業利益率、③経常利益を売上高で除した売上高経常利益率などがある。

① 売上高総利益率
企業の製品や商品の収益力を示す。

【 公式 】

$$売上高総利益率（\%）= \frac{売上総利益}{売上高} \times 100$$

② 売上高営業利益率
企業の製品や商品の収益力＋販売力や管理力を示す。

【 公式 】

$$売上高営業利益率（\%）= \frac{営業利益}{売上高} \times 100$$

③ 売上高経常利益率

企業の製品や商品の収益力＋販売力や管理力＋資本の調達と運用力を示す。

【 公式 】

$$売上高経常利益率（\%）= \frac{経常利益}{売上高} \times 100$$

⑷ ROE (Return on Equity：自己資本当期純利益率) の概要

株主の持分である株主資本（会社法の下では、管理会計上の自己資本）に対して配当原資となる利益、すなわち当期純利益がどれだけあるかということを示す指標である。

【 公式 】

$$ROE（\%）= \frac{当期純利益}{自己資本} \times 100$$

⑸ ROA (Return on Asset：総資産利益率) の概要

債権者から調達した資本も含めた総資本（＝総資産）に対して、利益がどれだけあるかを示す指標が**ROA**である。分子に使われる利益は目的によって異なるが、一般的に営業利益が使われることが多い。

【 公式 】

$$ROA（\%）= \frac{（営業）利益}{総資産} \times 100$$

⑹ ROEとROAの関係

ROEとROAの関係は、次の式で表すことができる。

【 公式 】

$$ROE = \{ROA +（ROA -負債利子率）\times 負債比率（\frac{他人資本}{自己資本}）\} \times（1 -税率）$$

また、$ROA = \dfrac{当期純利益}{総資産}$ と定義する場合、ROEとROAの関係は、次の式で表すことができる。財務レバレッジは、自己資本比率の逆数である。

【公式】

$$ROE = ROA \times 財務レバレッジ\left(\frac{総資産}{自己資本}\right)$$

3 効率性(活動性)分析

(1) 効率性(活動性)分析

効率性(活動性)分析は、資産などをどの程度効率的に活用して、売上高をあげることができたかを検討する分析である。

(2) 回転率の分析

① 売上債権回転率

売上債権回転率は売上債権の回収効率を示す指標である。売上債権は、受取手形・売掛金の未回収残高である。売上高が増加傾向の企業でも、売上債権が増加している場合には、資金繰りが良好とはいえない。分析結果の単位は(回)である。

【公式】

$$売上債権回転率(回) = \frac{売上高}{売上債権}$$

② 棚卸資産回転率

棚卸資産回転率は、製品や商品などの効率性を示す指標である。棚卸資産には、商品・製品・半製品・仕掛品・原材料・貯蔵品が含まれている。貸借対照表では流動資産に記載される。理論上は、分子に売上原価を用いたほうが望ましいとされる。

【公式①】

$$棚卸資産回転率(回) = \frac{売上高}{棚卸資産}$$

【公式②】

$$棚卸資産回転率(回) = \frac{売上原価}{棚卸資産}$$

③ 有形固定資産回転率

有形固定資産回転率は、有形固定資産の利用効率を示す指標である。有形固定資

産回転率が高ければ、有形固定資産の利用効率が高いことを意味する。有形固定資産の金額の算出では建設仮勘定を除去し、減価償却累計額を控除後の数値を用いることが一般的である。

【公式】

$$有形固定資産回転率（回）＝\frac{売上高}{有形固定資産}$$

(3) 回転期間の分析

　回転率による分析に対して逆数の概念を適用すると「回転期間による分析」になる。回転期間による分析では、回転率による分析の内容を期間の観点から行うことになる。月単位で分析する場合には、各公式の分母の金額を12で除すが、日単位で分析する場合は、分母の金額を365で除す。

【公式】

$$総資本回転期間（月）＝\frac{総資本}{売上高÷12}$$

$$売上債権回転期間（月）＝\frac{売上債権}{売上高÷12}$$

$$棚卸資産回転期間（月）＝\frac{棚卸資産}{売上高÷12}$$

II 安全性分析

安全性分析は、貸借対照表を中心とする分析である。短期の支払能力を測る短期安全性分析、長期の資金調達の健全性を測る長期安全性分析、自己資本と負債の割合を分析する資本構成の安全性分析がある。

1 短期安全性分析

R05-11
R02-11
R02-12
R01-12
H29-12
H26-10
H25-05
H23-09
H21-07
H20-11
H19-09

(1) 流動比率

流動比率は、短期支払能力を測定する指標である。1年以内に資金化できる流動資産と返済しなければならない流動負債とを分析する。たとえば流動比率が200%あれば、仮に流動資産の換金額が半分でも、流動負債の返済が可能である。例えば、自己株式を現金で取得・消却した場合、現金が減って流動比率が悪化し、自己資本が減ってROEが向上する。

【 流動比率 】

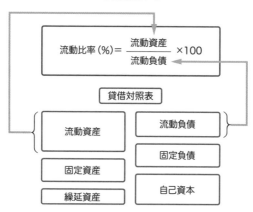

$$流動比率(\%) = \frac{流動資産}{流動負債} \times 100$$

貸借対照表

流動資産	流動負債
固定資産	固定負債
繰延資産	自己資本

※「純資産」は便宜上、「自己資本」としている。

(2) 当座比率

当座比率は、流動比率と同様に、短期支払能力を測定する指標である。ただし、流動比率よりも厳しい観点から短期支払能力を測定する。当座比率は、流動資産内の**当座資産**（現金預金、受取手形、売掛金、有価証券）と、流動負債との比率である。

なお、貸倒引当金がある場合は、売上債権から貸倒引当金を控除して当座資産を求めることが一般的である。また、当座資産の定義を「流動資産から棚卸資産を控除したもの」とする簡便的な方法もある。

【 当座比率 】

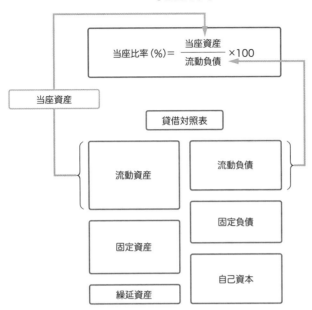

$$当座比率(\%) = \frac{当座資産}{流動負債} \times 100$$

当座資産

貸借対照表

流動資産 ／ 流動負債

固定資産 ／ 固定負債

繰延資産 ／ 自己資本

R05-11
R03-10
R02-11
H29-11
H29-12

2 長期安全性分析

(1) 固定比率

固定比率は固定資産と自己資本との比率で、固定資産投資の安全性を測定する指標である。固定資産投資が自己資本の範囲内であれば、返済義務のない調達源泉で固定資産を賄っていることになるため資金調達面の安全性が高くなる。

100%以下が理想的な目安である。なお、固定比率が高い会社は、固定長期適合率と長期借入金の返済状況の確認が必要である。

【 固定比率 】

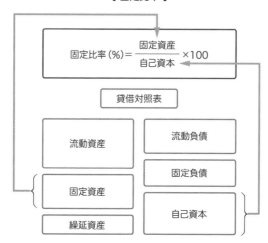

(2) 固定長期適合率

　固定長期適合率は固定資産と自己資本及び固定負債との比率であり、固定比率と同様に、固定資産投資の安全性を測定する指標である。ただし、固定比率よりも緩やかな観点から固定資産投資の安全性を測定する。固定長期適合率が100%を超過している場合には、短期資金が固定資産の投資に使われていることになる。

　固定長期適合率と流動比率は表裏一体の関係にある。貸借対照表を見ると、固定長期適合率の上部が流動比率の構成要素の流動資産と流動負債となる。そのため、流動比率の優れた企業は固定長期適合率もよい数値になる。

【 固定長期適合率 】

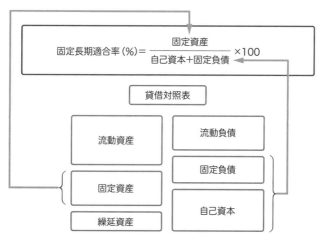

3 資本構成の安全性分析

⑴ 自己資本比率

　自己資本比率は、総資本（流動負債＋固定負債＋自己資本）に占める自己資本の割合を示す。自己資本比率は、企業が調達した資金の安定度を測定する指標である。自己資本は返済義務のない調達源泉であるため、自己資本比率が高いほど資金の安全性が高い企業といえる。

【 自己資本比率 】

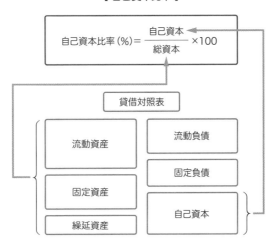

$$自己資本比率（\%）＝\frac{自己資本}{総資本}×100$$

貸借対照表

流動資産	流動負債
固定資産	固定負債
繰延資産	自己資本

⑵ 負債比率

　負債比率は、自己資本比率と同様に、企業が調達した資金の安定度を測定する指標である。負債比率が低いほど安全性は高く、他人資本の返済が保証される。

【 負債比率 】

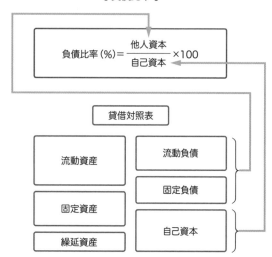

$$負債比率(\%)=\frac{他人資本}{自己資本}\times100$$

貸借対照表

流動資産	流動負債
固定資産	固定負債
繰延資産	自己資本

4 その他安全性分析 Ⓑ

⑴ インタレスト・カバレッジ・レシオ

　　インタレスト・カバレッジ・レシオは、事業利益（営業利益および金融収益）を
金融費用で除して求める。これは、本業の利益である営業利益に対する金融費用の
影響を示す指標である。

　　この比率は高いほどよい。有利子負債が少なければ支払利息が少なくなり、支払
利息が少なければインタレスト・カバレッジ・レシオは高くなる。

　　分子を「営業利益＋受取利息＋受取配当金＋有価証券利息」とする場合もある。
また、分母の金融費用には、支払利息以外に、社債利息、売上割引、手形売却損な
どが含まれる。

【 インタレスト・カバレッジ・レシオ 】

┌───┐
│   インタレスト・カバレッジ・レシオが低くなる要因   │
└───┘

┌──────────────────────┐   ┌──────────────────────┐
│   有利子負債が多い   │   │   事業の利益が少ない   │
└──────────────────────┘   └──────────────────────┘

```
               比率が1倍以下の状態
```

┌───┐
│ 事業の利益が金融費用をカバーできない ➡ 危険な状態 │
└───┘

【公式】

$$\text{インタレスト・カバレッジ・レシオ（倍）} = \frac{\text{営業利益＋受取利息＋受取配当金}}{\text{金融費用}}$$

III 生産性分析

1 生産性分析の概要

(1) 生産性

生産性とは、生産の効率の度合いを示す指標である。ある単位期間に生産される生産物の総量（アウトプット）を、その期間に投入された生産要素の総量（インプット）で除した値で示される。

アウトプットは、経営資源の投入の結果、生み出された「付加価値」である。インプットは企業にある、「人・モノ・カネ・情報」などの経営資源である。

(2) 付加価値の計算

付加価値は、企業活動によって新たに生み出された価値である。付加価値に統一された定義はないが、一般的には以下のように考える。

① 控除する考え方

売上高から外部購入価値を控除することで求める。外部購入価値には、材料費、購入部品費、外注加工費、外部用役費（荷造運送費・梱包費・燃料費・電力費など）、商品仕入高、業務委託費などが該当する。

【 控除する考え方 】

$$付加価値 = 売上高 - 外部購入価値$$

② 積み上げる考え方

付加価値を生み出す項目を加算することにより求める。

【 積み上げる考え方 】

$$付加価値 = 経常利益 + 労務費 + 人件費 + 支払利息及び手形売却損 - 受取利息配当金 + 賃借料 + 租税公課 + 減価償却費$$

※人件費には、給与のほか、賞与、退職金、法定福利費などが含まれる。

214

2 生産性分析

生産性は「労働生産性」と「資本生産性」によって測定される。本書では「労働生産性」を中心に学習する。

【 生産性分析 】

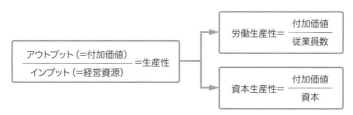

(1) 労働生産性 (付加価値労働生産性)

付加価値を生み出す最大の原動力は労働力である。**労働力の生産性**は従業員1人当たり付加価値によって測定される。

従業員の変動が大きい場合には、平均従業員数で計算する。平均従業員数は、(期首従業員数＋期末従業員数)÷2によって計算される。労働生産性は数値が大きいほどよいとされる。

(2) 労働生産性の分解分析

R05-12
H30-10
H24-10

労働生産性に影響を与えている原因を細分化して追究するために、式を分解する方法がある。

【 労働生産性の分解分析 】

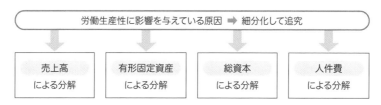

① 売上高による分解

売上高による分解は公式のとおりである。「従業員1人当たり売上高」も「付加価値率」も高いほどよい。売上高が増加傾向のときには、受注に対応するためアウトソーシングを多用するようになる。そこで付加価値率を分析して、外部購入価値が上昇していないかをチェックする。

【公式】

$$労働生産性 = 従業員1人当たり売上高 × 付加価値率$$

$$\frac{付加価値}{従業員数} = \frac{売上高}{従業員数} × \frac{付加価値}{売上高}$$

② 有形固定資産による分解

有形固定資産による分解は公式のとおりである。**労働装備率**により、従業員1人当たり有形固定資産がわかる。**設備生産性**は設備の利用効率を示し、時系列分析、競合他社分析をすると有効である。なお、**労働装備率**は資本装備率とも呼ばれる。**設備生産性**は、資本生産性、設備投資効率とも呼ばれる。

【公式】

$$労働生産性 = 労働装備率 × 設備生産性$$
$$= 労働装備率 × 有形固定資産回転率 × 付加価値率$$

$$= \frac{有形固定資産}{従業員数} × \frac{付加価値}{有形固定資産}$$

$$= \frac{有形固定資産}{従業員数} × \frac{売上高}{有形固定資産} × \frac{付加価値}{売上高}$$

③ 総資本による分解

総資本による分解は公式のとおりである。**資本集約度**は、従業員1人当たりの資本である。

総資本を増加させれば、資本集約度が改善し、計算上は労働生産性が改善する。しかし、総資本が増加するだけでは、総資本回転率が低下するため、資本集約度の増加とともに売上高と付加価値額も増加させる必要がある。

【公式】

$$労働生産性 = 資本集約度 × 総資本付加価値率$$
$$= 資本集約度 × 総資本回転率 × 付加価値率$$

$$= \frac{総資本}{従業員数} × \frac{付加価値}{総資本}$$

$$= \frac{総資本}{従業員数} × \frac{売上高}{総資本} × \frac{付加価値}{売上高}$$

④ 人件費による分解

人件費による分解は公式のとおりである。人件費には、給料・賃金・賞与・退職金のほか、法定福利費・福利厚生費も含む。人件費を付加価値で除したものを**労働分配率**という。

労働分配率は、人件費が付加価値のどれくらいの割合を占めているのかを示す。労働分配率が高くても賃金水準が高いわけではない。賃金水準が低くても、付加価値額が小さければ、労働分配率は高くなる。

労働分配率は、比率の優劣を判断するのではなく、人件費の総額の決定や金額の妥当性を判断する。

【公式】

$$\text{労働生産性} = \text{従業員1人当たり人件費} \div \text{労働分配率}$$

$$\frac{\text{付加価値}}{\text{従業員数}} = \frac{\text{人件費}}{\text{従業員数}} \times \frac{\text{付加価値}}{\text{人件費}}$$

$$= \frac{\text{人件費}}{\text{従業員数}} \div \frac{\text{人件費}}{\text{付加価値}}$$

1 成長性分析 Ⓒ

⑴ 成長性分析の概要

　売上高及び経常利益の成長性は、基準時点の値に対する、評価時点の値または変化した値の比で表す。

⑵ 成長性分析の例題

　次の比較損益計算書（要約）にもとづき、前々期第21期の売上高が950百万円、経常利益が133百万円であるとき、成長性の変化を考えよう。

比較損益計算書（要約）

（単位：百万円）

科　　　　目	前期(第22期)	当期(第23期)
売　上　高	1,000	1,200
売　上　原　価	450	530
売上総利益	550	670
販売費及び一般管理費	430	550
営　業　利　益	120	120
営業外収益	40	60
営業外費用	30	60
経　常　利　益	130	120
特　別　利　益	10	20
特　別　損　失	20	30
税引前当期純利益	120	110
法　人　税　等	50	45
当期純利益	70	65

　売上高及び経常利益について、成長性の評価値を「基準時点の値に対する、評価時点の値の比」にて計算すると、次のようになるため、「売上高の成長性は上昇し、経常利益の成長性は低下した」ことがわかる。

	売上高の成長性	経常利益の成長性
前々期～前期	$1.05倍\left(\dfrac{1,000百万円}{950百万円}\right)$	$0.98倍\left(\dfrac{130百万円}{133百万円}\right)$
前期～当期	$1.20倍\left(\dfrac{1,200百万円}{1,000百万円}\right)$	$0.92倍\left(\dfrac{120百万円}{130百万円}\right)$

　※数値については、小数点第3位を四捨五入している。

Ⅴ CVP分析

1 CVP分析の概要

CVP分析は、費用（Cost）、操業度（Volume）、利益（Profit）の各要因の関係式を用いて行われる。操業度は販売数量や売上高などで測定する。

【CVP分析】

(1) 費用分解

CVP分析では総費用を変動費と固定費の2つに分解する。総費用とは、一般的に製造原価と販売費及び一般管理費の合計である。総費用は、生産販売した製品数量（操業度）との関係で変動費と固定費の2つに分類される。

① 変動費

変動費とは、操業度（販売量、生産量、作業時間など）の増減に応じて、一定期間の総額において比例的に変動する原価要素である。具体的には、非製造業の仕入原価や製造業の直接材料費、外注加工費、買入部品費、間接材料費、出来高払いの労務費などがある。操業度に対する変動費の比を変動費率と呼ぶ。

② 固定費

固定費とは、操業度の増減にかかわりなく、一定期間の総額が変化しない原価要素である。具体的には、直接労務費（時間給部分を除く）、減価償却費、保険料、電気料、ガス料、水道料、不動産賃借料、固定額払いの労務費などがある。

(2) 費用分解の方法 (勘定科目法)

費用を変動費と固定費に分解することを**費用分解**という。**勘定科目法**は損益計算書や製造原価報告書の中の費用や原価を勘定科目ごとに性質を勘案して、「減価償却費は固定費、人件費は変動費」というように変動費と固定費に分類する方法である。

(3) 費用分解の方法（2つの時点の総費用の差と売上高の差から変動費と固定費を算出する方法）

① 2期間の総費用と売上高の差から求める方法

第20期及び第21期の決算書のデータを使用して、営業利益の算出に関する費用を変動費と固定費に分解したい。そこで、両方の期で変動費率と固定費は変わらないものとして、変動費率と固定費の金額を計算しよう。

簡略損益計算書

（単位：百万円）

科　　目	第20期	第21期
売　　上　　高	212	176
売　上　原　価	137	117
売　上　総　利　益	75	59
販売費及び一般管理費	71	64
営　業　利　益	4	−5

(a) 変動費率の計算

文中にある「変動費率と固定費は変わらない」「営業利益の算出に関する費用」という制約条件から、売上原価と販売費及び一般管理費を合計し、総費用を求める。総費用と売上高を次の式に代入して変動費率を求める。

【 変動費率の算出式① 】

$$変動費率 = \frac{第21期の総費用 − 第20期の総費用}{第21期の売上高 − 第20期の売上高}$$

$$= \frac{(117+64)百万円 − (137+71)百万円}{176百万円 − 212百万円}$$

$$= \frac{181百万円 − 208百万円}{176百万円 − 212百万円} = 0.75 \ ➡ \ 75\%$$

(b) 第20期の固定費の計算

損益分岐点売上高公式の「1−変動費率＝限界利益率」という関係から、「限界利益率＝1−0.75＝0.25（25%）」となる。

　限界利益＝212百万円×0.25＝53百万円

　限界利益が53百万円のとき、営業利益＝4百万円

　固定費＝53百万円−4百万円＝49百万円

② 最高の業務量と最低の業務量の差から求める方法

過去の業務データを調査して、最高の業務量と最低の業務量のデータを取り出し、両者間の原価の動きを直線とみなし、変動費と固定費の金額を計算しよう。

【 変動費率の算出式② 】

月	製品生産量（個）	製造間接費（千円）
4	5,000	420
5	3,000	320
6	4,000	380
7	6,000	420
8	9,000	560
9	7,000	500

高点　　　　　低点

変動費率 $=\dfrac{\text{高点の原価}-\text{低点の原価}}{\text{高点の生産量}-\text{低点の生産量}}$

$=\dfrac{560\text{千円}-320\text{千円}}{9,000\text{個}-3,000\text{個}}$

$=40$ 円／個

(a) 業務量の多い点と少ない点を見つける

図表のデータから生産量と製造間接費が、最高の8月と最低の5月との差を考える。そして、8月と5月の差を変動費の発生によるものと考える。ここでは、3,000個から9,000個に増加したときに、増加分をすべて変動費とする。

(b) 高点と低点から傾きを求める（変動費の算出）

分子に変動費の増加分を、分母に生産量の増加分を用いる。つまり、2点間の変動費の変化額を2点間の生産量の変化額で除す。

(c) 固定費額を求める

固定費額＝低点の原価－変動費率×低点の生産量
　　　　＝320,000－（40円×3,000個）＝200,000

R04-12
R03-12
R02-21
H25-08
H24-11
H23-11
H22-09
H19-10

2 損益分岐点分析　Ⓐ

(1) 損益分岐点

損益分岐点（BEP：Break Even Point）とは、売上高＝総費用となる点である。損益分岐点では、利益がゼロとなる。損益分岐点での営業量は、企業にとって最低限達成しなければならない生産・販売量である。売上高が損益分岐点を上回ると利益が発生し、下回ると損失が発生する。

(2) 損益分岐点売上高の求め方

売上高、費用、利益の一般的な関係は、次の算式で表すことができる。売上高、費用、変動費、固定費、利益の関係を式で示すと、次のようになる。

① 基本公式：売上高＝変動費＋固定費＋利益

基本公式から損益分岐点売上高を求める公式を求める。売上高をS、変動費をV、変動費率をv、固定費をF、利益をPとする。

　　　　　S（売上高）－V（変動費）－F（固定費）＝P（利益）

変動費は、売上高×変動費率（v）となる。

$$S-(S \times v)-F=P$$

損益分岐点売上高では利益はゼロのため、P＝0とする。

$$S-Sv-F=0 \qquad S(1-v)=F \qquad S=F／(1-v)$$

【 損益分岐点図表 】

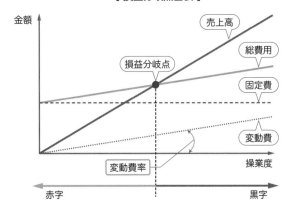

H27-10 **(3) 損益分岐点売上高**

（売上高－変動費）を**限界利益**、（1－変動費率）を**限界利益率**と呼ぶ。公式は限界利益率を用いて変形することができる。**変動費率**とは、変動費を売上高で除したものである。損益分岐点売上高は低い方がよい。

【 損益分岐点売上高 】

$$損益分岐点売上高 = \frac{固定費}{1-変動費率} = \frac{固定費}{限界利益率}$$

(4) 損益分岐点販売数量

損益分岐点での販売数量は、損益分岐点における販売数量を求める公式で算出する。

【 損益分岐点販売数量 】

$$損益分岐点販売数量 = \frac{固定費}{販売単価－単位当たり変動費}$$
$$= \frac{固定費}{単位当たり限界利益}$$

⑸ 目標利益達成売上高

目標利益達成売上高とは、目標利益を達成するための売上高である。

【 目標利益達成売上高 】

$$目標利益達成売上高 = \frac{固定費＋目標利益}{1－変動費率}$$

⑹ 安全余裕率

安全余裕率は、安全率とも呼ばれ、売上高が損益分岐点売上高をどれだけ上回っているかを示す比率である。

【 安全余裕率 】

$$安全余裕率 = \frac{売上高－損益分岐点売上高}{売上高}×100$$

$$= 100\%－損益分岐点比率$$

⑺ 損益分岐点比率

損益分岐点比率は、売上高に対する損益分岐点売上高の比率である。

【 損益分岐点比率 】

$$損益分岐点比率(\%) = \frac{損益分岐点売上高}{売上高}×100$$

⑻ 損益分岐点の引下げ策

① 販売単価の引上げ

販売単価の引上げにより、売上高の線の傾きが急になり、総費用の線と売上高の線との交点（損益分岐点）が下に移動する。

② 変動費率の低減

変動費率の低減により、変動費率の線の傾きが緩やかになり、総費用線の傾きも緩やかになるため、総費用の線と売上高の線との交点（損益分岐点）が下に移動する。

③ 固定費の削減

固定費の削減により、固定費の線が下がるため、総費用の線も下がり、総費用の線と売上高の線との交点（損益分岐点）が下に移動する。

3 事業部の業績評価

事業部の業績評価の基準は企業によって異なるが、試験対策上は、事業部の業績評価に次のような指標を用いる。

(1) 限界利益

限界利益とは、売上高から変動費を差引いた利益である。

> 限界利益＝売上高－変動費

一方、「売上高－変動費＝固定費＋利益」なので、次のように考えることもできる。

> 限界利益＝固定費＋利益

H24-09 (2) 貢献利益

貢献利益には、一般的に2つの定義がある。中小企業診断士試験では②の概念で出題される。

① 限界利益と同義とするもの

限界利益のことを貢献利益と呼ぶものである。

② 「限界利益－個別固定費」とするもの

限界利益は、固定費を差引く前の利益である。その観点から、限界利益で業績評価をする理由は「事業部の管理可能費（裁量可能原価）＝変動費」、「事業部の管理不能費（裁量不能原価）＝固定費」と考えているからである。

しかし、固定費のすべてが事業部と無関係であるとは限らない。そこで、個別の事業部に紐づく固定費を「**個別固定費**」と呼び、個別固定費は事業部に管理責任を持たせる。この場合、個別の事業部に紐づかない固定費は「**共通固定費**」と呼ぶ。

> 貢献利益＝限界利益－個別固定費

一方、「売上高－変動費－個別固定費＝共通固定費＋利益」なので、次のように考えることもできる。

> 貢献利益＝共通固定費＋利益

(3) 投資利益率 (ROI)

投資利益率(Return on Investment：ROI) とは、事業部で使用する資産（投下資本）に対して利益がどのくらい上がっているかという資本の効率性を示す指標である。

$$投資利益率(ROI)(\%) = \frac{利益}{投下資本} \times 100$$

①利点
(a) 比率で表示されるため、事業部の規模に関係なく収益性を比較できる。
(b) 事業部長に資本の効率的な運用を考えさせる誘因となる。
(c) 売上高利益率と資本回転率に分解でき、改善策を検討できる。

②欠点
(a) 資本コストが考慮されていない。
(b) 事業部長の関心を、比率の増大のみに向けさせてしまう。
(c) 全社的な利害と事業部の利害が対立し、目的整合性が失われる(部分最適化の問題)。

(4) 残余利益(RI)

残余利益(Residual Income:RI)は、ROIの問題点を回避するために考え出された指標である。RIは、資本コスト差し引き後に残る利益額を意味している。

$$RI = 利益額 - (投下資本 \times 資本コスト(\%))$$

①利点
(a) 事業部長の関心を、利益率の増大よりも利益額の増大へ向けさせる。
(b) 資本コストにより算定した投下資本との関連で業績を評価できる。
(c) 全社的な利害と事業部の利害の目的整合性が保たれる。

②欠点
(a) 金額で表示されるため、規模の異なる事業部を単純に比較できない。
(b) 資本コストの算定が難しい。

(5) 経済的付加価値(EVA)

経済的付加価値(Economic Value Added:EVA)は、残余利益の考え方を踏襲した残余利益の特殊形態である。

$$EVA = NOPAT(税引後営業利益) - (投下資本 \times WACC(\%))$$

厳選!! 必須テーマ［○・×］チェック ──第6章──

過去23年間（平成13～令和5年度）本試験出題の必須テーマから厳選！

■■■ **問題編** ■■■　　　　　　　　　Check!!

問1（H24-17改題）　　　　　　　　　　　　　　　　　　　　［○・×］
ROEは、ROE（%）＝$\dfrac{当期純利益}{自己資本}$×100 と定義される。

問2（H19-09改題）　　　　　　　　　　　　　　　　　　　　［○・×］
流動比率は当座比率よりも厳しい観点から短期支払能力を測定する。

問3（H20-11）　　　　　　　　　　　　　　　　　　　　　　［○・×］
固定比率が良好になる場合、固定比率の値は低下する。

問4（H24-10設問1改題）　　　　　　　　　　　　　　　　　　［○・×］
付加価値率は、付加価値率（%）＝$\dfrac{付加価値}{売上高}$×100 と定義される。

問5（H24-22）　　　　　　　　　　　　　　　　　　　　　　［○・×］
損益分岐点売上高は、損益分岐点売上高＝$\dfrac{固定費}{変動費率}$ で計算できる。

問6（H28-08設問2改題）　　　　　　　　　　　　　　　　　　［○・×］
「安全余裕率（%）＝100－損益分岐点比率（%）」である。

問7（H24-09）　　　　　　　　　　　　　　　　　　　　　　［○・×］
貢献利益は、事業部の業績評価に適しているとされており「貢献利益＝限界利益－個別固定費」と定義される。

問1　○：設問文のとおり。
問2　×：当座比率は流動比率よりも厳しい観点から短期支払能力を測定する。
問3　○：設問文のとおり。
問4　○：設問文のとおり
問5　×：損益分岐点売上高＝$\dfrac{固定費}{1-変動費率}=\dfrac{固定費}{限界利益率}$である。
問6　○：設問文のとおり。
問7　○：設問文のとおり。

▨▨▨ **問題編** ▨▨▨

　次の資料に基づき計算された財務比率の値として、最も適切なものを下記の解答群から選べ。

【資　料】

貸借対照表　　　　　　（単位：千円）

資産の部		負債・純資産の部	
現金預金	40,000	買掛金	40,000
売掛金	30,000	長期借入金	60,000
商品	50,000	資本金	80,000
建物・備品	80,000	利益剰余金	20,000
資産合計	200,000	負債・純資産合計	200,000

損益計算書（単位：千円）

売上高	240,000
売上原価	120,000
給与	72,000
減価償却費	26,000
営業利益	22,000
支払利息	4,000
税引前当期純利益	18,000
法人税等	9,000
当期純利益	9,000

〔解答群〕

　ア　インタレスト・カバレッジ・レシオは5.5倍である。

　イ　固定長期適合率は80％である。

　ウ　自己資本利益率は11.3％である。

　エ　総資本営業利益率は27.5％である。

解答：ア

財務比率に関する出題である。

ア：適切である。インタレスト・カバレッジ・レシオ＝（営業利益22,000＋金融収益0）÷支払利息4,000＝5.5倍である。

イ：不適切である。固定長期適合率＝建物・備品80,000÷（資本金80,000＋利益剰余金20,000＋長期借入金60,000）＝50%である。

ウ：不適切である。自己資本利益率＝当期純利益9,000÷（資本金80,000＋利益剰余金20,000）＝9%である。

エ：不適切である。総資本営業利益率＝営業利益22,000÷総資本200,000＝11%である。

厳選!! 必須テーマ　重要例題② ── 第6章──

令和元年度　第11問

■■■ **問題編** ■■■

当社の貸借対照表および損益計算書は以下のとおりであった。下記の設問に答えよ。

貸借対照表　　　　　　（単位：千円）

資産			負債・純資産		
	20X1 年	20X2 年		20X1 年	20X2 年
現金預金	11,000	12,000	買掛金	40,000	60,000
売掛金	34,000	38,000	長期借入金	40,000	50,000
商品	35,000	42,000	資本金	50,000	50,000
建物・備品	80,000	108,000	利益剰余金	30,000	40,000
	160,000	200,000		160,000	200,000

損益計算書　　（単位：千円）

	20X1 年	20X2 年
売上高	128,000	210,000
売上原価	84,000	159,000
売上総利益	44,000	51,000
販売費および一般管理費	28,000	30,000
営業利益	16,000	21,000
（以下略）		

（設問1）

　20X2年の固定比率の値として、最も適切なものはどれか。

　　ア　　54 %

　　イ　　77 %

　　ウ　　120 %

　　エ　　216 %

（設問2）

　20X1年から20X2年の総資本営業利益率の変化とその要因に関する記述として、最も適切なものはどれか。

　　ア　総資本営業利益率は上昇したが、その要因は売上高営業利益率の上昇である。

　　イ　総資本営業利益率は上昇したが、その要因は総資本回転率の上昇である。

　　ウ　総資本営業利益率は低下したが、その要因は売上高営業利益率の低下である。

　　エ　総資本営業利益率は低下したが、その要因は総資本回転率の低下である。

■■■ **解答・解説編** ■■■

［設問1］ 解答：ウ

固定比率に関する出題である。

固定比率の式は次の通りである。

$$固定比率（\%）＝\frac{固定資産}{自己資本}×100$$

固定資産には、建物・備品の108,000千円が入り、自己資本には、資本金50,000千円と利益剰余金40,000千円を合計した90,000千円が入る。

$$固定比率（\%）＝\frac{108,000千円}{（50,000千円＋40,000千円）}×100＝120\%$$

よって、ウが正解である。

［設問2］ 解答：イ

総資本営業利益率の変化とその要因に関する出題である。

本問では、総資本営業利益率と売上高営業利益率と総資本回転率の計算が必要であり、それぞれの式は次の通りである。

$$総資本営業利益率（\%）＝\frac{営業利益}{総資本}×100$$

$$売上高営業利益率（\%）＝\frac{営業利益}{売上高}×100$$

$$総資本回転率（回）＝\frac{売上高}{総資本}$$

	20X1年	20X2年	
総資本営業利益率	10%	10.5%	上昇
売上高営業利益率	12.5%	10%	低下
総資本回転率	0.8回	1.05回	上昇

総資本営業利益率と総資本回転率が上昇している。

よって、イが正解である。

■■■ 問題編 ■■■

　A社の当期の売上高は20,000千円、費用は以下のとおりであった。なお、一般管理費はすべて固定費である。安全余裕率として最も適切なものを下記の解答群から選べ。

変動製造費用	5,000千円
固定製造費用	9,000千円
変動販売費	3,000千円
固定販売費	800千円
一般管理費	1,000千円

〔解答群〕

　ア　10.0%

　イ　10.9%

　ウ　25.0%

　エ　28.0%

解答：ア

安全余裕率に関する出題である。

安全余裕率とは、CVP分析において、現在または予想の売上高が損益分岐点売上高をどれくらい上回っているかを示す比率である。

安全余裕率は、次の式で求めることができる。

$$安全余裕率（\%）= \frac{売上高 - 損益分岐点売上高}{売上高} \times 100 \cdots\cdots ①$$

損益分岐点売上高は、次の式で求めることができる。

$$損益分岐点売上高 = \frac{固定費}{1 - 変動費率} = \frac{固定費}{限界利益率} \cdots\cdots ②$$

本設問の一般管理費はすべて固定費であると問題文に記述があるため、費用は変動費と固定費に分類できる。本問で与えられた数値を売上高、変動費、固定費、営業利益としてまとめたCVP分析による損益計算書は、次のとおりである。

【 CVP分析による損益計算書 】

(単位：千円)

売上高	**20,000**
変動製造費用	5,000
変動販売費	3,000
変動費計	**8,000**
変動費率	0.4
限界利益	12,000
限界利益率	0.6
固定製造費用	9,000
固定販売費	800
一般管理費	1,000
固定費計	**10,800**
営業利益	**1,200**

これらの数値を②式と①式の順に代入して計算する。

$$損益分岐点売上高 = \frac{固定費}{限界利益率} = \frac{10,800}{0.6} = 18,000 千円$$

$$安全余裕率（\%） = \frac{売上高 - 損益分岐点売上高}{売上高} \times 100$$

$$= \frac{20,000 - 18,000}{20,000} \times 100 = 10.0\%$$

よって、アが正解である。

【スピード解法】

固定費と利益が明らかなとき、安全余裕率は次の式で求めることができる。

$$安全余裕率（\%） = \frac{利益}{固定費 + 利益} \times 100$$

$$= \frac{利益}{限界利益} \times 100$$

$$= \frac{1,200}{10,800 + 1,200} \times 100 = 10.0\%$$

本問では問われていないが、損益分岐点比率は次の式で求めることができる。

$$損益分岐点比率（\%） = \frac{固定費}{固定費 + 利益} \times 100$$

過去23年分 平成13年(2001年)～令和5年(2023年)	
1位	差異分析
1位	資金表
2位	正味運転資金(正味運転資本)
3位	所要運転資金

直近10年分 平成26年(2014年)～令和5年(2023年)	
1位	資金表
2位	差異分析
3位	正味運転資金(正味運転資本)
3位	所要運転資金

過去23年間の出題傾向

　全体的に出題は少ないが、直近では資金表の出題が増えているので、確実に押さえておいてほしい。また、正味運転資金はキャッシュ・フローの計算にも関連する重要な内容なので、しっかり理解しておこう。

第 7 章

利益管理と資金管理の知識

I 利益管理

1 利益管理の概要

利益管理とは、利益の計画と統制である。**利益計画**は、企業の全般方針や部門別の方針を金額によって具体化したものであり、事業活動の基礎となるものである。

利益統制は、計画どおりに事業活動が遂行されるように、計画と実績との差異に注意し、差異が生じた場合にはその原因解明と対策を講じる活動である。

利益管理は収益と費用の両面から管理しなければならない。収益に関しては、需要動向にもとづいた売上予測を立て、販売計画や生産計画、商品計画の検討を行う。費用に関しては、費目別の発生額を把握し、商品ごとや事業部ごとの原価を割り出す。そして、計画値と実績値の差異を分析し、必要な対策を講じる。

2 差異分析

(1) 売上高差異分析

売上高は、販売単価と販売数量の積で構成される。したがって、実際売上高と計画売上高の差異は**価格差異**と**数量差異**に分けて分析しなければならない。

売上高差異分析では、実際売上高が計画売上高よりも大きいほうがよいと判断する。企業にとって有利な差異を**有利差異**、企業にとって不利な差異を**不利差異**と呼ぶ。

① 売上高差異の算出

(a) 売上高差異＝実際売上高－計画売上高

(b) 売上高差異＝価格差異＋数量差異

R03-08
H27-08
H24-08
H23-12
H21-09

② 価格差異と数量差異の算出

(a) 価格差異＝（実際販売価格－計画販売価格）×実際販売数量

(b) 数量差異＝（実際販売数量－計画販売数量）×計画販売価格

③ 差異分析の応用

(a) 計画販売数量の代わりに、前期販売数量を用いることがある

(b) 販売価格の代わりに、単位当たり売上総利益を用いて、売上総利益の差異分析を行うこともある

(2) 差異分析の例題

次の〈A社の資料〉をもとに、販売数量の変化による売上高の増減額を求めてみよう。

238

〈A社の資料（単位：円）〉

	前　期	当　期	増　減
売上高	288,000円	301,000円	13,000円
販売数量	400kg	430kg	30kg
販売価格	720円	700円	－20円

　まず、前期と当期の数量差異を求める。前期を計画として当期を実際として考えよう。手順は次のとおりである。

① 販売数量の変化による売上高の差を求める

販売数量の変化による売上高の差

　＝計画販売数量と実際販売数量との差×計画販売価格

　＝前期販売数量（400kg）と当期販売数量（430kg）との差（30kg）×前期販売価格（720円）＝21,600円

② 上記①が、自社にとって有利な差ならば有利差異（＋）、不利な差ならば不利差異（－）とする。

　前期販売数量（400kg）と当期販売数量（430kg）との差は30kgで、当期販売数量が前期販売数量よりも増加している。販売数量が増加したことは自社にとって有利なことである。そのため、上記①21,600円は有利差異（＋）となる。

【 数量差異と価格差異との箱図 】

当期販売価格 700円	価格差異（－8,600円） 前期販売価格と当期販売価格との差（20円） ×当期販売数量（430kg）＝8,600円（不利差異）	
前期販売価格 720円	前期売上高 （288,000円）	数量差異（21,600円） 前期販売数量と当期販売数量との差（30kg）×前期販売価格（720円）＝21,600円（有利差異）
	前期販売数量 400kg	当期販売数量 430kg

3　プロダクト・ミックス

　プロダクト・ミックスとは、複数の製品がある場合において、それぞれの製品の収益や費用が異なる場合に、限られた経営資源を使って期間利益を最大にする製品の組み合わせを計画することである。販売面に焦点を当てた場合には、**セールス・ミックス**という。

　次の製品別の販売価格及び原価等の〈資料〉にもとづき、最大可能な設備稼働時間が1,000時間であるとき、営業利益を最大にする各製品の実現可能な製造販売数量を求めてみよう（単位：kg）。

〈 資料 〉

(製品単位：kg)

	製品A	製品B	製品C
販売価格	6,000円	9,000円	12,000円
単位当たり変動費	4,200円	6,300円	8,400円
限界利益率	（　　　）％	（　　　）％	（　　　）％
単位当たり設備稼働時間	1時間	2時間	4時間
最大可能販売数量	400kg	200kg	120kg
共通製造固定費	577,000円		
共通販売・一般管理固定費	320,000円		

　一般的な利益計画において固定費はプロダクト・ミックスによって変化しない。収益性の判断としては、何も制約条件がなければ限界利益の大きい順に製品を製造販売すればよい。

① 製品ごとの単位当たり限界利益

　　　製品A：6,000 − 4,200 ＝ 1,800円
　　　製品B：9,000 − 6,300 ＝ 2,700円
　　　製品C：12,000 − 8,400 ＝ 3,600円

　単位当たり限界利益は大きい順に製品C、製品B、製品Aとなる。限界利益率は、いずれも30％である。

　しかし、設備稼働時間が1,000時間という制約条件がある。そのため、設備稼働時間当たりの限界利益によって製造販売の優先順位を判断すると、製造販売の優先順位は、製品A、製品B、製品Cとなる。

② 各製品の設備稼働時間当たりの限界利益

　　　製品A：1,800÷単位当たりの設備稼働時間1時間＝1,800円
　　　製品B：2,700÷単位当たりの設備稼働時間2時間＝1,350円
　　　製品C：3,600÷単位当たりの設備稼働時間4時間＝　900円

　製品Aを可能な限りの400kg製造販売する。その際の設備稼働時間は、1時間×400kg＝400時間となる。

　次に製品Bを可能な限りの200kg製造販売する。その際の設備稼働時間は、2時間×200kg＝400時間となる。

　残りの設備稼働時間で製品Cを製造販売する。すでに設備稼働時間は、「400＋400＝800時間」を消費しているため、制約条件である最大可能な設備稼働時間1,000時間との差「1,000 − 800 ＝ 200」時間が製品Cの製造可能時間である。

　製品Cが必要とする単位当たりの設備稼働時間は4時間なので、製品Cの製造販売数量は200時間÷（4時間/kg）＝50kgとなる。

　各製品の実現可能な製造販売数量は、製品Aが400kg、製品Bが200kg、製品Cが50kgとなる。

II 資金管理

1 資金管理の概要

資金管理は、資金計画と資金統制から構成される。資金不足の事態を避けるため、事前に資金の流れと高を計画し、その計画にしたがって資金の調達と運用を行う。また、計画と実績とを対比することによって、差異を分析し統制する。

資金はその性質から短期資金と長期資金に分けられる。資金管理においては、それぞれについて調達と運用を考えなければならない。

短期資金の運用の代表的なものは運転資金である。**運転資金**とは、企業が営業活動を継続するために必要な資金のことである。運転資金を確保するため、銀行借入や、手形割引などで資金調達の計画を立てる必要がある。**長期資金**の運用の中心は新規の設備投資と更新投資である。

長期資金の調達方法には長期借入、社債の発行、利益の内部留保などがある。

2 資金表

一定期間の資金を管理するためには、資金表の利用が有効である。資金表には次のようなものがある。ただし、いずれの資金表も企業の内部管理用として用いるものなので、特定の様式は存在せず、企業ごとに独自の様式で利用している。

(1) 資金計画表

長期利益計画に見合った資金の必要額を測定し、その調達計画を示す資金表である。

(2) 資金運用表

2期間の各期末時点の貸借対照表を比較し、各項目の増減を資金の源泉と資金の使途に分けて分類整理する資金表である。資金運用表は、その期間に生じた資金構造の変化を調達と運用に区分して表示する。資金運用表では、次に説明する正味運転資金を管理・分析する。

(3) 資金移動表

一定期間にどれだけの資金が動いたか、その増加と減少の動きを、損益計算書及び2期間の貸借対照表から把握する資金表である。資金移動表の機能はキャッシュ・フロー計算書と同じなので、現在では多くの企業でキャッシュ・フロー計算書に置き換わっている。

R04-13
R03-13
H24-12
H21-11

(4) 資金繰り表

現金・預金の収支を管理するための資金表である。一般的には、月単位で作成する。

【 資金繰り表 】

（単位：万円）

			5月	6月
前月末残高			1,000	470
経常収支	収入	現金売上	200	240
		売掛金回収	800	800
		収入合計	1,000	1,040
	支出	現金仕入	720	960
		諸費用支払	510	540
		支出合計	1,230	1,500
	収支過不足		− 230	− 460
備品購入支出			300	0
当月末残高			470	10

3 正味運転資金（正味運転資本）

正味運転資金とは、近い将来に回収される資金と、近い将来に支出される資金との差額である。一般的に、流動資産から流動負債を差し引いて算出される正味の流動資産のことを指す。正味運転資金は、**正味運転資本**とも呼ばれる。

一般的に、「運転資本」という言葉が正味運転資金を意味することがある。

> 正味運転資金＝流動資産−流動負債

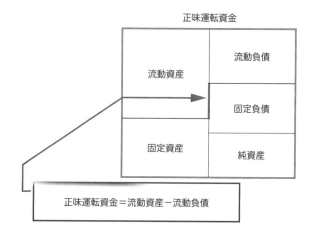

H28-09 （1）財務諸表分析の立場から見た正味運転資金の意味

正味運転資金が大きいということは、流動比率が大きいことと同じである。そのため、正味運転資金が大きいことは、短期の安全性が高く、支払資金が豊富であることを意味する。

(2) 資金繰りの立場から見た正味運転資金の意味

正味運転資金が大きくなる要因には、流動資産の増加と流動負債の減少がある。

信用取引を前提とすると、現金・預金の直接収入はないため、流動資産の増加は、売上債権や棚卸資産の増加を意味する。よって、流動資産の増加は、資金繰りの状況が厳しくなっていることを意味する。一方、流動負債の減少は、買入債務や短期借入金の減少を意味する。よって、流動負債の減少も、資金繰りの状況が厳しくなっていることを意味する。

したがって、正味運転資金が大きいということは、営業循環以外の方法（例えば短期借入金）で支払資金を調達しなければならないことを意味する。

(3) (1)と(2)で評価が逆転する理由

資金の概念は、一般的に現金・預金であるが、数ヵ月以上の単位で考える場合、企業は現金・預金以外の流動資産も資金として認識するためである。

(1)では、財務諸表の作成期間（1年）の単位で考える。現金・預金以外の流動資産も資金として認識し、1年以内に収支のバランスがとれれば安全だと考える。

(2)では、最長でも1か月といった短い期間の単位で考える。「来月・来週の支払いができるかどうか」という状況にある場合、流動資産の中で支払いに充当できるものは基本的に現金・預金のみである。

4 所要運転資金 R05-13

正味運転資金に類似した概念として、**所要運転資金**がある。所要運転資金は、次のように定義される。一般的に、「運転資本」という言葉が所要運転資金を意味することがある。

> 所要運転資金＝売上債権＋棚卸資産－仕入債務

売上債権の収入（売上債権の回収額）及び仕入債務への支出（買掛金の支払額）から資金収支の差額を求めると、回収額よりも支払額が多ければ、支出超過となり、資金に余裕がなくなる。また、支払額よりも回収額が多ければ、回収差により資金に余裕が出る。

また、運転資金管理のための財務指標として、キャッシュ・コンバージョン・サイクル（CCC）がある。CCCは、仕入代金を支払ってから売上代金を回収するまでの期間を表し、CCCが短いほど運転資金が少なくて済むため、資金に余裕が出る。

> キャッシュ・コンバージョン・サイクル（日）
> ＝売上債権回転期間＋棚卸資産回転期間－仕入債務回転期間

■■■ **問題編** ■■■　　　　　　　　Check!!

問 1 (H27-08)　　　　　　　　　　　　　　　　　　　　　　　［○・×］
　売上高の差異分析では「価格差異＝（計画販売価格－実際販売価格）×計画販売数量」である。

問 2 (H22-10)　　　　　　　　　　　　　　　　　　　　　　　［○・×］
　プロダクト・ミックスで利益の最大化を考える場合、基本的には、単位当たりの限界利益が大きい順に製品を製造販売する。

問 3 (H23-13改題)　　　　　　　　　　　　　　　　　　　　　［○・×］
　正味運転資本は、流動負債から流動資産を減じて求める。

問 4 (H24-14改題)　　　　　　　　　　　　　　　　　　　　　［○・×］
　正味運転資本における資金の概念は、現金・預金のみである。

問 5 (H29-13改題)　　　　　　　　　　　　　　　　　　　　　［○・×］
　売上債権の増加は、キャッシュ・フロー計算書における営業活動によるキャッシュ・フローの区分（間接法）において、税引前当期純利益に対する増加要因として表示される。

問 6 (R05-13)　　　　　　　　　　　　　　　　　　　　　　　［○・×］
　棚卸資産回転期間が短くなると、キャッシュ・コンバージョン・サイクルは短くなる。

問1　×：「価格差異＝（実際販売価格－計画販売価格）×実際販売数量」である。

問2　○：設問文のとおり。

問3　×：「流動負債から流動資産を減じて」ではなくて「流動資産から流動負債を減じて」である。

問4　×：正味運転資本における資金の概念では、現金・預金以外の流動資産、および流動負債も資金の概念に含める。

問5　×：売上債権の増加は、正味運転資本や所要運転資金の増加要因である。このため、営業活動によるキャッシュ・フローの区分（間接法）において、税引前当期純利益に対する減少要因として表示される。なぜなら、売上債権が増加した分だけ売上高が増加し、これによって税引前当期純利益も増加するが、売上債権が増加した分を資金繰りの観点から見ると、営業収入としては未回収だからである。

問6　○：設問文のとおり。

■■■ **問題編** ■■■

　販売予算が以下のとおり編成されていたとする。いま、第2四半期 (Q2) の実際販売量が1,100個、販売価格が99,000円であったとする。数量差異と価格差異の組み合わせとして、最も適切なものを下記の解答群から選べ。

販売予算	Q 1	Q 2	Q 3	Q 4	合　計
販売量(個)	1,000	1,200	1,400	1,400	5,000
売上高(万円)	10,000	12,000	14,000	14,000	50,000

〔解答群〕

ア　数量差異900万円（不利差異）と価格差異210万円（不利差異）

イ　数量差異1,000万円（不利差異）と価格差異110万円（不利差異）

ウ　数量差異1,100万円（不利差異）と価格差異10万円（不利差異）

エ　数量差異1,200万円（不利差異）と価格差異90万円（有利差異）

■■■ **解答・解説編** ■■■

解答：イ

売上高差異分析に関する出題である。

数量差異と価格差異は、次の箱図を用いて求められる。

【数量差異と価格差異の箱図】

実際販売価格 99,000円	価格差異（−110万円） 予算販売価格と実際販売価格の差（1,000円） ×実際販売量（1,100個）＝110万円（不利差異）	
予算販売価格 100,000円	予算売上高 （12,000万円）	数量差異（−1,000万円） 予算販売量と実際販売量の差 （100個）×予算販売価格（10万円） ＝1,000万円（不利差異）
	予算販売量 1,200個	実際販売量 1,100個

よって、イが正解である。

■■■ **問題編** ■■■

次の文章を読んで、下記の設問に答えよ。

A社では、X1年4月末に以下のような資金繰り表（一部抜粋）を作成した（表中のカッコ内は各自推測すること）。

(単位：万円)

			5月	6月
前月末残高			1,000	470
経常収支	収入	現金売上	200	240
		売掛金回収	800	800
		収入合計	1,000	1,040
	支出	現金仕入	720	（　　）
		諸費用支払	510	540
		支出合計	1,230	（　　）
	収支過不足		−230	（　　）
備品購入支出			300	0
当月末残高			470	（　　）

売上高の実績額および予想額は以下のとおりである。

(単位：万円)

4月(実績)	5月(予想)	6月(予想)	7月(予想)
1,000	1,000	1,200	1,600

また、条件は以下のとおりである。

①　売上代金の20％は現金で受け取り、残額は翌月末に受け取る。
②　仕入高は翌月予想売上高の60％とする。仕入代金は全額現金で支払う。
③　すべての収入、支出は月末時点で発生するものとする。
④　5月末に事務用備品の購入支出が300万円予定されているが、それを除き、経常収支以外の収支はゼロである。
⑤　A社では、月末時点で資金残高が200万円を下回らないようにすることを、資金管理の方針としている。

（設問1）

　A社は資金不足に陥ることを避けるため、金融機関から借り入れを行うことを検討している。6月末の時点で資金残高が200万円を下回らないようにするには、いくら借り入れればよいか。最も適切なものを選べ。ただし、借入金の利息は年利率5％であり、1年分の利息を借入時に支払うものとする。

　　ア　190万円
　　イ　200万円
　　ウ　460万円
　　エ　660万円

（設問2）

　中小企業診断士であるあなたは、A社の経営者から、当座の資金繰り対策として銀行借り入れ以外の手段がないか、アドバイスを求められた。6月末の時点で資金残高が200万円を下回らないようにするための手段として、最も適切なものはどれか。

　　ア　5月に予定されている事務用備品の購入支出のうち半額を現金払いとし、残額の支払いは7月に延期する。
　　イ　6月に予定されている諸費用支払のうち400万円を現金払いとし、残額の支払いは7月に延期する。
　　ウ　仕入先と交渉して、6月の仕入代金のうち半額を現金払いとし、残額を買掛金（翌月末払い）とする。
　　エ　得意先と交渉して、5月の売上代金のうち半額を現金で受け取り、残額を売掛金（翌月末回収）とする。

[設問 1]　解答：イ

　資金繰りに関する出題である。
　問題文の条件②より、6月の現金仕入は、7月（予想）売上高の60％である960万円となる。よって、以下のように資金繰り表のカッコ内を計算することができ、6月末の資金残高は10万円と求めることができる。

（単位：万円）

			5月	6月
経常収支		前月末残高	1,000	470
	収入	現金売上	200	240
		売掛金回収	800	800
		収入合計	1,000	1,040
	支出	現金仕入	720	（　960）
		諸費用支払	510	540
		支出合計	1,230	（　1,500）
	収支過不足		− 230	（　− 460）
備品購入支出			300	0
当月末残高			470	（　10）

　したがって、資金管理の方針としている資金残高200万円に対する不足額は190万円となるが、問題文に記載の通り、借入時に利息を支払うため利息を加味した金額を借り入れる必要がある。借入額をX万円とすると、以下の不等式が成り立つ。

$$X万円 + 10万円（6月末残高） − 0.05X万円（支払利息） ≧ 200万円$$
$$X万円 ≧ 200万円$$

　よって、イが正解である。

[設問2]　**解答：ウ**

　資金繰り対策に関する出題である。

ア：不適切である。事務用備品の購入支出の半額は150万円であるため、支払い
　　を7月に延期した場合でも6月末の資金残高は160万円となり200万円を下
　　回る。

イ：不適切である。諸費用支払のうち400万円の現金払い後の残額は140万円で
　　あるため、支払いを7月に延期した場合でも6月末の資金残高は150万円とな
　　り200万円を下回る。

ウ：適切である。6月の仕入代金の半額は480万円である。これを買掛金とした場
　　合、6月末の資金残高は490万円となり200万円を上回る。

エ：不適切である。現金売上が500万円となり5月末の資金残高は770万円とな
　　るが、6月の売掛金回収が500万円となり、6月末の資金残高は10万円のまま
　　変動がない。

厳選!! 必須テーマ　重要例題③　——第7章——

平成24年度　第14問

■■■ **問題編** ■■■

　次のデータに基づいて前期から当期の1年間における正味運転資本の増減額を計算した場合、最も適切なものを下記の解答群から選べ。

（単位：百万円）

	前期	当期
流動資産		
現金	32	5
受取手形	20	30
たな卸資産	30	40
流動負債		
買掛金	5	20
支払手形	10	8
未払税金	50	60

〔解答群〕
ア　30百万円の減少
イ　20百万円の減少
ウ　6百万円の増加
エ　16百万円の増加

■■■ **解答・解説編** ■■■

解答：ア

　正味運転資本に関する出題である。

　正味運転資本の増減は、当期の正味運転資本から前期の正味運転資本を減じて計算する。

　　前期流動資産＝現金32百万円＋受取手形20百万円＋たな卸資産30百万円
　　　　　　　　＝82百万円

　　前期流動負債＝買掛金5百万円＋支払手形10百万円＋未払税金50百万円
　　　　　　　　＝65百万円

　　前期正味運転資本＝82百万円－65百万円＝17百万円

　　当期流動資産＝現金5百万円＋受取手形30百万円＋たな卸資産40百万円
　　　　　　　　＝75百万円

　　当期流動負債＝買掛金20百万円＋支払手形8百万円＋未払税金60百万円
　　　　　　　　＝88百万円

　　当期正味運転資本＝75百万円－88百万円＝－13百万円

　　当期正味運転資本－前期正味運転資本＝－13百万円－17百万円
　　　　　　　　　　　　　　　　　　　＝－30百万円

　よって、アが正解である。

テーマ別出題ランキング

過去23年分 平成13年(2001年)～令和5年(2023年)	
1位	正味現在価値法の概要と計算手順
2位	内部収益率法の概要と計算手順
3位	回収期間法の概要
3位	社債の発行の検討

直近10年分 平成26年(2014年)～令和5年(2023年)	
1位	正味現在価値法の概要と計算手順
2位	内部収益率法の概要と計算手順
3位	社債の発行の検討

過去23年間の出題傾向

　正味現在価値法が23回、内部収益率法が16回と出題回数はこの2テーマが圧倒的である。特に正味現在価値法は2次試験でも頻出のテーマなので、確実に使いこなせるようにしてほしい。正味現在価値法の発展的な内容である社債の発行も、23年間で7回と定期的に出題されている。

第 **8** 章

投資の意思決定の知識

ファイナンスの基礎

1 経営資源とファイナンス

(1) 経営資源の「金」を考えるファイナンス

　企業の経営には「人」「モノ」「金」「情報」の経営資源が必要である。ファイナンスでは企業経営に必要な4つの経営資源のうち「金」を対象とする。企業では「金」を「資金」や「資本」と呼び、企業目的の達成に向けて、いかに調達し運用すべきかを管理する。

　みなさんが買い物をするときには、「財布に入っているお金」という制約条件の中で満足度を高めるために、同じ金額の商品ならば、より良いものを購入しようとするだろう。

　また、家や車などの資産を購入するときには、現在の自分の稼ぎと将来の自分の稼ぎを考えて、より良い資産を探し、より低い金利の借入先を探し、借入条件がよい借入先から資産を購入する資金を調達するだろう。

　資産を購入する際に、貸し出し金利の高い銀行から借り入れたり、現在や将来の自分の稼ぎをはるかに上回ったりすると将来の返済が困難になるためである。

　反対に、価格ばかりで判断して、慎重に資産を選ばないと、満足感が得られない資産を購入してしまう。

(2) 企業の経営者にとっての投資

　企業の経営も個人と同じように、金利の低い借入先から資金を調達（＝低いコスト）することと、より満足感を得る（＝高いリターン）資産の購入が必要である。企業では調達した資金の範囲内で投資活動をする。

　もし、みなさんが企業の経営者ならば、よりコストの低い資金を調達し、より多くの回収が見込まれる投資案を選択して投資をするだろう。

　つまり、企業の経営活動で「金」を考える際には、より「低いコスト」と、より「高いリターン」のバランスを考えることが必要である。

【 資金の調達と運用 】

工場　土地　→　運用　←　[ビル]　←　調達　←　銀行　投資家

高いリターンを！　　　　　　　　　　　　低いコストで！

(1) 現在の100万円と将来の100万円の価値

みなさんが1万円をもらうとするならば、「1年後にもらう」のと、「今もらう」のではどちらを選択するだろうか。もちろんほとんどの方が、「今もらう」方を選択するだろう。それは、「今もらう方が確実だ」と直感的に思った方が多いからだろう。

ここでは、直感的に思ったことを理論として考える。今から将来の価値を評価するために必要な考え方を紹介する。先ほど学習したとおり、**ファイナンス**では将来の数値を評価する。企業の将来を金額で評価するためには、将来のお金の価値を、現在のお金の価値に合わせる必要がある。

次の文章を考えてみよう。

> 100万円を銀行に預金したら、1年後110万円に増加した。

なぜ、現在の100万円が、1年後に増加したのだろうか。ここでわかる増加要因は「銀行に預金したときの金利」である。金利はいくらかを計算しよう。

100万円が110万円に増加したため、増加額は10万円である。この増加額10万円を100万円で除すと0.1となる。パーセンテージで表すと10%となる。

つまり、税金などを考えないとすると、100万円を10%の金利で1年間預金した場合、110万円が受け取れることがわかる。一般的に当初の金額の100万円を元本、金利によって増加した10万円は利息という。

【 直感的なイメージとファイナンス 】

(2) 「割引く」という考え方

それでは、将来のお金の価値を、現在のお金の価値に合わせよう。1年後の110万円を現在の価値に戻すためには、110万円を1.1で除す。

すると、110万円÷1.1＝100万円となる。このように将来のお金の価値を、現在のお金の価値に戻すことを**「割引く」**という。また、将来の価値を**将来価値**（Future Value：FV）といい、現在の価値のことを**現在価値**（Present Value：PV）という。今回の場合、現在の100万円の1年後の将来価値は110万円で、1年後の110万円の現在価値は100万円となる。

【 割引計算 】

現在　　　　　　　　　　　　　　　1年後

100万円　　　　　　　　　　　　　110万円

110万円÷(1+0.1)

割引く

3　複利と単利　　　　　　　　　　　　　　　　　　　　　基

⑴ 2年後の金額を割引くとき「2乗」がつく理由

　今まで学習した、100万円と110万円の関係を式で表すと図表【現在価値と将来価値】のようになる。ここで、PVは現在価値、FVは将来価値を表し、rは割引率とする。それでは、図表【複利計算と割引計算】の2乗はどのような意味だろうか。これは、2年後の金額を割引くときに使用する。一般的に金利は複利のため、1年後に10%分の利子が加算された110万円に対して、10%分の利子が加算される。そこで、(1 + 0.1)を2乗して現在価値の100万円に割引く。

【現在価値と将来価値 】

現在価値　　　　　　　　　　　　　将来価値

$$PV = \frac{FV}{(1+r)^n}$$ 　　　　　　$$FV = PV \times (1+r)^n$$

$$100万円 = \frac{110万円}{(1+0.1)}$$ 　　　$$110万円 = 100万円 \times (1 + 0.1)$$

【 複利計算と割引計算 】

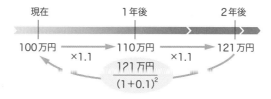

現在　　　　　　1年後　　　　　　2年後

100万円　　　　110万円　　　　　121万円

×1.1　　　　　×1.1

$$\frac{121万円}{(1+0.1)^2}$$

　図表【複利計算と割引計算】の関係から、例えば、市場価格100万円の割引債（償還期間2年、複利最終利回り（年）10%）の額面（償還時の価額）は121万円になる。

⑵ 複利と単利の考え方

　今から複利と単利の考え方を学習しよう。100万円を、銀行に金利10%で預金したら、1年後には110万円になった。それでは、単利の場合には、2年後にはい

くらになるだろうか。また、複利の場合には、2年後にはいくらになるだろうか。

単利と複利の違いは、「利息部分に金利がかかるか、かからないか」である。利息部分に金利がかからない、つまり利息の再運用を考慮しない収益計算を**単利計算**という。

単利計算で2年後を計算すると、（元本：100万円）＋（1年目の利息：100万円 × 0.1）＋（2年目の利息：100万円 × 0.1）＝ 120万円となる。

利息部分に金利がかかる、つまり利息の再運用を考慮した収益計算を**複利計算**という。

複利計算で2年後を計算すると、1年後の計算（元本：100万円）＋（1年目の利息：100万円 × 0.1）＝ 110万円

2年後の計算は、110万円＋（2年目の利息：110万円 × 0.1）＝ 121万円となり、単利計算よりも1万円高くなる。

2年後では大きな変化はないが、10年後で比較すると、単利計算では、100万円 ＋（100万円 × 0.1 × 10）＝ 200万円となる。

複利計算では、100万円 × 1.1 × 1.1 × 1.1 × 1.1 × 1.1 × 1.1 × 1.1 × 1.1 × 1.1 × 1.1 ＝ 259.374…万円となり、単利計算よりも約60万円も多くなる。

【 単利と複利のイメージ 】

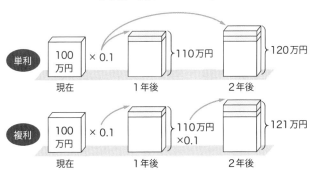

4 複利現価係数と年金現価係数

（1）複利現価係数と年金現価係数の意味

毎年100万円が5年間生み出される場合の現在価値を求めよう。割引率は10%とする。現在価値の計算方法は先ほど学習したとおりである。

一般的には次の図表のように、1年ごとの100万円を割引いて合計する。しかし、計算は煩雑になる。

そこで、【複利現価係数と年金現価係数】にある値を用いて計算する。毎年一定のキャッシュ・フローが5年間生み出される場合には、100万円に年金現価係数の3.790を乗じて現在価値を算出する。

⑵ 現価係数の使用方法

　【複利現価係数と年金現価係数】の0.909は、どのような意味だろうか。

　1÷(1＋0.1)を計算してみよう。解答は0.9090909…となる。0.909は、1を元本と割引率の合計で除した値を表している。

　割引計算の問題では、100万円を(1＋0.1)で除しても、1÷(1＋0.1)を計算してから100万円に乗じても同じ数値となるため、問題文中に複利現価係数が提示されているときには、その数値を用いて割引く。

【 複利現価係数と年金現価係数① 】

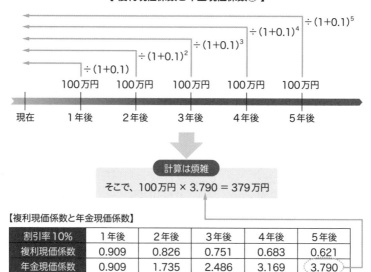

そこで、100万円 × 3.790 ＝ 379万円

【複利現価係数と年金現価係数】

割引率10%	1年後	2年後	3年後	4年後	5年後
複利現価係数	0.909	0.826	0.751	0.683	0.621
年金現価係数	0.909	1.735	2.486	3.169	3.790

⑶ 年金現価係数と複利現価係数

　年金現価係数と複利現価係数の違いを考える。両方とも1年後の0.909は同じだが、2年後以降は異なる。

　1年後から5年後までの複利現価係数を合計しよう。合計結果の3.790は5年後の年金現価係数と等しくなる。

　つまり、年金現価係数は2年なら2年分の複利現価係数の合計、5年ならば5年分の複利現価係数の合計を示している。**年金現価係数**は毎年一定額の現金流入・流出がある代替案の評価で使用する。

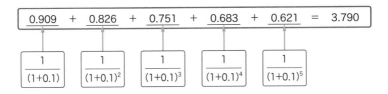

5 企業価値の測定方法

(1) 企業を評価するさまざまな視点

　企業を評価する際には、さまざまな視点がある。ある従業員は「従業員が働きやすい企業はよい企業」といったり、金融機関は「元本と金利を期日までに返済する企業はよい企業」といったりする。また、「環境活動に貢献している企業がよい企業だ」という方もいるだろう。

　しかし、このような定性的な評価では、評価する人や組織の主観で、同じ価値をもっている企業の評価でも異なるものとなる。そこで、ファイナンスでは「金」に着目して企業を評価する。企業を評価する際に100万円や1億円といったように具体的な金額で評価した方が、客観的にわかりやすくなる。

　単純に考えても企業価値評価が100万円の企業よりも、企業価値評価が1億円の企業の方がよいことがわかる。このように数値を用いて定量化することにより、客観的な評価が可能になる。試験対策上は、企業価値の最大化を企業目標として考えよう。

(2) 企業の価値を定量化して評価する方法

　① 貸借対照表の評価などストックにもとづく方法

　当該企業の貸借対照表をもとに簿価や時価で純資産を求め、企業価値を算出する。代表的な方法に「帳簿価格方式」「再調達時価方式」などがある。

　② 収益やキャッシュ・フローなどフローにもとづく方法

　収益やキャッシュ・フロー、配当などにもとづき、当該企業が獲得する価値や株式の価値を評価する。一般的には、年度別の価値をもとに適正な割引率を用いて企業価値を算出する。代表的な方法にDCF法などがある。

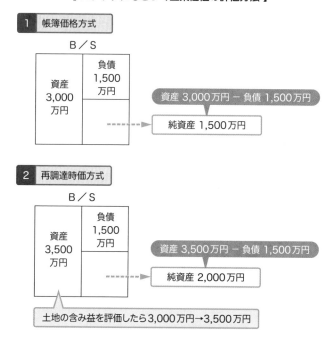

【 ストックにもとづく企業価値の評価方法 】

1 帳簿価格方式

B／S

資産 3,000万円 − 負債 1,500万円

純資産 1,500万円

2 再調達時価方式

B／S

資産 3,500万円 − 負債 1,500万円

純資産 2,000万円

土地の含み益を評価したら3,000万円→3,500万円

(3) キャッシュ・フローによる企業価値の評価

　先ほど企業の価値を定量化して評価する方法を紹介した。企業の価値を定量化して測定したら、企業価値を最大化するためにどのようにしたらよいかを考える。

　企業価値の最大化を考えるためにはフローにもとづく方法がわかりやすいため、DCF（Discounted Cash Flow）法の考え方を用いて解説する。

　一般的に、ファイナンスでは「**企業価値**は、企業が将来にわたって創出する超過キャッシュ・フローの現在価値」といわれる。これは、「企業が投資するプロジェクトのリスクやプロジェクトに用いる資金調達のミックスを反映したレートを用いて、プロジェクトが生み出したキャッシュ・フローを割引くこと」と言い換えられる。

　上記の関係をDCF法により表すと次の式になる。式では、企業価値V_0は、分子の H_1 を、分母の $(r − g)$ で割引く。rは資本コスト、gはCFの成長率である。

(4) 企業価値の向上

　DCF法の式を見ながら単純に企業価値を高める方向性を考えよう。今、100億円の企業価値を120億円にするためには、どのようにしたらよいだろうか。企業価値の算出式を見ると分数となっていることがわかる。

　単純に考えると、分子の数値を大きくして、分母の数値を小さくすると企業価値は大きくなる。

分子の数値を大きくするためには、より多くのキャッシュ・フローを生み出す投資案に投資することである。また、分母を小さくするためには、資本コスト（r）を小さくすることが必要である。

　つまり、先ほど学習した「金利の低い借入先から資金を調達（＝低いコスト）することと、より満足感を得られる（＝高いリターン）資産の購入」の考え方がベースとなる。

【 DCF 法による企業価値の算出方法 】

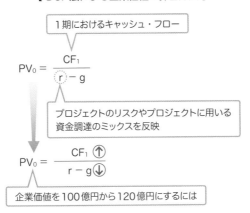

1期におけるキャッシュ・フロー

$$PV_0 = \frac{CF_1}{r - g}$$

プロジェクトのリスクやプロジェクトに用いる資金調達のミックスを反映

$$PV_0 = \frac{CF_1 \uparrow}{r - g \downarrow}$$

企業価値を100億円から120億円にするには

6 投資の原則

(1) 預金と株式のリターンとリスク

　企業の経営者が投資をする際には、どのような点に注意すべきだろうか。みなさんが、手持ちの100万円を銀行の預金、山口商事の株式で増やす方法を考えよう。

　まず、預金は、銀行の預金金利が3％のとき1年後に103万円になることは容易に予想できる。そのため1年後に、元本の100万円を103万円に増やしたい場合は、安心して銀行へ預金する。

　次に山口商事の株式で増やす場合を考えよう。現在、山口商事では、100万円の株式に対して1年後に3万円の配当がもらえるといわれている。

　しかし、ほとんどの方は、安心して山口商事の株式を購入しないだろう。それは、山口商事は、銀行と比較して倒産する可能性が高く、利益が出なければ配当はないと考えるためである。

　投資家が山口商事の株式に投資をする際には、最低限、預金金利の3％を上回るリターンがないと投資をしないだろう。

　ファイナンスでは、「投資家は、銀行に預金した場合にはローリスクで1年後に3万円のリターンを受け取れることを放棄して株式に投資をするため、3万円以上のリターンを要求するもの」と考える。

⑵ 株式投資はハイリスク・ハイリターン

　もし、山口商事の株式の株価が1年後に120万円となり、配当が10万円もらえるならば、投資をしようと考える投資家が増えるだろう。投資家が株式を購入する際には、ハイリスクのためハイリターンを期待する。

　ここで、山口商事の100万円から120万円への20万円分の株価の値上がり益を**キャピタルゲイン**と呼ぶ。

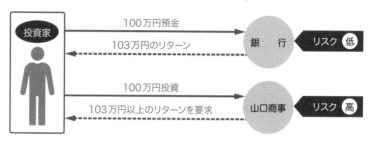

【 ハイリスクとローリスク 】

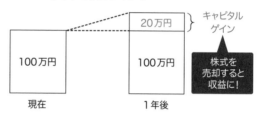

【 キャピタルゲイン 】

7　株主が要求するハードル　基

⑴ 株主の期待に応える投資の選択

　先ほど学習したように、企業が株式で資金調達をする場合には、株主はハイリスク・ハイリターンを考えている。そこで、企業の経営者は株主が要求するリターンを考慮して、調達した資金を運用する必要がある。

　企業の経営者が投資を考える際には、株主が満足するリターンを考慮した、最低限の投資収益率を確保できるプロジェクトを選択する必要がある。

　たとえば、株主が100万円のリターンを考えているならば、100万円以上のリターンが獲得できる投資案を選択する。この株主が期待しているリターンを**ハードルレート**と呼ぶ。

⑵ ハードルレートの考え方

　ハードルとは、陸上競技のハードルと同じ意味である。陸上競技のハードルでは低いハードルならば楽に飛べるが、高いハードルになるほど飛び越すことが困難になる。

　株主はもうからない事業への投資を望んではいない。株主はハイリスクな株式に投資をするため、最低限これだけはもうけてほしいという基準がある。この「最低限これだけはもうけてほしい」といった割合を「**期待収益率**」と呼ぶ。

　企業が投資の資金調達をすべて株式で調達した場合は、調達資金にかかるコストは、株主の期待収益率となる。

【 ハードルレートの考え方 】

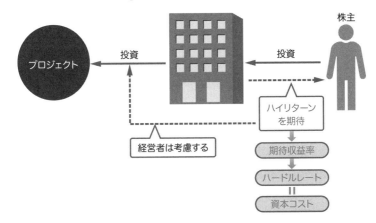

II 意思決定

1 意思決定の概要

　企業は経営活動を行う中で、さまざまな意思決定を行う。**意思決定**とは、特定の目的を達成するために、複数の代替案の中から最適な代替案を選択することである。選択する最適な代替案は、唯一の代替案であることもあるし、複数の代替案の組み合わせであることもある。

　企業は、日々意思決定を行うことで、既存事業の改善や新規事業の立ち上げをスタートさせることができる。意思決定には、定性的な分析と定量的な分析が必要であるが、本節では、定量的な分析について考察する。

　意思決定の内容を期間の長短または経営の意思決定階層で分類すると、長期的意思決定と短期的意思決定の2つに大別できる。

(1) 長期的意思決定 (戦略的意思決定、構造的意思決定)

　企業の基本計画を定める意思決定である。一般的には、意思決定の影響が複数年度にわたる場合を指し、5年～10年を見込むことが多い。ただし、近年のスピード経営時代においては、5年を超える将来予測をすることが困難なこともあるため、長期的意思決定において中期経営計画 (3年～5年) の概念を用いることもある。

　長期的意思決定の具体例としては、工場の新設や機械設備の導入の可否判断に関する事例が挙げられる。長期的意思決定の手法としては、キャッシュ・フローを基本にした、正味現在価値法や内部収益率法が代表的である。

　長期的意思決定は、事業構造が決まっていない状態での意思決定すなわち事業構造を決めるための意思決定である。

(2) 短期的意思決定 (戦術的意思決定、業務的意思決定)

　基本計画にもとづき、具体的な実現手段を選択する意思決定である。一般的には、意思決定の影響が単年度内で終了する場合を指すことが多い。ただし、意思決定の影響が複数年度にわたる場合でも、短期的意思決定だと認識する場合がある。たとえば、確定データが多い、代替案の内容が業務レベルであるなど、代替案の不確実性が低い場合である。

　短期的意思決定の具体例としては、受注案に対する受注選択判断や内外作の判断に関する事例あるいは原価計算が挙げられる。短期的意思決定の手法としては、差額原価収益分析が代表的である。

　短期的意思決定は、事業構造が決まった上での意思決定である。

【 意思決定の進め方 】

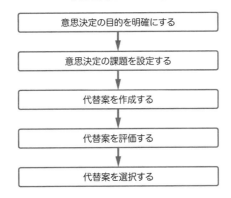

意思決定の目的を明確にする

↓

意思決定の課題を設定する

↓

代替案を作成する

↓

代替案を評価する

↓

代替案を選択する

(3) 定量的な分析を行う場合の留意点

　定量的な分析を行う場合は、代替案の評価方法について学習することが特に重要である。
　① データの精度が高いこと。
　② データが意思決定の目的に合っていること。
　③ 意思決定の前提条件が複数ある場合は、シミュレーションを行うこと。
　④ 定性的だと考えられる要因の中でも、定量データへの置き換えが可能なものは、定量データとして考慮すること。

2　意思決定における比較の基礎

R01-10
H30-11
H26-12

(1) 差額原価収益分析

　代替案を比較する場合、同じ部分を考慮する必要はなく、異なる部分に注目して判断をすればよいといえる。**差額原価収益分析**とは、代替案の差額原価と差額収益を比較して差額利益を計算し、差額利益が最大のものを選択する意思決定の手法である。
　追加的な注文を引き受けるかどうかの意思決定において、生産能力に余裕がある場合とない場合とでは考え方が異なる。
　① 生産能力に余裕がある場合
　追加的な注文によって生じる差額収益と追加的原価だけを比較すれば判断できる。
　② 生産能力に余裕がない場合
　既存製品の生産をやめて追加的な注文のための生産をする必要があるため、追加的な注文によって生じる収益の増加だけでなく、既存製品の収益の減少を考慮する必要がある。

差額原価収益分析について、下記の例で考えてみよう。

D社では現在、一般市場向け製品を下記のような条件で製造・販売している。

販売価格：1,000円/個	生産能力：100個/月
現在の需要：90個/月	直接材料費：400円/個
直接労務費予算：30,000円/月	製造間接費予算：20,000円/月

※直接労務費（直接工は月給制）と製造間接費は、すべて固定費である。

あるとき、新規の取引先から、臨時の注文が600円/個で、25個の一括注文（一部だけの受注はできない）があった場合に、この注文を受注したほうが良いか、受注しない方が良いかを判断する。

臨時の注文の製品1個を製造するためにかかる時間と、直接材料費は上記の条件と同じで、臨時の注文が通常の販売に影響を与えないとすると、25個のうち、10個分は遊休能力で生産できるが、残りの15個は現在の製品の製造をやめる必要がある。

差額原価収益分析では、ベースとなる代替案を基準にして、差額利益を代替案ごとに計算し、各代替案の差額利益を比較すると次のようになる。

臨時の注文を受注したときの差額利益の計算

差額収益　　600円×25個＝15,000円

差額原価　　400円×25個＝10,000円

差額利益　　5,000円・・・①

臨時の注文を受注しないときの差額利益の計算

差額収益　　1,000円×15個＝15,000円

差額原価　　400円×15個＝6,000円

差額利益　　9,000円・・・②

①－②＝－4,000円

よって、受注しないときのほうが、4,000円有利である。

(2) 比較に関する重要用語

異なる部分に注目して比較をするという考え方にもとづいた意思決定に関する考え方及び用語のうち、特に知っておきたい2つの用語を紹介する。

① 機会原価（機会費用、オポチュニティコスト）

代替案を排他的にしか選択できない場合は、ある代替案を選択したことによって、他の代替案を選択することができなくなる。

このとき、他の代替案を選択していれば得られたであろう利益の中で、最も大きい利益を原価として認識する。他の代替案を選択する機会を喪失したことで、利益を得る機会も喪失するため、**機会原価**と呼ぶ。機会原価は、どの代替案を選ぶかに

よって発生額が変化する原価であり、**関連原価**と呼ばれる。

② 埋没原価 (埋没費用、サンクコスト)

　どの代替案を選択した場合でも、あるいは、どの代替案も選択しない場合でも発生する原価である。原価が発生することが確定しているため、現在の意思決定には影響を与えない。現在の意思決定の立場では意識する必要がなく、埋没しているように認識できるため、**埋没原価**と呼ぶ。埋没原価は、どの代替案を選んでも発生額が変化しない原価であり、**無関連原価**と呼ばれる。

投資の意思決定方法にはさまざまなものがあるが、ここでは中小企業診断士試験での主要な方法を紹介する。

1 正味現在価値法の概要と計算手順

(1) 正味現在価値法の概要

正味現在価値法（NPV法：Net Present Value method）とは、投資による毎年のキャッシュ・フローを割引くことによって計算した現在価値合計から、初期投資額を差し引いて正味現在価値を求め、投資評価をする方法である。

正味現在価値がプラスであれば、その投資は価値を生み出していると判断し、また複数の投資案がある場合は、正味現在価値の大きな案件ほど有利であると判断する。なお、正味現在価値がマイナスであれば投資しないと判断する。

(2) 正味現在価値法の計算手順

① 毎年のキャッシュ・フローを求める。
② 割引率を設定する。
③ 毎年のキャッシュ・フローを現在価値に割引く。
④ 現在価値合計から初期投資額を差し引いて、正味現在価値を求める。
⑤ 正味現在価値から次のように判断を行う。
　(a) 判断基準は、次のとおりである。
　・正味現在価値 ＞ 0 → 投資すべきである
　・正味現在価値 ＜ 0 → 投資すべきでない
　(b) 複数の案件があり、排他的に案件を選択する場合は、正味現在価値＞0であることを前提に、正味現在価値が最大の案件に投資すべきである。

(3) 正味現在価値の定義式

正味現在価値（NPV）は、次の式で定義される。なお、投資プロジェクトの期間をN年、毎年の年数をそれぞれn年（期末基準）、毎年のキャッシュ・フローをCFn、割引率をrとする。

$$NPV = \sum_{n=0}^{N} \frac{CF_n}{(1+r)^n}$$
$$= CF_0 + \frac{CF_1}{1+r} + \frac{CF_2}{(1+r)^2} + \cdots + \frac{CF_{N-1}}{(1+r)^{N-1}} + \frac{CF_N}{(1+r)^N}$$

※一般的な投資プロジェクトでは CF_0 が初期投資額に相当し、負の金額になる。

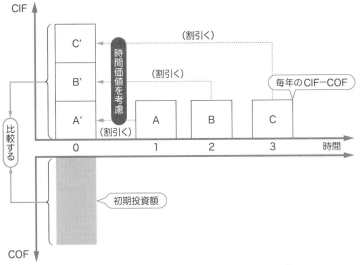

【 正味現在価値法の考え方 】

※CIF（キャッシュ・イン・フロー）　COF（キャッシュ・アウト・フロー）

2 正味現在価値法の例題

　次の〈資料〉の投資案A及びBのどちらが有利かを、正味現在価値法を用いて判
断してみよう。なお、正味現在価値法で計算する際の割引率は10%とする。

〈資料〉

- A案（新規設備Xを購入）
  ① 取得価額　500万円
  ② 耐用年数　5年（減価償却は定額法）
  ③ 残存価額　0万円
  ④ 毎年の当期純利益（単位：万円）
  1年目：40　2年目：37　3年目：34　4年目：28　5年目：20
- B案（新規設備Yを購入）
  ① 取得価額　420万円
  ② 耐用年数　5年（減価償却は定額法）
  ③ 残存価額　0万円
  ④ 毎年の当期純利益（単位：万円）
  1年目：36　2年目：36　3年目：36　4年目：36　5年目：36

【 複利現価係数 】

n／r	1	2	3	4	5
10%	0.9091	0.8264	0.7513	0.6830	0.6209

【 年金現価係数 】

n／r	1	2	3	4	5
10%	0.9091	1.7355	2.4869	3.1699	3.7908

　まず、A案のキャッシュ・フローを計算する。〈資料〉に与えられている条件から、毎年の当期純利益と毎年の減価償却費を合計して、毎年キャッシュ・フローを求める。定額法を採用しているため、毎年の減価償却費は、「取得価額÷耐用年数」で求める。すると、減価償却費は「500万円÷5年＝100万円／年」となる。

　求めた毎年のキャッシュ・フローを割り引いて、正味現在価値を求める。

正味現在価値（A案）
　＝－500＋（40＋100）×0.9091＋（37＋100）×0.8264＋（34＋100）×
　　0.7513＋（28＋100）×0.6830＋（20＋100）×0.6209＝3.097万円

　次に、B案の正味現在価値を求める。手順はA案と同じだが、毎年のキャッシュ・フローが等しくなるため、年金現価係数を使用して正味現在価値を求める。

正味現在価値（B案）
　＝－420＋（36＋84）×3.7908＝34.896万円

　両案の正味現在価値を比較すると、B案のほうが大きいため、B案が有利であると判断する。

【 正味現在価値法によるＡ案とＢ案の比較 】

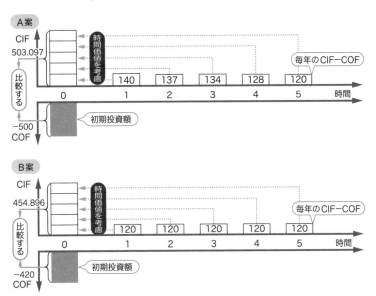

Ⅳ 内部収益率法(内部利益率法)

R05-17
R04-21
R01-23
H30-22
H26-16
H25-17
H24-18
H20-23
H19-16

1 内部収益率法の概要と計算手順

(1) 内部収益率法の概要

　内部収益率(IRR:Internal Rate of Return)とは、正味現在価値が0となるときの割引率である。内部収益率法とは、内部収益率を評価基準とした意思決定方法である。

　内部収益率法による投資の判断においては、内部収益率と資本コストを比較して投資の判断を行う。具体的には、「投資により得られる将来のキャッシュ・フローの現在価値合計と投資額とが等しくなるときの割引率を内部収益率として求め、内部収益率が資本コストを超えるならば投資を行う」と判断する。

(2) 内部収益率法の計算手順

　① 毎年のキャッシュ・イン・フロー、キャッシュ・アウト・フローを求める。
　② 正味現在価値が0となる割引率(内部収益率:IRR)を求める。
　③ 内部収益率と資本コストを比較する。
　判断基準は、次のとおりである。

内部収益率 ＞ 資本コスト → 投資すべきである
内部収益率 ＜ 資本コスト → 投資すべきでない

【 内部収益率法の計算手順 】

①初期投資額, CF_1, …, CF_n…を求める

②正味現在価値＝－初期投資額＋$\dfrac{CF_1}{(1+r)}$

$+\dfrac{CF_2}{(1+r)^2}+\dfrac{CF_3}{(1+r)^3}$

$+\cdots\cdots+\dfrac{CF_n}{(1+r)^n}=0$

となるrが内部収益率である。

③内部収益率と資本コストを比較する

(3) 内部収益率法の長所

① キャッシュ・フローの概念を導入し、キャッシュ・フローの発生するタイミングを考慮しているため、貨幣の時間価値が考慮されている。

② 収益率で表されるので、直感的に理解しやすいとされる。

(4) 内部収益率法の短所

① 内部収益率を手計算で求めるのは困難である（試行錯誤で内部収益率を見つけなければならない：回帰計算が必要である）。

② 評価基準が収益率なので、投資の規模を考慮した判断（投資金額や回収金額を考慮した判断）ができないため、相互排他的投資案を判定すると、企業価値の最大化をもたらさないことがある。

③ 投資によって生じる毎年のキャッシュ・フローの符号が複数回変化する場合、異なるいくつかの値が得られることがある。

2 内部収益率法の例題

次の〈資料〉の投資案の内部収益率が何％（整数）と何％（整数）の間にあるかを考えてみよう。また、投資案の期待収益率（資本コスト）が8％の場合、この投資案を採用すべきかどうかを内部収益率法にて判断してみよう。

〈資料〉

初期投資額：200万円

投資プロジェクトの期間：3年

毎年のキャッシュ・フロー：80万円（3年間同額）

【割引率別の複利現価係数及び年金現価係数】

	8%	9%	10%	11%
複利現価係数	0.793	0.772	0.751	0.731
年金現価係数	2.577	2.531	2.486	2.443

まず、〈資料〉にある「割引率別」に、正味現在価値を計算する。毎年のキャッシュ・フローは〈資料〉で80万円と与えられており、毎年のキャッシュ・フローが等しいため、年金現価係数を用いて正味現在価値を求める。

8％のとき	－200万円＋80万円×2.577＝6.16万円
9％のとき	－200万円＋80万円×2.531＝2.48万円
10％のとき	－200万円＋80万円×2.486＝－1.12万円
11％のとき	－200万円＋80万円×2.443＝－4.56万円

求めた正味現在価値のうち、正負が逆転しているのは、割引率が9％と10％の

間なので、内部収益率は9%と10%の間に存在すると考えられる。

この投資案の期待収益率（資本コスト）は8%なので「内部収益率 ＞ 資本コスト」
→ 投資すべきであると判断する。

【 割引率と正味現在価値の関係 】

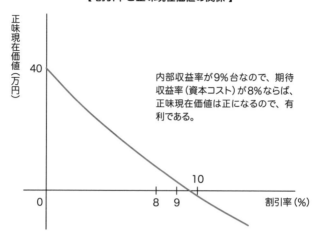

内部収益率が9%台なので、期待
収益率（資本コスト）が8%ならば、
正味現在価値は正になるので、有
利である。

V 回収期間法（ペイバック法）

R04-21
R01-23
H25-18
H24-18
H20-23

1 回収期間法の概要

　「投資額を何年で回収できるか」という観点から、「将来予想されるキャッシュ・フローの総和が投資額に等しくなるのに必要な期間」で判断する方法である。回収期間法には、時間価値を考慮しないキャッシュ・フローで計算する**単純回収期間法**と、時間価値を考慮したキャッシュ・フローで計算する**割引回収期間法**がある。回収期間法は回収後のキャッシュ・フローを無視しているため、投資案の収益性の評価には適さない。

2 回収期間法の例題

　ある企業が3年以内に機械Bの初期投資額3,000万円の回収（3年間にわたり発生する毎年のキャッシュ・フローは1,200万円）を見込んでいる場合、この投資案を採用すべきかどうかを単純回収期間法で判断しよう。

　単純回収期間法には、初期投資額を毎年のキャッシュ・フローで除して、回収期間の年数を求め、見込み回収期間と比較して判断する【解法1】と、毎年のキャッシュ・フローに目標である回収期間を乗じて、回収期間に生み出されるキャッシュ・フローの総額と初期投資額を比較して判断する【解法2】の2つの解法がある。

【解法1】

$$\frac{3,000\text{万円}}{1,200\text{万円}} = 2.5\text{年} \rightarrow 3\text{年以内に回収できる}$$

　上記の計算より、企業の目標である3年以内の初期投資額の回収を達成できるため、採用すべきである。

【解法2】

$$1,200\text{万円} \times 3\text{年} = 3,600\text{万円} \rightarrow 3\text{年以内に回収できる}$$

　上記の計算より、企業の目標である3年以内の初期投資額の回収を達成できるため、採用すべきである。

1 収益性指数法

収益性指数法は、現在価値に投資効率性を加味した投資の意思決定方法である。収益性指数法では、次式における収益性指数が1よりも大きければ投資案を採用すると判断する。また、収益性指数が大きい投資案ほど有利だと判断する。

$$収益性指数 = \frac{キャッシュ・フローの現在価値合計}{初期投資額}$$

収益性指数法の考え方は、正味現在価値法と基本的に同じである。正味現在価値法では「初期投資額とキャッシュ・フローの現在価値合計との差」を判断基準としているのに対し、**収益性指数法**では「初期投資額とキャッシュ・フローの現在価値合計との比率」を判断基準としていることが両者の違いである。

2 会計的投資利益率法

(1) 会計的投資利益率法の概要

会計的投資利益率とは、投資から予想される平均利益を分子とし、総投資額または耐用年数の全期間を通ずる平均投資額を分母とする比率である。

$$会計的投資利益率（％） = \frac{平均利益}{総投資額または平均投資額} \times 100$$

会計的投資利益率法では、基準となる投資利益率があらかじめ決められており、投資案の利益率が基準値を上回れば、その投資案は有利だと判断する。

(2) 会計的投資利益

ある企業では新規の投資案で、投資額500万円を必要とし、経済命数5年、各年度の減価償却費100万円の投資案の税引後キャッシュ・フローが220万円と予測されている。

なお、実効税率は40％とし、減価償却費以外の費用及び収益はすべてキャッシュ・フローとしたとき、この投資案の税引後利益額を求めよう。

ここで、経済命数とは、投資の始点（設備投資の時点）から終点（設備の除却時点）までの期間のことである。税引前利益をX万円とし、税引後利益をY万円とすると、実効税率が40％であるため、Y＝（1－0.4）Xとなる。

税引前利益	X	
税額（40%）	0.4X	（－）
税引後利益	Y	（＝0.6X）
減価償却費	100	（＋）
税引後キャッシュ・フロー	220	（＝Y＋100）

　減価償却費以外の費用及び収益はすべてキャッシュ・フローであり、各年度の減価償却費が100万円であることから、税引後キャッシュ・フローの220万円は「Y＋100」に等しくなる。

　よって、「0.6X＋100＝220」から、「X＝200」となる。よって、求める税引後利益額（Y）は、120万円となる。

R04-14
R02-20
H30-13
H27-15
H23-15
H20-15

3　社債の発行の検討　Ⓐ

(1) 普通社債の割引発行価額

　社債を発行する際の判断も投資の意思決定の一つである。ここでは、社債の発行価格について普通社債の発行を用いて理解しよう。

　普通社債を割引発行する場合、「普通社債の発行価額」は「投資家が得る金額の現在価値」に等しくなるようにする。普通社債を購入した投資家は、毎年の社債利息と、償還時の社債額面金額とを受け取る。

　「投資家が得る金額の現在価値」は「社債利息の現在価値」と「償還する社債額面金額の現在価値」との合計金額である。

　また、貸付金の現在価値も、社債の発行価格と同様の考え方で計算できる。「貸付金の現在価値」は「利息の受取額の現在価値」と「元本の返済額の現在価値」との合計金額である。貸し付けを行っている取引先の財政状態が悪化し、元本の一部が回収不能となる可能性が高まっている場合、割引率が高くなるため、貸付金の現在価値は小さくなる。

(2) 普通社債発行の例題

　ある企業では、現在、普通社債の発行を検討している。この社債は額面100円に対するクーポンレートが4％（1年後より年1回支払い）で、償還期間は5年を検討している。このとき、この企業はこの社債をいくらで発行すべきか考えよう。

　なお、検討の際には、税金は考えないものとし、複利現価係数（6％、5年）は0.75、年金現価係数（6％、5年）は4.21とする。

　検討する際には、普通社債に関してC社が支出する金額の現在価値合計が、普通社債の発行価額になる。普通社債に関してC社が支出する金額は次の2つである。

　① 5年後に100円を支出

　② 1年後～5年後に毎年4円支出

　上記①の現在価値を求めると「100円（5年後の支出）×0.75（6％・5年の複利現

価係数）＝75円」となる。

上記②の現在価値合計は、「4円（毎年の支出）×4.21（6%、5年の年金現価係数）
＝16.84円」となる。

普通社債の発行価額は、①の75円と、②の16.84円を合計した「①＋②＝
91.84円」となる。たとえば、これを小数点第1位の四捨五入で端数処理すると92
円となるため、92円で発行すべきである。

【 普通社債の割引発行価額の計算イメージ 】

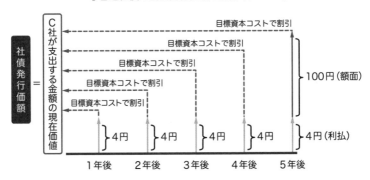

■■■ 問題編 ■■■   Check!!

問1 (H25-16改題)   [○・×]
　どの代替案を選択した場合でも、あるいは、どの代替案も選択しない場合でも生じるコストであり、ゆえに将来の意思決定に無関連な原価を機会原価という。

問2 (H17-10設問2)   [○・×]
　内部利益率法は、相互排他的投資案の評価において、不適切な結果を導く場合がある。

問3 (R04-21)   [○・×]
　正味現在価値法では、投資によって生じる毎年のキャッシュフローの符号が複数回変化する場合、異なるいくつかの値が得られる場合がある。

問4 (H25-17)   [○・×]
　投資プロジェクトの評価方法には、正味現在価値法のほか、内部収益率法、回収期間法、会計的投資利益率法など多くの代替的手法がある。

問5 (H25-18改題)   [○・×]
　初期投資額4,500万円、毎年のキャッシュ・フローを900万円としたプロジェクトがあるとき、このプロジェクトの回収期間は3年である。

問6 (H20-23)   [○・×]
　回収期間法は、回収後のキャッシュ・フローを無視している。

問7 (H17-10設問1)   [○・×]
　回収期間法は、回収期間が短いほど有利な投資案とする。

問8 (R01-23)   [○・×]
　回収期間法における回収期間とは、プロジェクトの経済命数のことである。

問1　×：埋没原価の説明である。
問2　○：投資の規模（投資金額や回収金額）を考慮した判断ができないという欠
　　　　点がある。
問3　×：設問文は内部収益率法に関する記述である。
問4　○：この他に、収益性指数法などがある。
問5　×：4,500万円÷900万円＝5となるため、5年が回収期間である。
問6　○：設問文のとおり。
問7　○：投資額を短期間で回収できる。
問8　×：回収期間とは、投資からもたらされるキャッシュ・フローによって投資
　　　　額を回収するのに要する期間である。キャッシュ・フローが生じる期間
　　　　を経済命数という。

厳選!! 必須テーマ　重要例題①　──第8章──

平成21年度　第16問

■■■ 問題編 ■■■

　C社では、工場拡張投資を計画中である。この投資案の初期投資額は、4,000万円である。計画では、この投資により今後毎年売上高が2,400万円増加し、現金支出費用が1,200万円増加する。この投資物件の耐用年数は5年であり、残存価額はゼロである。減価償却法として定額法を用いており、実効税率は50％であるとする。なお、運転資金の額は変化しないものとする。

　資本コストが10％であるとき、この投資案の正味現在価値として、最も適切なものを下記の解答群から選べ（単位：万円）。なお、現価係数は下表のとおりである。

複利現価係数(10％, 5年)	年金現価係数(10％, 5年)
0.62	3.79

〔解答群〕

　ア　　548

　イ　－210

　ウ　－280

　エ　－900

■■■ 解答・解説編 ■■■

解答：イ

投資の意思決定における正味現在価値を求める出題である。

時系列にそってキャッシュ・イン・フロー（CIF）とキャッシュ・アウト・フロー（COF）を示すと次図のとおりである。

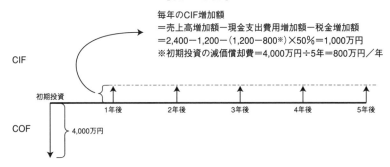

【CIFとCOF】

毎年のCIF増加額
＝売上高増加額－現金支出費用増加額－税金増加額
＝2,400－1,200－（1,200－800※）×50％＝1,000万円
※初期投資の減価償却費＝4,000万円÷5年＝800万円／年

CIF

初期投資　　1年後　　2年後　　3年後　　4年後　　5年後

COF　　　4,000万円

本問における正味現在価値（NPV：Net Present Value）は、毎年のCIF増加額が同じであるため、年金現価係数を用いて求める。

NPV＝－4,000＋1,000×3.79＝－4,000＋3,790＝－210（万円）

よって、イが正解である。

284

■■■ **問題編** ■■■

現在、3つのプロジェクト(プロジェクト①〜プロジェクト③)の採否について検討している。各プロジェクトの初期投資額、第1期末から第3期末に生じるキャッシュフロー、および内部収益率(IRR)は以下の表のとおり予測されている。いずれのプロジェクトも、経済命数は3年である。初期投資は第1期首に行われる。なお、法人税は存在しないと仮定する。

(金額の単位は百万円)

	キャッシュフロー				IRR
	初期投資	第1期	第2期	第3期	
プロジェクト①	− 500	120	200	280	8.5 %
プロジェクト②	− 500	200	200	200	( ) %
プロジェクト③	− 500	300	200	60	7.6 %

内部収益率法を用いた場合のプロジェクトの順位づけとして、最も適切なものを下記の解答群から選べ。たとえば、プロジェクト①>プロジェクト②は、プロジェクト①の優先順位が高いことを示す。なお、内部収益率の計算にあたっては、以下の表を用いること。

経済命数が3年の場合の複利現価係数および年金現価係数

	6 %	7 %	8 %	9 %	10 %	11 %
複利現価係数	0.840	0.816	0.794	0.772	0.751	0.731
年金現価係数	2.673	2.624	2.577	2.531	2.487	2.444

〔解答群〕

ア プロジェクト①>プロジェクト②>プロジェクト③

イ プロジェクト①>プロジェクト③>プロジェクト②

ウ プロジェクト②>プロジェクト①>プロジェクト③

エ プロジェクト②>プロジェクト③>プロジェクト①

オ プロジェクト③>プロジェクト①>プロジェクト②

解答：ウ

　内部収益率法に関する出題である。

　解答にあたり「内部収益率が大きいプロジェクトから順位づけすること」と「プロジェクト②の内部収益率の存在範囲を推定する方法」について理解しておく必要がある。

　内部収益率法では、内部収益率が大きいプロジェクトほど有利であると判断するため、プロジェクト②の内部収益率が計算できれば正解を選べる。しかし、内部収益率を端数桁まで手計算で計算することは困難であるため、「内部収益率の存在範囲を推定する」ことで、正解を選ぶ。具体的な解法は、次のとおりである。

　プロジェクト②の内部収益率をx%とすれば、次の式が成り立つ。

　初期投資額＝毎期同額のキャッシュフロー×{(x%，3年)の年金現価係数}

　この式にプロジェクト②に関する数値を代入し、内部収益率の存在範囲を推定する。

　500百万円＝200百万円×{(x%，3年)の年金現価係数}

　{(x%，3年)の年金現価係数}＝500百万円÷200百万円＝2.5

　経済命数が3年の場合の年金現価係数表を見ると、年金現価係数が2.5になる内部収益率の範囲は「9%＜x%＜10%」であることがわかる。

　以上から、3つのプロジェクトについて内部収益率の大小関係が判明するため、プロジェクトの順位づけは、次のようになる。

　プロジェクト②＞プロジェクト①＞プロジェクト③

　よって、ウが正解である。

■■■　**問題編**　■■■

　A社は、額面100万円の社債（償還までの期間が3年、クーポン・レート3％（年1回払い））を発行しようと考えている。現在、複利最終利回りは2.0％と予想される。このとき、A社の社債の価格はおよそいくらと考えられるか。最も適切なものを下記の解答群から選べ。なお、複利現価係数と年金現価係数は以下のものを使用すること。

期間(年)	複利現価係数		年金現価係数	
	2 %	3 %	2 %	3 %
1	0.980	0.971	0.980	0.971
2	0.961	0.943	1.941	1.914
3	0.942	0.915	2.883	2.829

〔解答群〕
　ア　98万円
　イ　100万円
　ウ　103万円
　エ　105万円

■■■ **解答・解説編** ■■■

解答：ウ

　普通社債の発行価額に関する出題である。

　「社債の発行価額」は「投資家が得る金額の現在価値」に等しい。「投資家が得る金額の現在価値」は「社債利息の現在価値」と「償還する額面の現在価値」との合計金額である。

①社債利息の現在価値＝（毎年発生する利息額）×（資本コスト（複利最終利回り）2％、3年の年金現価係数）＝（100万円× 0.03）× 2.883 ＝ 8.649万円

②償還する額面の現在価値＝（3年後に返済する額面金額）×（資本コスト（複利最終利回り）2％、3年の複利現価係数）＝ 100万円× 0.942 ＝ 94.2万円

　社債の発行価額＝①＋②＝ 8.649万円＋ 94.2万円＝ 102.849万円≒ 103万円

　よって、ウが正解である。

テーマ別出題ランキング

過去23年分 平成13年（2001年）〜令和5年（2023年）	
1位	外部金融と内部金融
2位	間接金融と直接金融

直近10年分 平成26年（2014年）〜令和5年（2023年）	
1位	間接金融と直接金融
2位	外部金融と内部金融

過去23年間の出題傾向

　間接金融と直接金融は6回、外部金融と内部金融は7回と、超頻出ではないが約3年に1回、定期的に出題されているテーマである。学習内容も限られており、覚えてしまえば確実に得点できるテーマなので、得点源にしておこう。

第 **9** 章

資金調達の知識

I 資金調達の形態

I 資金調達の形態

1 資金調達の手段

　企業が経営活動をするためには資金が必要である。ここでは企業における資金調達手段をいくつかの観点から見ていく。

　観点としては、①貸借対照表をもとにするもの、②間接金融と直接金融（金融機関の仲介の有無をもとにするもの）、③外部金融と内部金融（資金調達源泉を企業の外部に求めるか内部に求めるかによるもの）がある。

　なお、ここでいう「資金」とは、現金・預金以外に、運転資本や減価償却による資金調達の概念も含んでいる。そのため「資金」ではなく「資本」という言葉を使って説明することもある。

2 貸借対照表をもとにする資金調達

　貸借対照表をもとに資金調達を見てみよう。貸借対照表では、貸方が資金の調達源泉を表している。貸借対照表の構成から、資金の調達手段は大きく2つに分類される。それは、負債（Debt）と株主資本（Equity）である。

(1) 負債による資金調達

　負債は、株主以外からの資本の調達源泉を意味する。このため他人資本とも呼ばれる。**負債**には、借入金、支払手形、買掛金などの法律上の債務と、未払費用、負債性引当金などの会計上の債務がある。

　また負債は、支払期限が1年を超えるかどうか（1年基準）により、比較的短期間に支払期限が到来する負債である流動負債と、流動負債以外の負債で通常1年を超えて、長期的に支払期限が到来する固定負債とに分けられる。

　金融機関からの借入れや普通社債発行による負債の増加を伴う資金調達を**デット・ファイナンス**（Debt Finance）と呼ぶ。

(2) 株主資本による調達

　株主資本は、調達源泉のうち返済義務を負わない部分を指し、元本である出資資本とその結果である稼得利益から構成される。

　また、時価発行増資や新株予約権付社債などの手段もある。自己資本の増加（新株発行）を伴う資金調達を**エクイティ・ファイナンス**（Equity Finance）と呼ぶ。

　ファイナンスでは、株主の視点から企業を見ることが多いため、自己資本のことを株主資本と呼ぶ。

【貸借対照表で見る資本調達源泉（負債と株主資本）】

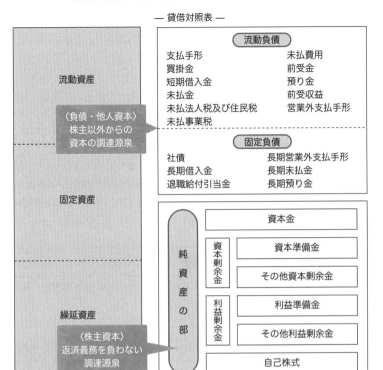

企業会計上の株主資本は、純資産の部の構成要素になる。

R03-14
R01-20
H29-14
H28-10

3 間接金融と直接金融 Ⓑ

　金融機関の仲介の有無の観点から資金調達手段を見ると、金融機関を仲介して資金調達を行う**間接金融**と、市場から直接資金調達を行う**直接金融**とに分けることができる。

(1) 間接金融

① 具体例
　間接金融には、金融機関からの借入（短期借入、長期借入）がある。

② 特徴
　間接金融の特徴は、直接金融に比べて短期的な資金調達であるため、手続きが比較的容易なことである。また、企業経営において外部牽制機能やチェック機能を好まない経営者は、間接金融を好む傾向がある。なぜなら、借入先の金融機関のみに財務情報を開示（ディスクローズ）すれば資金調達できるからである。

⑵ 直接金融

① 具体例

直接金融には、株式、社債（普通社債、新株予約権付社債、転換社債）、コマーシャル・ペーパーの発行などがある。

② 特徴

直接金融を用いると、長期安定資金を確保することができる。しかし、格付により制約を受けたり、一定期間の企業の財務情報を投資家に開示（ディスクローズ）する必要があったりするため、格付が高い一部の企業の資金調達手段になることが多い。また、資金を手にするまでに手数や日数を要する。

また、直接金融で資金調達する場合や、企業が資金を緊急に必要としている場合は、投資家もリスクを感じるため、資金調達が困難になる可能性がある。そこで、直接金融を重視している格付の高い企業であったとしても、調達可能性（Availability）確保のために、間接金融の道を確保している。

4 外部金融と内部金融 Ⓑ

資金調達源泉を企業の外部に求めるか内部に求めるかの観点で見ると、**外部金融**と**内部金融**とに分けることができる。

⑴ 外部金融

① 具体例

⒜ 企業間信用

企業間信用は、一般的な企業間取引において、売上や仕入に対して設定される債権債務の総称で、商品納入時期と代金支払い時期のずれから生じる企業間の貸借関係である。

具体的には、掛売りや掛買いなどの商取引の結果発生する売掛金あるいは受取手形（売上債権）や、買掛金や支払手形（仕入債務）を指している。

買い手側では、代金支払いの先延ばしにより買掛金が発生し、後日に手形か現預金で代金を支払うことになるため、一定期間の決済資金の節約分だけ資金調達を行ったことになる。

⒝ 間接金融

短期借入、長期借入、手形割引、手形借入、証書借入

⒞ 直接金融

社債発行、新株予約権発行、株式発行

② 特徴

⒜ 企業間信用

見かけ上、資本コストが発生しないため、利用しやすい。

⒝ 間接金融

比較的容易かつ迅速に調達できるが、借入枠、借入超過に注意を要する。

(c) 直接金融

増資や社債発行によるものなので、長期間返済の必要がない反面、調達の機動性は低い。また、配当や利息を支払うための資金確保が必要となる。

(2) 内部金融

① 具体例

利益の内部留保、減価償却

② 特徴

(a) 利益の内部留保

配当や利息を支払うための資金確保が不要であり、返済の必要がない。しかし、内部留保が多すぎると、株主から配当が過少であると判断されたり、内部留保をねらってのTOB（Take Over Bid：株式公開買付）の危険があったりするため、適切な配当の実施が重要になる。

(b) 減価償却

減価償却を行うと、減価償却費が費用計上されるが、キャッシュの支出（キャッシュ・アウト・フロー）が伴わないため、計上した減価償却費分の資本が調達されたことになる（自己金融効果）。

【 資金調達の形態 】

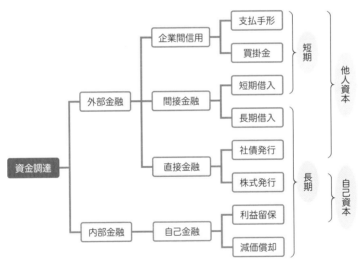

※このほかに短期の直接金融としてコマーシャル・ペーパーがある。

■■■ **問題編** ■■■　　　　Check!!

問1 (H28-10)　　　　　　　　　　　　　　　　　　　　［○・×］
銀行が株式の発行を行った場合は間接金融となる。

問2 (H24-15)　　　　　　　　　　　　　　　　　　　　［○・×］
内部金融とは、企業の事業活動によって獲得された長期資金調達であり、利益の内部留保、減価償却などから構成される。

問3 (R01-20)　　　　　　　　　　　　　　　　　　　　［○・×］
利益の内部留保や減価償却による資金調達を内部金融と呼ぶ。

問4 (H23-14改題)　　　　　　　　　　　　　　　　　　［○・×］
コマーシャルペーパーや手形借入金は、短期資金調達に分類される。

問5 (H21-12)　　　　　　　　　　　　　　　　　　　　［○・×］
企業間信用による調達は、長期資金であり外部金融である。

問6 (R03-14)　　　　　　　　　　　　　　　　　　　　［○・×］
転換社債は、株式に転換されるまでは負債に計上されるので間接金融である。

■■■ **解答・解説編** ■■■

問1　×：株式の発行は直接金融である。
問2　○：設問文のとおり。
問3　○：設問文のとおり。
問4　○：この他、買掛金も短期資金調達に分類される。
問5　×：企業間信用は短期資金調達に分類される。
問6　×：転換社債は社債の一種であるため、直接金融に分類される。

厳選!! **必須テーマ　重要例題①**　　──第9章──

平成23年度　第14問

■■■ **問題編** ■■■

　次のa～fのうち、一般に短期資金調達と呼ばれるものの組み合わせとして最も適切なものを下記の解答群から選べ。

a　買掛金
b　減価償却
c　コマーシャルペーパー
d　手形借入金
e　ファイナンス・リース
f　優先株式

〔解答群〕
　　ア　aとbとc
　　イ　aとcとd
　　ウ　aとcとe
　　エ　bとcとe
　　オ　bとdとf

■■■ **解答・解説編** ■■■■

解答：イ

　短期資金調達方法に関する出題である。

　一般に「短期資金調達」とは、その対象期間が概ね1年間を超えるか否かで判断される。

a：適切である。「買掛金」は「企業間信用」の一つとされ、一般的に「短期資金調達」に分類される。買掛金は、商品の仕入代金の決済を短期の一定期間猶予されることで発生する債務である。

b：不適切である。「減価償却」は「自己金融」の一つとされ、一般的に「長期資金調達」に分類される。減価償却を行うと減価償却費が費用計上される。利益計算の過程で費用は現金の裏付けがある収益から差引かれ、費用相当額の現金が企業内に留保される。現金支出を伴う人件費などは、留保された現金から支払われて社外流出するが、現金支出を伴わない費用は留保されたまま企業内に残る。

c：適切である。「コマーシャルペーパー（CP）」は「直接金融」の一つとされ、一般的に「短期資金調達」に分類される。CPは、企業が短期資金の調達を目的に発行する無担保の約束手形である。企業が直接金融で資金を調達するという点では社債と類似しているが、CPの償還期間は通常1年未満の短期であるものが多い。

d：適切である。「手形借入金」は「間接金融」の一つとされ、一般的に「短期資金調達」に分類される。手形借入金は、企業が約束手形を振出してこれを銀行が割引いて引き受けることによって資金を調達する方法である。

e：不適切である。「ファイナンス・リース」は「間接金融」の一つとされ、一般的に「長期資金調達」に分類される。ファイナンス・リースは、「①中途解約の禁止」・「②フルペイアウト（リース会社がリース目的物取得に投資した資金のほぼ全額を借手がリース期間中に支払うこと）」の2要件が含まれたリース契約のことである。

f：不適切である。「優先株式」は、「直接金融」の一つとされ、一般的に長期資金調達目的で選択されるものである。

　よって、最も適切な組み合わせは、aとcとdであり、イが正解である。

■■■■ **問題編** ■■■■

内部金融に関する記述として、最も適切なものはどれか。

ア　内部金融とは、企業の事業活動によって獲得された自己資本調達であり、利
　　益の内部留保、企業間信用などから構成される。
イ　内部金融とは、企業の事業活動によって獲得された他人資本調達であり、減
　　価償却、ファイナンス・リースなどから構成される。
ウ　内部金融とは、企業の事業活動によって獲得された短期資金調達であり、減
　　価償却、企業間信用などから構成される。
エ　内部金融とは、企業の事業活動によって獲得された長期資金調達であり、利
　　益の内部留保、減価償却などから構成される。

■■■ **解答・解説編** ■■■

解答：エ

資金調達手段のうち内部金融に関する出題である。

資金を外部から調達せず、企業内部の源泉に頼ることを内部金融といい、自己金融ともいう。内部金融による資金調達には、内部留保と減価償却があり、株式発行と並び長期資金調達源の1つである。

選択肢イにあるファイナンス・リースは、リース会社が物件の売り手から必要な物件を購入し、物件の借り手へ貸し出してリース料を受け取る賃貸借契約であるため、実質的な金融機能を有する。

ア：不適切である。企業間信用は、外部金融の構成要素である。また、内部金融の構成要素である減価償却は自己資本調達ではないため「内部金融とは、自己資本調達であり」とは言えない。

イ：不適切である。内部金融は、他人資本調達ではない。また、ファイナンス・リースは、資産を用いた外部金融の構成要素である。

ウ：不適切である。内部金融は、長期資金調達である。また、企業間信用は、外部金融の構成要素である。

エ：適切である。

■■■ 問題編 ■■■

直接金融と間接金融に関する記述として最も適切なものはどれか。

ア　ある企業の増資に応じて、個人投資家が証券会社を通して株式を取得したとき、その企業にとっては直接金融となる。

イ　銀行が株式の発行を行った場合は間接金融となる。

ウ　金融庁は、「貯蓄から投資へ」というスローガンの下、直接金融の割合を減らし間接金融の割合を増やすことを目指している。

エ　社債の発行による資金調達は、借入金による資金調達と同じ負債の調達であり、間接金融である。

▨▨▨ **解答・解説編** ▨▨▨

解答：ア

　直接金融と間接金融に関する出題である。

ア：適切である。直接金融は、株式発行や社債発行などで、市場から直接に資金調
　　達する金融である。
イ：不適切である。株式発行による資金調達は、直接金融である。
ウ：不適切である。「貯蓄から投資へ」というスローガンは、直接金融を増やすこ
　　とにつながるものである。
エ：不適切である。社債の発行による資金調達は直接金融である。

過去23年分 平成13年(2001年)～令和5年(2023年)	
1位	株式を評価する指標
2位	資本コストの算出方法
3位	最適資本構成の理論

直近10年分 平成26年(2014年)～令和5年(2023年)	
1位	最適資本構成の理論
2位	最適資本構成(実際)
3位	株式を評価する指標

過去23年間の出題傾向

　最適資本構成の理論(MM理論)は25回、株式を評価する指標は22回、資本コストの算出方法(CAPM)は17回、加重平均資本コスト(WACC)は13回と、いずれも23年間で10回以上出題されている超頻出テーマである。まずはこれらのテーマを重点的に学習して知識を固めていこう。

第 10 章

資本コストの知識

I 資本コスト

1 資本コストの概要

(1) 企業から見た資本コストと資本家から見た資本コスト

ここまでは企業が必要とする資本調達について見てきた。企業はいろいろな資本調達方法を採用して、資金を集めることができる。また、資本調達方法ごとに特徴があることも確認した。

企業は調達した資本を元に企業活動を行い、自社を維持・拡大しながら、借入金を返済し、投資家にとって「投資したくて仕方ない」十分に魅力的な企業であり続けるために、価値を向上させ、配当を支払うことが必要である。一方、どのような割合で資本を調達することが企業にとって有利かという判断も必要になる。

資本調達に対し、このようなアクションをとるときに考える必要がある概念の1つに「資本コスト」がある。広義では、資本コストは「資本の調達レート」といえる。では、資本コストについて詳しく見ていこう。

資本コストとは、2つの観点から次のように見ることができる。

① 企業側から見た場合

企業が資本を調達するにあたり、調達した資本への対価として、資本提供者に支払わなくてはならない報酬であり、事業活動の観点からは**必要収益率**である。

② 投資家側から見た場合

投資家が投資をするにあたり、投資金額から得られる回収額に対して考える**要求利回り**あるいは**期待収益率**である。

つまり、負債及び株主資本によって企業が資本調達したことで、債権者に対して利子を支払ったうえに、株主が要求する配当も支払えるだけの収益性を確保できる水準が、企業にとっての**資本コスト**になる。

(2) 資本コスト額と資本コスト率

資本コストには、資本コスト額という見方と、資本コスト率という見方がある。たとえば、100万円を利率10%で借入れた場合、「年間10万円の利子を払っている」という見方ができる一方、「年間10%の利子を払っている」という見方ができる。

① 資本コスト額

資本コストを金額で認識した場合が「資本コスト額」である。

② 資本コスト率

資本コストを率で認識した場合が「資本コスト率」である。

ファイナンスにおいて、特に断りがなく資本コストという用語を使った場合は、一般的に「資本コスト率」のことを意味する。

(3) 広義の資本コストと狭義の資本コスト

　「資本」という言葉は、広義では資本の調達源泉すべて(他人資本+自己資本)を意味し、狭義では自己資本のみを意味する。このため、資本コストという用語にも広義と狭義がある。

① 広義の資本コスト

　負債コスト(負債の調達コスト)と株主資本コスト(自己資本の調達コスト)

② 狭義の資本コスト

　株主資本コスト(自己資本の調達コスト)のみ

　ファイナンスにおいて、資本コストという用語は、使用される場面によって広義の場合と狭義の場合がある。そのため、どちらを意味するのかは文脈から判断する必要がある。

R03-15
R01-21
H29-24
H28-14
H27-14
H25-14
H24-16
H23-16
H22-17
H21-15
H20-16

2 加重平均資本コスト Ⓐ

(1) 加重平均資本コストの概要

　資本の調達源泉は負債と株主資本とによることから、広義の**資本コスト**は、負債コストと株主資本コストに分けられる。

　一方、広義の資本コストを一本化して、資本構成全体にかかわる「企業全体の資本コスト」を考えることもできる。この場合、負債コストと株主資本コストをそれぞれの構成割合にもとづいて加重平均した値を用いる。これを**加重平均資本コスト**(WACC:Weighted Average Cost of Capital)と呼ぶ。

(2) 加重平均資本コストの計算方法

一般的には、加重平均資本コスト(WACC)は次の公式で計算される。

【 加重平均資本コスト 】

資産 A	負　債　　D コ ス ト　　r_d	D ➡ 負債金額 E ➡ 株主資本 r_d ➡ 負債の平均コスト r_e ➡ 株主資本の平均コスト t ➡ 実効税率
	株主資本　　E コ ス ト　　r_e	

$$\text{企業の加重平均資本コスト(WACC)} = \frac{D}{D+E} \times r_d \times (1-t) + \frac{E}{D+F} \times r_e$$

⑶ 加重平均資本コストの例題

　ある企業は、負債が60億円、株主資本が40億円、負債の平均コストが6%、株主資本の平均コストが8%、実効税率が40%であるとき、この企業の加重平均資本コスト（WACC）を求めてみよう。

　なお、端数が出る場合は、小数点第3位を四捨五入する。

$$\text{WACC} = \frac{60億円}{100億円} \times 6\% \times (1-0.4) + \frac{40億円}{100億円} \times 8\% = 5.36\%$$

　この企業で新規プロジェクトの案件があった場合、資本コストである5.36%を超える収益率が期待できるかどうかが、プロジェクトを実行するか否かの判断基準となる。

　もし、長期的に見て5.36%の収益率を確保できないプロジェクトに投資を行うとすると、将来的に企業価値が低下する可能性が高くなる。

II 最適資本構成

R03-17
R02-24
R02-18
R01-22
H27-13
H26-15
H22-14
H21-15
H20-18

1 最適資本構成の理論 Ⓐ

　加重平均資本コストを最小にするであろう資本構成は、**最適資本構成**と呼ばれる。最適資本構成については、MM理論が最も代表的な理論なので、以降で紹介する。

(1) MM理論

　「完全資本市場下で、企業価値は資本構成の影響を受けない」「法人税が存在する不完全市場下で、負債を持つ企業の方の企業価値が高い」「投資の切捨率（資本コスト）は資金調達方法にかかわりなく一定である」など示すのが「**モジリアーニ＝ミラーの理論（MM理論）**」である。

　現実の資本市場には、税金、取引コスト、情報コストや情報の偏在等が存在するため、完全資本市場を前提条件とすることはできない。ただし、MM理論は最適資本構成を考える場合の基礎となるため、理解しておこう。

(2) 完全資本市場

R05-19
H30-20
H26-14

　モジリアーニとミラーが設定した完全資本市場の定義は、次のようなものである。
① 情報は市場参加者にコストなしで一様に行き渡る。
② 取引費用や取引制限がない。
③ 税金がない。
④ 商品の流動性が十分に高い。

　完全資本市場において、「企業の資本構成は企業価値に影響を与えない」とするのが**MM理論**である。また、①によって情報の内容が市場価格に反映されているとする理論を**効率的市場仮説**という。

　なお、効率的市場仮説は、次の3つの仮説に細分できる。

　(a) **ウィーク型仮説**

　　現在の株価は、過去の株価や取引高など、過去に企業が自ら公開したさまざまな情報を反映しており、将来の株価の動きを知ることは難しいという仮説

　(b) **セミストロング型仮説**

　　現在の株価は、過去に企業が自ら公開した情報のみならず、新聞記事やアナリストレポートなど、企業以外から公開された情報をも反映しているという仮説

　(c) **ストロング型仮説**

　　現在の株価は、公開されている情報のみならず、インサイダー情報など、一部の関係者しか知りうることが出来ない情報も含め、全ての情報を反映しているという仮説

(3) 具体例

　分析を単純にするため、完全資本市場の前提条件に加えて、次のような前提条件を置くことにする。

〈 前提条件 〉

① 営業利益の期待値は毎年一定である。
② 減価償却費は全額更新投資に充てられ、営業利益と税引前キャッシュ・フローは同じになる。
③ 利益は全額配当される。
④ 負債の利子率は毎年一定である。

　〈前提条件〉にもとづき、次の企業の企業価値（負債価値＋株主価値）を考えてみよう。
　A社とB社は、資産、事業内容、営業利益の期待値がまったく同じ企業である。違いは、A社は全額株主資本で構成され、B社は社債（利子率10％）を500億円発行している点である。両社の株主資本コストは10％とする。
　営業利益の期待値を300億円とするとき、完全資本市場を前提としてA社とB社の企業価値を比較する。

(単位：億円)

	A社	B社
① 総資本	3,000	3,000
② 負債	0	500
③ 株主資本	3,000	2,500
④ 営業利益	300	300
⑤ 負債利子	0	50
⑥ 配当金	300	250

　A社は負債がないので、資本コスト（加重平均資本コストに相当）は10％である。さらにA社は毎年300億円の配当を生み出すので、A社の株主価値は、「300億円÷10％＝3,000億円」となる。
　B社は、資産、事業内容、営業利益の期待値がA社とまったく同じ企業であるから、資本提供者である株主及び債権者が負うリスクは同じであり、企業価値も同じ3,000億円のはずである。これを確認してみよう。
　B社の場合、資産から生み出されるキャッシュ・フローである営業利益300億円は、負債利子として債権者に50億円、株主に250億円分配され、300億円でA社と同じになる。
　また、利子率と株主資本コストはともに10％なので、加重平均資本コストも10％となる。よってB社の企業価値も「300億円÷10％＝3,000億円」となる。
　よって、両社の企業価値は、3,000億円で同じであることがわかる。

R05-15
R03-17
R01-22
H29-17
H27-13
H22-14

2 最適資本構成（実際）

(1) 節税効果の存在

　完全資本市場では税金を無視してきたが、実際の市場では税金が存在する。負債がある場合、負債に対する利子は損金算入できるため、節税効果が存在する。節税効果が存在すると、損金算入できない資本コスト（株主資本コスト）よりもキャッシュ・アウト・フローが減少するため、企業価値は増大することになる。

(2) 負債比率増加の影響

　節税効果を考慮すると、負債を100%にすれば企業価値が最大になることになる。しかし、資金調達手段の100%もしくは100%近くが負債によるということは、自己資本比率が極端に低いことになる。この場合、金利負担は同業他社よりも大きくなり、倒産する確率が高いとみなされ、金融機関の貸付利率が高くなる。つまり、信用力が低下することで資本コストが上昇し、結果的には企業価値が減少することになる。

(3) 実際の最適資本構成

　最適資本構成（最適な負債比率）はどのように考えるべきだろうか。これには、負債比率がどの程度上昇すると、負債調達コストがどの程度上昇するか（リスク・プレミアム）を見極める必要がある。

　リスク・プレミアムを見積もる有効な指標として、社債の格付がある。社債の発行利回りは格付でほぼ決まっているため、格付の利回りの格差を見ることで、リスク・プレミアムの程度を見積もることができる。

　さらに、格付と負債比率の関係では、両者の間に強い相関があることが実証されている。一般的には、負債比率20%以内の企業はトリプルA、50%を超えるとトリプルBよりも下の格付になる可能性が高くなる。

　このように、リスク・プレミアムと負債比率との関係を捉えて、自社の負債比率を決め、最適資本構成を決めることが1つの方法になる。

【 負債を持つ企業の企業価値 】

負債をもつ企業の企業価値　＝　負債0企業の企業価値
　　　　　　　　　　　　　＋　負債利子の節税効果の現在価値
　　　　　　　　　　　　　－　倒産の可能性に伴うコストの現在価値

【 最適資本構成の考え方 】

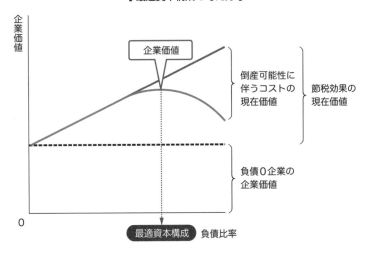

3 ペッキングオーダー仮説

　ペッキングオーダー仮説とは、企業の資金調達方法の優先順位に関する理論である。2006年版中小企業白書では、ペッキングオーダー仮説を「調達手段にコストの差があるのなら、企業は調達手段をミックスして選択するより、コストの低いものから順番で選択する」と説明している。

　企業の資金調達方法を大別すると、内部資金による方法と外部資金による方法に分かれる。完全資本市場であれば両者の調達コストに差はないため、資金調達方法の優先順位にも差はない。しかし、実際の資本市場には情報の非対称性が存在するため、企業と資金提供者との間にエージェンシーコスト（情報の非対称性に起因して発生するコスト）が発生するため、**ペッキングオーダー仮説**によると、企業は「内部資金」→「借入」→「増資」の順番に資金調達方法を選ぶとされている。また、借入の内容を細かく見た場合は、借入のしやすさの観点から、「銀行借入」→「社債発行」の順番に資金調達方法を選ぶとされている。

4 財務レバレッジ

(1) 財務レバレッジの定義

　財務レバレッジは、総資本が自己資本の何倍あるかを示す指標であり、次の式で定義される。

$$財務レバレッジ＝\frac{総資本}{自己資本}（倍）\quad（自己資本比率の逆数）$$

財務レバレッジの定義式は、自己資本比率（百分率に換算する前の定義式）の逆数であるが、自己資本比率の観点とは分析内容が異なる。『中小企業の財務指標』（中小企業庁）では、財務レバレッジを次のように説明している。

　「財務レバレッジの水準について、どの程度がよいかの判定は一概にはいえないが、企業の事業リスクに応じて一定の負債を導入することが最適であると考えられている。」

(2) 自己資本比率から見た財務レバレッジ

　自己資本比率の観点から見ると、財務レバレッジが大きいということは自己資本比率が小さいということなので、資本構成の安全性が低いということになる。しかし、自己資本は固定性の高い資金調達源泉であるため、事業リスクへ積極的に対応しようとする経営戦略をとる場合には、成長の規模に枠をはめてしまうことになる。

　そこで、財務レバレッジの観点では、事業の成長性が見込めるならば、一定水準まで負債を増やすことで、企業は大きく成長できるだろうと考える。

　一方、財務レバレッジを高めると、一般的に金利負担が固定費として増加するため、営業利益の増減による経常利益や当期純利益の変動、すなわち財務リスクが大きくなる。そのため、負債コスト率を上回る事業利益率を獲得することが、努力目標になる。

5　資本コストの算出方法

(1) リスクフリーレート（安全利子率）

　これまで、負債コスト（r_d）や株主資本コスト（r_e）は既知のものとして扱ってきた。しかし、実際にはどのように決定するのかを考えてみよう。

　普通預金と定期預金の利率が違うように、短期借入金と長期借入金の利子率が違うことは想像に難くない。それでは、同じ期間で返済する短期借入金に対して異なる2つの企業が借入れを申込んだ場合、借入れの利率は同じだろうか。もちろん、返済リスクの高い企業のほうが利率は高くなる。では、何を基準にしてリスクの大きさを測るのだろう。

　投資家は、リスクが高い投資（リスク資産）になるほど、期待収益率を高く見込む。逆に考えると、リスクゼロの投資（安全資産）に対する期待収益率が、期待収益率の最低ラインになる。この最低ラインの期待収益率を**リスクフリーレート**と呼ぶ。

　資本コストを考える場合には、リスクフリーレートを基準にして、投資ごとのリスク・プレミアム（投資ごとの個別のリスク）を考慮し、リスクの大きい投資ほどリスク・プレミアムを大きくすることで、資本コストが大きくなるようにする。

　リスクゼロの投資などというものは実際には存在しないが、限りなくリスクがゼロに近い投資として国債を想定し、国債の利回りをリスクフリーレートとすることが一般的である。

(2) 負債コストの算出

　負債コストの場合、リスクは信用リスクになる。また、負債コストには節税効果が存在する。よって、負債コストは次の式で定義される。

R02-22
H29-20
H28-12
H27-18
H26-19
H25-14
H23-19
H21-18
H20-16
H19-14

> 負債コスト＝（リスクフリーレート＋信用リスク・プレミアム）×（1－実効税率）

(3) 株主資本コストの算出

　株主資本コストの算出にはさまざまなアプローチがある。

① CAPM（キャップエム）

　CAPM（Capital Asset Pricing Model：資本資産評価モデル）とは、株式のリスクに注目して、個別の銘柄の資本コストを評価しようとする理論である。上場している株式を対象とした理論であり、株主資本コストは次の式で定義される。

> 株主資本コスト＝リスクフリーレート
> 　　　　　　　＋個別銘柄の株式リスク・プレミアム
> 　　　　　　＝リスクフリーレート
> 　　　　　　　＋β×（市場全体の期待収益率－リスクフリーレート）

　この式の内容を記号に置き換えて表記すると、次のようになる。
$r_e = r_f + \beta \times (r_m - r_f)$
r_e：個別銘柄の期待収益率（株主資本コスト）
r_m：市場全体の期待収益率（マーケット・ポートフォリオの期待収益率）
r_f：リスクフリーレート

　CAPMでは株式リスク・プレミアムを算出するために、**β（株式市況感応値）** という概念を用いる。βは株式市場全体（株式市場平均）の値動きに対する個別銘柄の値動きと定義される。
　$\beta = 1$であれば個別銘柄のリスクは市場全体のリスクに等しいことを意味する。$\beta < 1$であれば、個別銘柄のリスクは市場全体のリスクよりも小さい（ローリスク・ローリターン型の株式である）ことを意味する。$\beta > 1$であれば、個別銘柄のリスクは市場全体のリスクよりも大きい（ハイリスク・ハイリターン型の株式である）ことを意味する。横軸にβ、縦軸に期待収益率をとり、CAPMにおけるβと期待収益率の関係を表した直線を**証券市場線**という。証券市場線の傾きはマーケット・ポートフォリオのリスクプレミアム、縦軸切片はリスクフリーレートを表している。

【 証券市場線 】

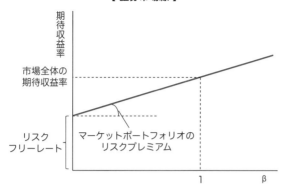

　β値は、実務上キャピタルゲインとインカムゲインの実績値をもとに東京証券取引所などが個別銘柄ごとに算出している。また「市場全体の期待収益率－リスクフリーレート」はマーケットリスク・プレミアムと呼ばれ、長期の実証データをもとにした数値が利用される。長期のデータを用いる理由は、好不況の波をより平準化して考えようとするからである。

$$\beta = \frac{個別銘柄と市場全体の共分散}{市場全体の分散}$$

H26-18

⑷ CAPMの計算の例題

　次の〈資料〉にもとづいて、この企業の株主資本コストを求めよう。

〈 資料 〉

　r_e＝個別銘柄の期待収益率

　r_m＝市場全体の期待収益率

　r_f＝リスクフリーレート

　$r_f = 5.0\%$　$r_m = 9.0\%$　$\beta = 0.8$である。

　株主資本コストは、CAPMの式「$r_e = r_f + \beta \times (r_m - r_f)$」に、与えられた値を代入して求める。

$$r_e = 5.0\% + 0.8 \times (9.0\% - 5.0\%) = 8.2\%$$

⑸ インデックス・モデル (市場モデル)

H22-17

　インデックス・モデル（市場モデル、指数モデル）とは、個別銘柄の期待収益率（証券収益率の期待値）が、市場の動向を示す共通要因（マーケットインデックス）と連動すると考える理論である。

　特に、マーケットインデックスが単一の共通要因の回帰分析によってのみ規定されるとする理論を**シングルインデックス・モデル**と呼ぶ。日本では、シングルイン

デックスとして、TOPIXや日経平均株価などを用いる。

【 シングルインデックス・モデル 】

$R_{Dt} = \alpha + \beta R_{Tt} + e_t$

- R_{Dt} ：個別銘柄の期待収益率
- α ：マーケットインデックス（シングルインデックス）自体の収益率がゼロのときでも平均して得られる独立した収益率
- β ：個別銘柄の市場との連動性
- R_{Tt} ：マーケットインデックス（シングルインデックス）の収益率
- e_t ：誤差

① TOPIX (Tokyo Stock Price Index：東証株価指数)

基準日となっている1968年1月4日の時価総額（すべての上場株式を終値で評価した合計値）を100として、その日の時価総額がどの程度増減したのかを表す指数である。東京証券取引所第一部上場の全銘柄を対象に毎日発表されるため、株式相場の実情を正確に把握できる。

② 日経平均株価

東京証券取引所第一部上場の銘柄の中から225銘柄を選び、アメリカのダウ・ジョーンズ社が開発した修正算式を用いて算出した平均株価のことである。日経平均または日経ダウとも呼ばれる。

(6) APT

APT（Arbitrage Pricing Theory）は裁定価格理論とも呼ばれ、複数の要因にもとづいて個別銘柄の期待収益率を算出する点が特徴である。APTでは、市場における完全な裁定取引を前提にして、複数の説明変数からなる要因（ファクター）によって個別銘柄の期待収益率を評価する。なお、裁定取引とは、情報ギャップやタイムラグなどによって、同一の性格を持つ2つの商品の間で異なる価格が発生した場合、割安な方を買い、割高な方を売ることにより、理論上はリスクなしで収益を確定させる取引のことである。

III ペイアウト政策

1 ペイアウト政策の概要

(1) 配当の位置づけ

投資家への利益還元の方針を**ペイアウト政策**といい、具体的な方法として、配当や自社株買いがある。**配当**とは、利益が発生したときに、その一部または全部を投資家に分配する利益還元方法なので、利益が発生しなければ配当はできない。

ただし、利益が発生しても、配当に用いる金銭等を企業が保有しているとは限らない。たとえば、売上高が増加すれば一般的に利益は増加する。しかし、売上高の増加分のほとんどが、売上債権の増加分に対応していたならば、現預金はほとんど増えていないことになる。投資家は、このような状況になることを嫌うため、キャッシュ・フローを重視する。

(2) 配当と内部留保の関係

配当と内部留保は、表裏一体の関係にある。配当を増やせば内部留保が減り、配当を減らせば内部留保が増えるからである。繰越利益剰余金の配当により減少する剰余金の額の10分の1を、資本準備金と利益準備金の合計額が資本金の額の4分の1に達するまで、利益準備金として内部留保する義務がある（会社法445条4項。会社計算規則22条）。

投資家の立場から見ると、現時点で支払われる現金配当によるインカムゲインと将来の株価の値上がりによるキャピタルゲインのうち、どちらの価値が高いかという問題に言い換えることができる。MM理論では、企業が配当を行うと、株主が受け取る配当額（インカムゲイン）を相殺するだけ1株の価値が減少し、配当と同額のキャピタルゲインを失うため、完全市場を前提とすると配当政策は企業価値（株主の得る価値）に影響を与えないとしている。

【 配当政策と企業価値 】

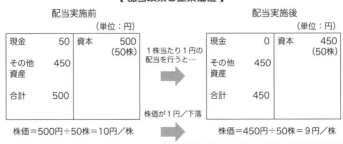

⑶ 投資家にとっての配当政策の意義

① 短期的な観点

投資家はできるだけ多く配当してほしいと考える。このため、配当が多い企業では株式の人気が高まる。

② 中長期的な観点

配当をしすぎると内部留保が減るため、投資家は企業の成長性が低下し、企業価値を損なうと考える。このため、成長性があり、なおかつ企業の状況に応じて適切な配当を行う企業では株式の人気が高まる。現在は、この考え方が主流である。

R03-16
H23-17

⑷ 自社株買い

自社株買いは、配当と同様、投資家に利益還元を行うための方法の1つである。有利な投資機会がない場合に、余裕資金を株主に還元するという意味で、自社株買いは配当と同様の効果を持っている。自社株買いを配当と比較すると、配当は全ての株主に対して現金が配られるのに対し、自社株買いは買取りに応じた一部の株主が株式と引き換えに、現金を入手するという違いがある。また、自己株式の保有期間に期限は定められていないため、自社株買いを行った場合でも、取得した株式は一定期間のうちに消却する必要はない。

①自社株買いによる企業価値への影響

完全市場を仮定すると、自社株買いも理論上は企業価値（株主の得る価値）に影響を与えない。また、自社株買いを行うと当該企業の純資産は減少するが、市場に流通する発行済株式数も減少するため、売買手数料をゼロとすると、理論上は株価に影響しない。

①現金を内部留保する場合		②現金を配当する場合		③現金で自社株買いを行う場合	
（単位：円）		（単位：円）		（単位：円）	
現金 50	資本 500 （50株）	現金 0	資本 450 （50株）	現金 0	資本 450 （内、自己株式△50） （45株）
その他資産 450		その他資産 450		その他資産 450	現金50円で自社株を5株取得
合計 500		合計 450		合計 450	

株価＝500円÷50株＝10円／株　　株価＝450円÷50株＝9円／株　　株価＝450円÷45株＝10円／株
　　　　　　　　　　　　　　　配当＝50円÷50株＝1円／株

企業価値（株主の得る価値）は、どの場合でも10円／株で変わらない

R05-14
R04-23
R03-16
R01-19
H26-20
H25-20
H24-20
H23-20
H21-20
H20-13
H20-17
H19-12

2 株式を評価する指標

株式の人気は株価に反映され、また、配当政策と密接な関係を持つため、株式を評価するためのさまざまな指標がある。

318

⑴ 株価収益率 (PER：Price Earnings Ratio)

$$株価収益率 = \frac{株価}{1株当たり純利益}倍 = \frac{株価}{EPS}倍 = \frac{株価 \times 発行済株式数}{純利益}倍$$

現在の株価が前期実績または今期予想の1株当たり純利益 (Earnings Per Share：EPS) の何倍になっているかを示す指標である。PERが高ければ株価は利益に対して割高であり、低ければ割安であることを意味する。

⑵ 1株当たり純利益 (EPS：Earnings Per Share)

$$1株当たり純利益 = \frac{純利益}{発行済株式数}円$$

この指標値が大きいということは、収益性が高いことを意味する。

⑶ 株価純資産倍率 (PBR：Price Book − value Ratio)

$$株価純資産倍率 = \frac{株価}{1株当たり簿価純資産}倍 = \frac{株価 \times 発行済株式数}{簿価純資産}倍$$

株価が簿価の1株当たり純資産の何倍になっているかを示す指標である。PBRが高ければ株価は割高であり、低ければ割安であることを意味する。

⑷ 株価キャッシュ・フロー倍率

$$株価キャッシュ・フロー倍率 = \frac{株価}{1株当たりキャッシュ・フロー}倍$$

株価収益率が低下したからといって、必ずしも「収益低迷＝業績悪化」とはいえない。なぜならキャッシュ・フローについての考慮がなされていないからである。たとえば設備投資を積極的に行うと減価償却費が増加し、純利益に比べてキャッシュ・フローは増加する。また設備投資は成長の源泉であるため、これを加味して株価を評価するという考え方が生まれた。評価方法は株価収益率と同じである。

(5) 配当利回り

$$配当利回り = \frac{1株当たり配当}{株価} \times 100\% = \frac{配当総額}{株価 \times 発行済株式数} \times 100\%$$

配当利回りは、株主にとってのインカムゲイン（配当による利益）の収益性を評価する指標である。しかし、利益の増減に応じた配当をせず、一定の金額しか配当しない企業の場合、好況時に株価が上がると配当利回りが小さくなり、不況時には配当利回りが大きくなるという逆転現象が生じてしまう。また、株主がキャピタルゲイン（売却による利益）の収益性を重視するようになると、配当利回りの意義は小さくなる。

(6) 配当性向

$$配当性向 = \frac{1株当たり配当}{1株当たり純利益} \times 100\% = \frac{配当総額}{純利益} \times 100\%$$

配当性向は、当期純利益（＝税引後利益）に占める配当総額の比率なので、将来の配当の動向を推測するときに役立つ。現在の配当性向が非常に低ければ将来増配の可能性があり、現在の配当性向が非常に高ければ、将来減配の可能性がある。ただし、株主は配当金額の大小だけで企業を評価するわけではない。配当性向が高すぎるということは、内部留保が少ないことを意味するので、企業を成長させるという観点からは、必ずしもよいとはいえないからである。

(7) 内部成長率（サステナブル成長率）

$$内部成長率 = ROE \times (1 - 配当性向)$$

内部成長率（サステナブル成長率）は、内部留保のみを事業に投資した場合の純資産の成長率のことである。ROEと配当性向が一定であると仮定すると、企業の当期純利益が増加した場合、毎年、内部留保の分だけ株主資本が大きくなる。（1－配当性向）は内部留保率を表す。サステナブル成長率は、配当割引モデルにおける配当成長率として用いることができる。

■■■ 問題編 ■■■　　Check!!

問1（H28-14設問1）　　　　　　　　　　　　　　　　　［○・×］

　加重平均資本コストは、株主資本（自己資本）コストと他人資本コストを、その運用形態に応じて加重平均資本することで求められる。

問2（H21-15設問1）　　　　　　　　　　　　　　　　　［○・×］

　B社は普通株式と社債によって資金調達を行っており、その内訳は普通株式5,000万円、社債3,000万円である。普通株式には13%、社債には5%の収益率を要求しており、税金はないものと仮定したとき、加重平均資本コストは9%になる。

問3（H20-18改題）　　　　　　　　　　　　　　　　　　［○・×］

　MM理論の主張によると、完全資本市場において、負債の利用度が高まるほど企業価値は高まる。

問4（H27-13設問1）　　　　　　　　　　　　　　　　　［○・×］

　法人税の存在を許容すると、負債の増加は節税効果を通じて企業価値を低めることになる。

問5（R02-24）　　　　　　　　　　　　　　　　　　　　［○・×］

　MM理論では、投資家は資本市場において裁定取引を円滑に行うことができ、負債にはリスクがなく、法人税は存在しないと仮定すると、投資のための切捨率は、資金調達方法にかかわりなく、一意に決定される。

問6（H25-15改題）　　　　　　　　　　　　　　　　　　［○・×］

　ペッキングオーダー仮説によれば、経営者は資本調達において、まず内部資金を優先し、ついで外部資金のうちでも、株式による増資よりも社債発行などのデッド・ファイナンスを優先するとされている。

問7（H28-12）　　　　　　　　　　　　　　　　　　　　［○・×］

　$\beta = 1$であるリスク資産の期待収益率は、市場ポートフォリオの期待収益率と同じである。

問8（H20-17）　　　　　　　　　　　　　　　　　　　　［○・×］

　1株当たり配当金額を安定的に支払う配当政策の場合、配当性向は毎期の利益変動により変動する。

問9 (R04-23)   [○・×]

　配当性向を一定にする政策では、当期の利益額にかかわらず自己資本配当率（配当額÷期首自己資本）は変わらない。

問10 (H22-13)   [○・×]

　PER は、EPS を株価で除して算出される。

問11 (R05-21)   [○・×]

　サステナブル成長率は、ROE に配当性向を乗じることで求められる。

■■■■ **解答・解説編** ■■■■

問1　×：資本構成に応じて加重平均する。

問2　×：加重平均コストは10%となる。

問3　×：完全資本市場において、企業の資本構成は企業価値に影響を与えない。

問4　×：節税効果を通じて、企業価値を高めることになる。

問5　○：切捨率は資本コストのことである。

問6　○：内部資金→借入→増資の順で資本調達する。

問7　○：$\beta = 1$ は、リスク資産のリスクと市場ポートフォリオのリスクが同じ大きさであることを意味する。

問8　○：配当性向 $= \dfrac{1株当たり配当}{1株当たり純利益}$ であるため、分子が一定ならば、配当性向は毎期の利益変動により変動する。

問9　×：当期の利益額によって配当額が変わるため、自己資本配当率も変わる。

問10　×：PER $= \dfrac{株価}{EPS}$ 倍である。

問11　×：サステナブル成長率は、ROE に内部留保率（＝1−配当性向）を乗じることで求められる。

■■■ **問題編** ■■■

　次の資料に基づいて、加重平均資本コストを求めよ（単位：%）。なお、自己資本のコストはCAPMにより算出する。

負債の税引前コスト	4%	実効税率	40%
安全利子率	2%	期待市場収益率	8%
β値	1.2	自己資本比率（時価に基づく）	40%

　ア　3.04　　　イ　4.8　　　ウ　5.12　　　エ　6

■■■ 解答・解説編 ■■■

解答：ウ

　加重平均資本コスト（WACC：Weighted Average Cost of Capital）を問う出題である。

　株主資本コスト（r_E）をCAPMにより算出すると、

　株主資本コスト＝安全利子率＋β値×（期待市場収益率－安全利子率）

　　　　　　　　＝2＋1.2×（8－2）＝9.2%

となる。

　加重平均資本コストの計算式は、負債の価値をD、負債資本コストをr_D、株主資本の価値をE、株主資本コストをr_E、実効税率をtとすると、次のようになる。

$$加重平均資本コスト＝\frac{D}{D+E}×r_D×(1-t)+\frac{E}{D+E}×r_E$$

　問題文中に「自己資本比率40%」とあるので$\frac{E}{D+E}＝40\%$であり、

$\frac{D}{D+E}＝60\%$である。

　さらに負債の税引前コスト4%、実効税率40%、株主資本コスト9.2%を計算式に代入して、加重平均資本コストを算出する。

　加重平均資本コスト＝0.6×4%×（1－0.4）＋0.4×9.2%＝5.12%

　よって、ウが正解である。

■■■ **問題編** ■■■

次の文章を読んで、下記の設問に答えよ。

B社は全額株主資本で事業活動を行っており、営業利益の確率分布は下表のとおりで今後毎期一定である。なお、営業利益は税・利息支払前利益（EBIT）に等しいものとする。

(単位：万円)

	好況(確率：0.5)	不況(確率：0.5)
営業利益(EBIT)	1,200	800

(設問1)

B社の企業価値は、完全市場の仮定のもとで1億円と評価される。

このとき、B社の事業活動のリスクに対して、市場が要求する株主資本収益率として最も適切なものはどれか。

ア　8%

イ　10%

ウ　12%

エ　20%

(設問2)

B社と資産内容が全く同じで、同一の事業を営むC社が存在するものとする。したがって、C社が生み出す毎期のEBITの確率分布は、B社と全く同一である。ただし、C社とB社では資本構成が異なっており、C社は5,000万円の負債を利用している。この負債の利子率は4%である。この市場において、法人税のみが存在しその実効税率が40%であるとすれば、B社の企業価値とC社の企業価値との差はどのようになるか、最も適切なものを選べ。

ア　C社の企業価値はB社と変わらない。

イ　C社の企業価値はB社より200万円小さい。

ウ　C社の企業価値はB社より2,000万円大きい。

エ　C社の企業価値はB社より5,000万円大きい。

■■■ 解答・解説編 ■■■

[設問1]　解答：イ

　最適資本構成に関する理論の代表であるMM理論（モジリアーニとミラーの理論）に関する出題である。

　MM理論の内容は、「完全市場のもとでは、企業価値は資本構成の影響を受けない」というものである。

　MM理論に基づくと、完全市場のもとでは、どのような資本構成でも企業価値は変わらないので、加重平均資本コスト（WACC）は一定となる。

　B社の企業価値は1億円であり、調達源泉は全額株主資本である。また、営業利益（EBIT）の期待値は1,000万円（＝1,200×0.5＋800×0.5）である。

　B社の状況を貸借対照表（時価）と損益計算書（予想）で示すと、次図のとおりである（単位：万円）。

B社の貸借対照表（時価）

資産 10,000	株主資本 10,000

B社の損益計算書（予想）

売上高	xx,xxx
営業利益（EBIT）	1,000

　B社には有利子負債がない。また完全市場を仮定しているため、税金が存在しない。よって、「営業利益（EBIT）＝当期純利益」とみなせるため、市場が要求する株主資本収益率は、次の計算で求めることができる。

$$株主資本収益率＝\frac{営業利益（EBIT）}{株主資本}×100＝\frac{1,000}{10,000}×100＝10\%$$

よって、イが正解である。

[設問2] 解答：ウ

　資本構成の違いによる企業価値の変化に関する出題である。

　B社とC社の違いは、資本構成のみである。

　B社：資本構成は、全額株主資本である。

　C社：資本構成のうち、5,000万円は利子率4％の負債である。

　また、本問では法人税のみが存在するものとし、実効税率を40％としている。法人税のみが存在するという仮定ならば、倒産リスクに対するコスト（負債の構成比率が一定水準を超えると信用力が低下するため、信用力の低下分だけ資本コストが上昇すること）を無視できるため、負債の構成比率が高まるほど節税効果の分だけ企業価値が高まる。

　具体的には、次の計算で節税効果による企業価値の上昇額を求めると、C社の企業価値はB社よりも2,000万円大きくなることが分かる。

　節税効果による企業価値の上昇額＝負債額×実効税率＝5,000万円×0.4＝2,000万円

よって、ウが正解である。

　なお、節税効果による企業価値の上昇額の計算では、負債の利子率が何パーセントであるかは計算結果に影響しない。なぜなら、節税効果による企業価値の上昇額は、本来次のように計算するのだが、分数式の分子と分母の両方に「負債の利子率」があるため、負債の利子率が約分されるからである。

　節税効果による企業価値の上昇額＝支払利息に対する節税効果

　債権者の要求収益率＝負債額×負債の利子率×実効税率

　負債の利子率＝負債額×実効税率

厳選!! 必須テーマ　重要例題③　——第10章——

平成20年度　第13問

■■■ **問題編** ■■■

　株式評価に関する次の記述のうち、最も適切なものの組み合わせを下記の解答群から選べ。

a　PBRの値が1より小さいと、株価は1株当たり純資産より高く評価されている。

b　PBRの値が1より小さいと、株価は1株当たり純資産より低く評価されている。

c　PERは、EPSを株価で除して算出される。

d　PERは、株価をEPSで除して算出される。

〔解答群〕
 ア　aとc
 イ　aとd
 ウ　bとc
 エ　bとd

解答：エ

　株式評価の基本的な指標に関する出題である。

　PBR（Price Book-value Ratio）は株価純資産倍率とも呼び、次の計算式により算出する。

$$PBR（倍）= \frac{株価}{1株当たり純資産}$$

　上記の計算式から、「PBRの値が1より小さいと、株価は1株当たり純資産より低く評価されている」こととなる。

　そのため、aは誤りであり、bが正しい。

　PER（Price Earnings Ratio）は株価収益率とも呼び、次の計算式により算出する。

$$PER（倍）= \frac{株価}{1株当たり当期純利益（EPS：Earnings Per Share）}$$

　そのため、cは誤りであり、dが正しい。

　よって、最も適切な組み合わせは、bとdであり、エが正解である。

過去23年分 平成13年(2001年)〜令和5年(2023年)	
1位	企業価値の重要な算定方法
2位	伝統的な方法
3位	DCF法

直近10年分 平成26年(2014年)〜令和5年(2023年)	
1位	企業価値の重要な算定方法
2位	DCF法
3位	伝統的な方法

過去23年間の出題傾向

　企業価値の重要な算定方法は、配当割引モデルを中心に、23年間で10回出題されている。計算問題として出題されることが多いため、確実に計算ができるようにしておこう。企業価値計算の伝統的な方法は7回、DCF法は5回と、少し出題頻度が落ちる。

第 **11** 章

企業価値の知識

I 企業価値の概要

1 企業価値の定義

　企業価値の定義として明確に定められたものはないが、「企業価値とは、将来の利益やキャッシュ・フローを生み出す源泉である」と理解しておこう。

(1) 広義の企業価値

　企業価値を広義で捉えれば、貨幣評価できないものも含めて企業価値だと考えられる。たとえば、人材は重要な経営資源だといわれるが、財務諸表上にその価値は明記されない。一方、人材の質によって将来の利益やキャッシュ・フローの生み出され方は変わるからである。

(2) 狭義の企業価値

　企業価値を狭義で捉えれば、貨幣評価できるもののみで認識することになる。この場合、企業価値は次の2つの考え方のうち、いずれかで認識される。

　　① 企業価値＝株主価値（＝純資産の時価総額）

　たとえば、M&Aで被買収企業の買収価格を算定しようとするならば、買収企業にとって対価を払う価値があるのは株主価値のみである。このような場合には企業価値を株主価値のみに求める。

　　② 企業価値＝負債価値＋株主価値（＝総資本の時価総額）

　総資本の価値が大きければ、事業規模は一般的に大きくなる。そこで、資本の調達方法にかかわらず、どの程度の大きさの利益やキャッシュ・フローを獲得できる力を有しているのかを評価しようとする場合は、企業価値を負債価値と株主価値の合計に求める。

(3) ファイナンスで扱う企業価値

　ファイナンスでは狭義で企業価値を認識し（貨幣評価できるもののみで企業価値を認識し）、分析の内容によって、2つの考え方（①企業価値＝株主価値、②企業価値＝負債価値＋株主価値）を使い分けることになる。

2 企業価値の重要な算定方法

　企業価値の算定方法にはさまざまなものがあるが、ここでは中小企業診断士試験での主要な方法を紹介する。

R03-21
H29-18
H23-20
H19-17

(1) 配当割引モデル（DDM）を用いた方法

　配当割引モデル（DDM：Dividend Discount Model）は、理論株価を算定する方

法である。**配当割引モデル**では、毎期の配当(毎期の1株当たり配当)を現在価値に割り引き、現在価値合計を理論株価とする。具体的な計算方法には、①ゼロ成長モデルと②一定成長モデルがある。どちらかのモデルで理論株価を求めたら、次の式で株主価値を算定する。

> 株主価値＝理論株価×発行済株式数

なお、毎期の配当を「企業としての配当総額」とした場合は、現在価値合計がそのまま株主価値になる。

① ゼロ成長モデル

毎年同額の配当が永続的に続いたとき(配当の成長率が0のとき)を仮定したモデルである。

第n期の理論株価をPV_n、第n期の配当額をD_n、割引率をrとすると、第0期(理論株価の算定時点)の理論株価は次の式で示される。なお、ゼロ成長モデルでは、$D_1 = D_2 = D_3 = \cdots\cdots$なので、毎期同額の配当額を$D$とする。

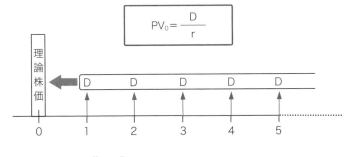

$$PV_0 = \frac{D}{r}$$

$$PV_0 = \sum_{n=1}^{\infty} \frac{D}{(1+r)^n}$$
$$= \frac{D}{1+r} + \frac{D}{(1+r)^2} + \frac{D}{(1+r)^3} + \cdots\cdots$$
$$= \frac{D}{r}$$

② 一定成長モデル(定率成長モデル)

H29-18
H28-16

初年度の配当をもとに、配当が一定割合で永続的に成長したとき(配当の成長率が定率のとき)を仮定したモデルである。

第n期の理論株価をPV_n、第n期の配当額をD_n、割引率をr、配当の成長率をgとすると、第0期(理論株価の算定時点)の理論株価は次の式で示される。

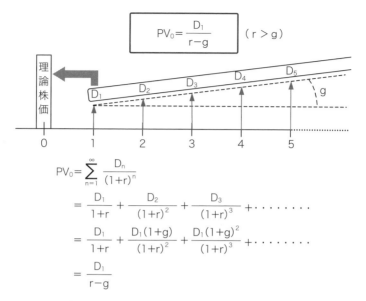

$$PV_0 = \frac{D_1}{r-g} \quad (r > g)$$

$$PV_0 = \sum_{n=1}^{\infty} \frac{D_n}{(1+r)^n}$$

$$= \frac{D_1}{1+r} + \frac{D_2}{(1+r)^2} + \frac{D_3}{(1+r)^3} + \cdots\cdots$$

$$= \frac{D_1}{1+r} + \frac{D_1(1+g)}{(1+r)^2} + \frac{D_1(1+g)^2}{(1+r)^3} + \cdots\cdots$$

$$= \frac{D_1}{r-g}$$

(2) 配当割引モデルの例題

　ある企業の普通株式の次期の配当は、1株当たり50円と予想されている。配当の成長率が今後8%で永久に継続すると期待されていて、この企業の現在の株価が1,000円であるとき、この企業の普通株式の資本コストを考えよう。

　配当の成長率があるため、配当割引モデルのうち、一定成長モデルを用いて資本コストを次の式に当てはめて求める。

$$当期末の理論株価 = \frac{次期末の予想配当}{割引率 - 配当の成長率}$$

　この計算のうち、「当期末の理論株価」を「現在の株価」に、「次期末の予想配当」を「次期の予想配当」に、「割引率」を「資本コスト」に読み替え、次のように式を変形することで、この企業の普通株式の資本コストを求める。

$$現在の株価 = \frac{次期の予想配当}{資本コスト - 配当の成長率}$$

$$資本コスト - 配当の成長率 = \frac{次期の予想配当}{現在の株価}$$

$$資本コスト = \frac{次期の予想配当}{現在の株価} + 配当の成長率$$

$$= \frac{50}{1,000} \times 100\% + 8\% = 13\%$$

(3) 割引超過利益モデルを用いた方法

R04-18

割引超過利益モデルは、期末自己資本簿価と将来の超過利益（残余利益）の現在価値の合計額を企業価値とするモデルで、残余利益モデルともいう。超過利益（残余利益）とは、資本コスト差し引き後に残る利益額を意味している。

> 企業価値＝期末自己資本簿価＋将来の超過利益の現在価値

会計期間における貸借対照表上の純資産の増減額（資本取引は除く）が、対応する期間の損益計算書上の純損益と等しくなる関係を**クリーン・サープラス関係**といい、次の等式で表すことができる。

> 期首自己資本簿価＋当期純利益－配当額＝期末自己資本簿価

割引超過利益モデルは、**クリーン・サープラス関係**が成り立つ場合、配当割引モデルから導出することができる。

割引超過利益モデルでは、将来の配当額が計算式に含まれていないため、将来の配当がゼロであっても、株式価値を求めることができる。なお、配当割引モデルでは、将来の配当がゼロの場合、株式価値がゼロとなってしまい、求めることができない。また、毎期の予想利益が、自己資本に自己資本コストを乗じた額を上回る場合、超過利益はプラスとなるため、株式価値は当期自己資本簿価を上回る。

R05-20
R03-22
H26-13
H26-20
H24-20

3 DCF法　Ⓑ

(1) DCF法の概要

DCF (Discounted Cash Flow) 法は、企業が将来生み出すであろうフリー・キャッシュ・フローを加重平均資本コストで現在価値に割引いて、企業価値を算定する方法である。

基本的な考え方は配当割引モデルと同じである。配当割引モデルにおける毎期の配当をフリー・キャッシュ・フローに置き換え、割引率をWACCにする。この置き換えにもとづいて割引計算した現在価値合計を企業価値とする。

DCF法で現在価値合計として求められる企業価値は、「企業価値＝負債価値＋株主価値」である。そのため、株主価値のみを求めたい場合は、この企業価値から負債価値を減じる。

(2) DCF法でのフリー・キャッシュ・フロー (FCF)

キャッシュ・フロー計算書の分析では、「FCF＝営業活動によるキャッシュ・フロー＋投資活動によるキャッシュ・フロー」とすることが多かった。

一方、DCF法では次のようにフリー・キャッシュ・フローを定義する。

$$\boxed{\text{FCF}＝\text{NOPAT}＋減価償却費－設備投資額±運転資本増減額}$$

① NOPAT：Net Operating Profit After Tax

ノーパットと呼ばれる利益概念である。日本語では金利調整前税引後営業利益と訳されたり、税引後営業利益と訳されたりする。次に説明するEBITから税金を減じたもので、次のように定義される。

$$\boxed{\text{NOPAT}＝\text{EBIT}×（1－実効税率）}$$

② EBIT：Earning Before Interest & Tax

イービットと呼ばれる利益概念である。日本語では金利調整前税引前営業利益と訳されたり、税引前営業利益と訳されたりする。日本の損益計算書からEBITを求める場合は、次のように計算する。

$$\boxed{\text{EBIT}＝経常利益－受取利息＋支払利息}$$

(3) ゼロ成長モデルを適用した場合の企業価値

企業価値をPV_0とすれば、次の式で算定できる。

$$\boxed{PV_0＝\frac{\text{FCF}}{\text{WACC}}}$$

(4) 一定成長モデルを適用した場合の企業価値

企業価値をPV_0とし、FCFの成長率をgとすれば、次の式で算定できる。

$$\boxed{PV_0＝\frac{\text{FCF}_1}{\text{WACC}－g}}$$

II その他企業価値の関連知識

1 制度的に定められた方法

　事業継承のために用いられる相続税法上の評価や税法における売買実例の考え方などがこれにあたる。課税の公平性を考える場合には「誰が計算しても同じ結果になる」という根拠が必要となるため、広く用いられている。また、「企業をどのように評価すべきか」ということを考えるのは大変なので、考えることをあきらめてしまう人たちが採用する評価方法でもある。ただし、この方法は必ずしも企業の実態を表していないため、戦略的な評価方法として採用するには不向きである。

2 伝統的な方法

　基本的に会計の考え方をもとにして行う評価方法で、制度的に定められた評価方法の基礎となることが多い。本来は株価の評価に用いられる方法であり、企業価値の算定についてはその発展的応用となる。

(1) 収益還元方式 (インカム・アプローチ)

　将来獲得すると期待される利益やキャッシュ・フローに基づいて、企業価値を評価する方法である。DCF法やリアル・オプション法などがある。

(2) 純資産方式 (ネットアセット・アプローチ、コスト・アプローチ)

　貸借対照表を構成要素ごとに分け、各要素の価値を市場の簿価 (簿価純資産方式) または時価 (時価純資産方式) によって評価し、純資産の額を企業価値とする方法である。ただし、簿価は実態との乖離が懸念され、時価はその評価方法が難しいため、戦略的な意味での企業価値との因果関係については精度が高くないと考えられる。つまり遊休資産等 (事業外資産) の売却価値算定以外にはあまり意味を持たない。そのため、他の伝統的方式と併用されることもある。この場合には、純資産方式と他の方式とに対する各評価結果への重み付けが重要になる。時価純資産方式では、対象会社が事業を継続することを前提とする場合、再調達時価を用いるべきである。

(3) 市場株価比較方式 (マーケット・アプローチ)

① 類似業種比準方式

　類似業種の純資産、純利益、及び配当金と平均株価との比準値をもとに企業価値を評価する方法である。

② 類似会社比準方式 (マルチプル法、乗数法)

　類似会社の純資産、純利益、及び配当金と平均株価との比準値をもとに企業価値を評価する方法である。利用される評価尺度は**マルチプル**と総称され、PER や PBR

を用いることもある。

　いずれの場合も、業界平均との比較であることにすぎないという点に注意する必要がある。つまり企業の強みとなりうる独自技術などがある場合、それは貸借対照表上には現れてこない。このような価値を企業価値としてどのように評価するのかが課題である。

3 M&Aに関する知識

(1) M&Aの知識

　M&A（Mergers and Acquisitions：合併と買収）は、我が国でも戦略遂行手段の選択肢となっており、中小企業においても後継者問題の有力な解決手法として、M&Aの手法の活用が図られている。一方、敵対的M&Aへの対抗手段についても知っておきたい。

(2) M&Aに関する重要用語

　中小企業診断士試験において、重要と考えられるM&Aに関する用語を紹介する。
① MBO
　マネジメント・バイ・アウト（Management Buy Out）の略語である。経営陣が、会社から特定の部門を買い取って独立する買収の方法である。日本的な「のれん分け」に類似した手法であり、これまで経営に携わってきた社員が経営を継承するので、雇用、社風、給与体系がそのまま継承されるため、日本的風土に合った手法として、我が国でも普及している。しかし、買収側の経営陣には、通常、十分な買収資金があるわけではないため、銀行融資やファンドなどからの借入により調達することになる。その観点では、MBOはLBOの一形態ともいえる。
② MBI
　マネジメント・バイ・イン（Management Buy In）の略語である。買収する側が、所有権獲得だけでなく、専門の経営者を派遣し、経営に参画する買収の方式である。投資会社などが、後継者不在や業績不振などの問題を抱えた企業を買収し、社員やマネジメントチームを派遣し、経営体質の強化・改善を図ることで事業価値を高める。買収側は将来的な株式公開や第三者への売却によるキャピタルゲインを得るメリットがある。
③ LBO
　レバレッジド・バイ・アウト（Leveraged Buy Out）の略語である。買収する側が、買収のための資金を被買収企業の資産を担保に調達することで行う買収の方式であり、1970年代半ばから80年代にかけて、米国において大企業を対象とする買収形態として急速に広まり、一世を風靡した。買収会社は「シェルカンパニー」というペーパーカンパニーを設立し、LBOファンドなどからの出資をあおぐが、買収所要資金の大半は銀行借入、債券などの負債に依存するため、レバレッジを利かせた企業買収という意味で名づけられた。

④ EBO

エンプロイー・バイ・アウト (Employee Buy Out) の略語である。MBO とほぼ同じ手法であるが、買収側が経営陣ではなく、一般の従業員である点が異なる。

⑤ TOB

テイクオーバー・ビッド (Take – Over Bid) の略語であり、日本語では株式公開買付という。**株式公開買付**とは、不特定かつ多数の人に対して、特定の上場企業の株式を買付ける旨の公告により、会社の経営権の取得等を目的として、証券市場外で株式等の買付を行うことである。金融商品取引法に定められた制度であり、買付者が有価証券報告書の提出会社である会社の経営権の変動につながるような大きな買付等（「総株主の議決権の3分の1」を超える株式の買付）を市場外で行う場合は、一部の例外を除いて、原則として公開買付によらなければならないとされている。投資家保護のために、買付会社は、買付ける目的・買付価格・買付予定株数・買付期間、そして公開買付代理人等を公告等により、事前に公表する必要がある。

⑥ **グリーンメール**

敵対的買収の一種である。買収者がターゲットにした企業もしくは関連企業等に高値で買い取らせることを目的に、ターゲットにされた企業の株式を買い集めることである。買収者をグリーンメーラーという。グリーンメールの由来は、ドル紙幣の緑色とブラックメール（脅迫状）を連想させたものである。

⑦ **ホワイト・ナイト（白馬の騎士）**

敵対的買収者に対抗し、買収の対象企業にとって都合のよい友好的な立場で合併、買収する第三者のことである。ポイズン・ピル（下記参照）などのように敵対的買収に備えて導入する買収防衛策と異なり、敵対的買収者が現れてからでも対応できるのが特徴である。株式交換、第三者割当増資の引き受け、敵対的買収者に対するTOB合戦といった方法がある。ホワイト・ナイトは対象企業の支配権を取得するが、対象企業が経営の独立性を維持できる場合は、ホワイト・スクワイア（白馬の従者）と呼ぶ。

⑧ **ポイズン・ピル（毒薬条項）**

敵対的買収に対する企業防衛策の1つである。買収者以外の株主が有利な条件で新株を取得できる権利（ライツ）をあらかじめ付与し、敵対的買収者の支配を弱める仕組みである。シェア・ホルダー・ライツ・プラン（ライツプラン）とも呼ばれる。買収者が発行済株式の一定量を買い占めた段階で権利を発動する。株式数が増えるため、買収者にはより多くのコストがかかり、買収意欲をなくす可能性が高まる。買収者にとって毒薬になるという意味で名づけられた。

■■■ 問題編 ■■■　　　　　　　Check!!

問1 (H21-14)　　　　　　　　　　　　　　　　　　　　［○・×］
　完全市場を仮定するとき、株式分割によって1株当たり株価は上昇する。

問2 (H23-20改題)　　　　　　　　　　　　　　　　　　　　［○・×］
　企業評価手法のうち、DCF法はインカムアプローチに分類される。

問3 (H28-16改題)　　　　　　　　　　　　　　　　　　　　［○・×］
　1年後の配当を105千円とし、毎年3%の成長が永続するとしたとき、割引率が
年5%であれば、現在の企業価値は5,250千円である。

問4 (R04-18)　　　　　　　　　　　　　　　　　　　　［○・×］
　割引超過利益モデルにおいて、毎期の予想利益が、自己資本に自己資本コストを
乗じた額を上回るならば、株式価値は当期自己資本簿価を上回る。

問5 (R04-19)　　　　　　　　　　　　　　　　　　　　［○・×］
　収益還元方式は、将来獲得すると期待される売上高を割り引いた現在価値に基づ
き、株式評価を行う方法である。

問6 (H28-13)　　　　　　　　　　　　　　　　　　　　［○・×］
　LBOとは、従業員が資金を出し合って、経営権の取得を行うことである。

問7 (H19-11)　　　　　　　　　　　　　　　　　　　　［○・×］
　買収企業が、買収のターゲットとする企業に対し、買い占めた株式の買い取りを
申し入れることをグリーンメールという。

問8 (H18-11)　　　　　　　　　　　　　　　　　　　　［○・×］
　企業の子会社や事業部などの経営者が、ベンチャーキャピタルなどから資金調達
して新会社を興し、当該子会社を買収したり、事業部の譲渡を受けることをMBO
という。

■■■■ **解答・解説編** ■■■■

問1　×：株式分割を行うと、株式数は増加するが、1株あたり株価は下落する。

問2　○：この他、配当割引モデルもインカムアプローチに分類される。

問3　○：$\dfrac{105}{0.05-0.03}$＝5,250千円で求められる。

問4　○：超過利益がプラスとなるため、株式価値は当期自己資本簿価を上回る。

問5　×：将来獲得すると期待される利益やキャッシュフローを割り引いた現在価値に基づき、株式評価を行う方法である。

問6　×：LBOとは、買収のための資金を被買収企業の資産を担保にすることで行う買収方式である。

問7　○：ドル紙幣と脅迫状に由来する。

問8　○：マネジメント・バイ・アウトの略である。

■■■■ 問題編 ■■■

　D社の次期(第2期)末の予想配当は1株44円である。その後、次々期(第3期)末
まで1年間の配当成長率は10%、それ以降の配当成長率は2%で一定とする。なお、
自己資本コストは10%である。

　当期(第1期)末の理論株価として、最も適切なものはどれか。

ア　540円

イ　590円

ウ　645円

エ　649円

解答：イ

配当割引モデルを用いた理論株価の算定に関する出題である。

次期（第2期）末から次々期（第3期）末までの配当成長率と、それ以降の配当成長率が異なる点に注意する必要がある。

まず第2期末時点の理論株価を計算し、第2期末の予想配当との合計額を自己資本コストで割り引いて、当期（第1期）末の理論株価を算定する。

$$第2期末の理論株価 = \frac{第3期末の予想配当}{自己資本コスト - 配当成長率} = \frac{44円 \times (1 + 10\%)}{10\% - 2\%}$$

$$= \frac{48.4円}{8\%} = 605円$$

$$第1期末の理論株価 = \frac{605円 + 44円}{1 + 10\%} = 590円$$

よって、イが正解である。

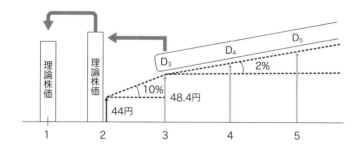

■■■　問題編　■■■

企業価値評価に関する次の文章を読んで、下記の設問に答えよ。

　企業価値評価では、一般的に①PBRやPERなどの諸比率を用いた　　　　に代表されるマーケット・アプローチと呼ばれる手法のほか、企業の期待キャッシュフローの割引現在価値によって評価額を推計する②DCFアプローチ、企業の保有する資産や負債の時価などから企業価値を評価するコスト・アプローチといった手法も用いられている。

（設問3）
　文中の下線部②について、以下の問いに答えよ。

　A社の財務データは以下のとおりである。なお、A社の営業利益は、利息・税引前キャッシュフローに等しく、将来も永続的に期待されている。A社は負債を継続的に利用しており、その利息は毎年一定である。また、A社の法人税率は40%であり、税引後利益はすべて配当される。負債の利子率が5%、株式の要求収益率が9%であるとき、負債価値と株主資本価値とを合わせたA社の企業価値をDCF法によって計算した場合、最も適切な金額を下記の解答群から選べ。

【A社のデータ】（単位：万円）

営業利益	1,100
支払利息	500
税引前利益	600
法人税（税率：40%）	240
税引後利益	360

〔解答群〕

　ア　　4,000万円

　イ　　6,000万円

　ウ　14,000万円

　エ　14,333万円

■■■ **解答・解説編** ■■■

［設問3］　解答：ウ

　DCF法による企業価値の計算に関する出題である。企業価値は負債価値と株主価値との合計であることから、DCF法で算出した負債価値と株主価値との合計を企業価値とする。

(1) 負債価値

　負債価値は有利子負債の価値の総和である。負債の利子率5％、支払利息500（万円）であることから、負債価値は10,000（万円）である。

支払利息500万円÷負債の利子率5％＝10,000（万円）

(2) 株主価値

　税引後利益はすべて配当されることから、配当還元方式で算出すると、株主価値は4,000（万円）である。

税引後利益360（万円）÷株式の要求収益率9％＝4,000（万円）

(3) 企業価値

　負債価値10,000（万円）＋株主価値4,000（万円）＝14,000（万円）

　よって、ウが正解である。

■■■ **問題編** ■■■

　次の文章とデータに基づいて、下記の設問に答えよ。

　企業評価の手法には、バランスシート上の純資産価値に着目するアプローチのほか、DCF法や収益還元方式に代表される　A　アプローチ、PERやPBRといった評価尺度を利用する　B　アプローチなどがある。以下のデータに基づいて、　A　アプローチの1つである配当割引モデルによって株式価値評価を行うと、株式価値は　C　と計算される。また、PBRは　D　倍と計算される。

　なお、自己資本コストはCAPMにより算出する。

- ・総資産簿価　　　　　　　　1億円
- ・負債　　　　　　　　　　　6,000万円
- ・当期純利益　　　　　　　　500万円
- ・予想1株あたり配当額　　　30円
- ・発行済み株式数　　　　　　10万株
- ・株価　　　　　　　　　　　500円
- ・β値　　　　　　　　　　　2
- ・安全利子率　　　　　　　　2%
- ・期待市場収益率　　　　　　6%

（設問1）

　文中の空欄AおよびBに入る語句の組み合わせとして、最も適切なものを下記の解答群から選べ。

　　a　2パラメーター
　　b　インカム
　　c　オプション
　　d　コスト
　　e　マーケット

〔解答群〕
　　ア　A：a　B：e
　　イ　A：b　B：a
　　ウ　A：b　B：e
　　エ　A：d　B：c
　　オ　A：e　B：a

（設問2）

　文中の空欄Cに入る金額として最も適切なものはどれか。

　　ア　300円　　イ　500円　　ウ　750円　　エ　1,500円

（設問3）

　文中の空欄Dに入る数値として最も適切なものはどれか。

　　ア　1.25　　イ　8　　ウ　10　　エ　16.67

■■■ **解答・解説編** ■■■

[**設問1**] **解答：ウ**

　企業評価手法の種類に関する出題である。

【企業評価の手法】
①インカム・アプローチ
　将来期待される会計上の利益またはキャッシュ・フローに基づいて企業価値を評
　価する手法である。企業独自の収益性をもとに評価するため、企業固有の価値を
　表すといわれる。
　• 主な評価尺度：DCF法、収益還元方式、調整現在価値法　等
②マーケット・アプローチ
　上場している同業他社の株価や類似取引事例などと比較することによって相対的
　に企業価値を評価する手法である。評価対象企業が上場している場合には、株式
　市場での取引環境をもとに評価するため、客観性が高いといわれる。
　• 主な評価尺度：市場株価法（PER、PBR等）、類似上場会社法、類似取引法 等
③ネットアセット・アプローチ（またはコスト・アプローチ）
　株式の評価を前提とした場合、企業の貸借対照表上の純資産に基づいて企業価値
　を評価する手法である。貸借対照表をもとに評価するため、一般的に理解されや
　すく、客観性が高いといわれる。
　• 主な評価尺度：簿価純資産法、時価純資産法　等

　よって、空欄Aが「インカム」、空欄Bが「マーケット」となり、ウが正解である。

[設問2]　解答：ア

　配当割引モデルによる株式価値評価に関する出題である。

①問題文中のデータには、「予想1株あたり配当額」があるものの、配当の成長率に関する記述がないため、ゼロ成長モデルに基づいて株式価値を算出することが分かる。

●配当割引モデル（ゼロ成長モデル）

> 株式価値（理論株価）$= \dfrac{D}{r}$
>
> D：第n期の配当額、r：自己資本コスト（割引率）

②割引率である自己資本コストについては、問題文中に「自己資本コストはCAPMにより算出する」とあるため、資本資産評価モデル（CAPM）に基づいて算出する。CAPMは、市場全体の値動きに対する個別銘柄の値動きを表すβ値（株式市況感応値）を利用して、個別銘柄の株式リスク・プレミアムとそれに基づく自己資本コストを求めようとする考え方である。

●自己資本コスト

> $r_e = r_f + \beta \times (r_m - r_f)$
>
> r_e ：自己資本コスト（個別銘柄の期待収益率）
>
> r_f ：安全利子率
>
> r_m ：期待市場収益率
>
> β ：株式市況感応値

　問題文中のデータ「β値＝2、安全利子率＝2％、期待市場収益率＝6％」を上記の公式に当てはめると、

　　自己資本コスト＝2％＋2×（6％−2％）＝10％

となる。

③上記②で求めた「自己資本コスト＝10％」および問題文中のデータ「予想1株あたり配当額＝30円」を上記①の公式（ゼロ成長モデル）に当てはめると、

　　株式価値（理論株価）＝30円÷10％＝300円

　よって、空欄Cが「300円」となり、アが正解である。

［設問3］　解答：ア

　株価純資産倍率（PBR）の計算に関する出題である。

①株価純資産倍率（PBR：Price Book-value Ratio）とは、株価が簿価の1株当たり純資産の何倍になっているかを示す指標である。PBRが高ければ株価は割高であり、低ければ割安であることを意味する。なお、問題文中の「株式価値」（理論株価）と「株価」の違いに注意しなければならない。前者は「将来にわたり受け取れるであろう配当を現在価値に割引き、総計したもの」であるのに対し、後者は「現時点で、株式市場における株式の売り手と買い手の株式売買で成立した価格（時価）」である。

●株価純資産倍率

$$
株価純資産倍率（倍）＝\frac{株価}{1株当たり純資産簿価}（倍）
$$

②問題文中のデータ「総資産簿価＝1億円、負債＝6,000万円」より、純資産簿価が4,000万円であることが分かる。

③上記②で求めた「純資産簿価＝4,000万円」および問題文中のデータ「発行済み株式数＝10万株、株価＝500円」を、上記①の公式に当てはめると、

$$
株価純資産倍率＝\frac{500円}{40,000,000円÷100,000株}＝\frac{500円}{400円}＝1.25（倍）
$$

よって、空欄Dが「1.25」となり、アが正解である。

過去23年分 平成13年(2001年)〜令和5年(2023年)	
1位	ポートフォリオ
2位	通貨オプション
3位	安全資産を導入したポートフォリオ

直近10年分 平成26年(2014年)〜令和5年(2023年)	
1位	ポートフォリオ
2位	安全資産を導入したポートフォリオ
3位	通貨オプション

過去23年間の出題傾向

　ポートフォリオが32回、通貨オプションが16回と、圧倒的に出題回数が多いため、まずはこの2つのテーマを押さえよう。期待値・分散・標準偏差といったリターンとリスクの指標も23年間で7回、直近10年間で4回とかなり出題されている。

第 12 章

リターンとリスクの知識

I　リターンとリスク

1　リターンとリスクの概要

　意思決定において有利な代替案を選ぼうとするとき、利益やキャッシュ・フローなどの「リターン」の大きさに注目しがちだが、現実的な意思決定においては、期待どおりにならないことあるいは期待どおりにならないために経済的に問題となること「リスク」についても考察する必要がある。

(1) リターン

　ファイナンスにおける**リターン**とは、投資に対して得られる対価のことである。リターンは、会計上の収益や利益、キャッシュ・イン・フローなど、広義の収益で認識する。また、リターンの大きさを測る方法には、リターンの率を用いる方法とリターンの額を用いる方法がある。

　投資案の平均的なリターンは、期待値という指標で認識することが一般的である。

(2) リターンの考え方

　意思決定の要因であるリターンとリスクのうち、基本的な要因であるリターンについて、簡単な例題を用いて考える。

① リターンの大きさのみを考慮する場合①

　次に示すA案とB案があり、示された情報のみを用いて意思決定を行う場合、どちらの投資案を選択したらよいだろうか。

> A案：収益率10%
> B案：収益率　8%

　この場合は、リターンとしての収益率が高いA案を選ぶほうが適切である。

② リターンの大きさのみを考慮する場合②

　次に示すA案とB案があり、示された情報のみを用いて意思決定を行う場合、どちらの投資案を選択したらよいだろうか。

> A案：収益率10%　　投資額500万円
> B案：収益率　8%　　投資額650万円

　この場合は、収益率だけではなく、収益額も意思決定の要因になる。収益額は、A案が50万円（＝500万円×10%）、B案が52万円（＝650万円×8%）となる。

　収益率を重要なリターンだと認識した場合は、A案を選び、収益額を重要なリターンだと認識した場合は、B案を選ぶだろう。

③ リターンの大きさ及びリターンの発生確率を考慮する場合

次に示すＡ案とＢ案があり、示された情報のみを用いて意思決定を行う場合、どちらの投資案を選択したらよいだろうか。

> Ａ案：収益率10％（発生確率0.4）　収益率0％（発生確率0.6）
> Ｂ案：収益率 8％（発生確率0.6）　収益率0％（発生確率0.4）

この場合は、収益率と発生確率が意思決定の要因になる。平均的な収益率は、Ａ案が4％（＝10％×0.4＋0％×0.6）、Ｂ案が4.8％（＝8％×0.6＋0％×0.4）となる。この結果から、Ｂ案を選択した方が適切である。

【 リターンの大きさの判断 】

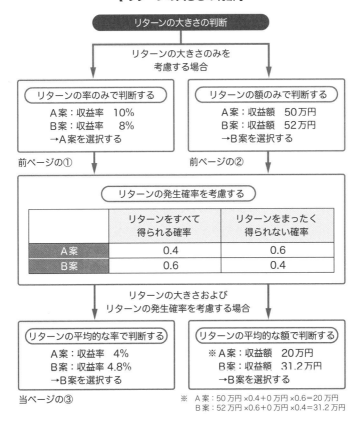

(3) リスク

ファイナンスにおけるリスクには、広義と狭義がある。

① 広義のリスク

広義のリスクとは、投資に対して予想される各種の結果はわかるが、どの結果にな

るかまではわからない状態のことである。広義のリスクは、不確実性と同じ意味である。

② 狭義のリスク

狭義のリスクとは、どの結果になるかまではわからない状態である中で、かつそれぞれの結果が発生する確率がわかる状態のことである。つまり、狭義ではリスクが定量的にわかるため、経済的に問題となる。

リスクは、予想される結果のバラツキの度合いで認識する。具体的には、分散または標準偏差という指標で認識することが一般的である。

2 リターンとリスクの関係

日常生活における意思決定においても、多くの場合はリターンとリスクの両方が同時に存在するが、私たちは無意識のうちにリターンとリスクの関係を巧みに捉えて、意思決定をしている。リターンとリスクの情報のみを用いる場合は、次のような意思決定をすることになる。

(1) 代替案ごとのリターンは同じだが、リスクが異なる場合

下記のうち、リスクが小さい代替案（A案）を選択する。

(2) 代替案ごとのリターンは異なるが、リスクが同じ場合

下記のうち、リターンが大きい代替案（B案）を選択する。

(3) 代替案ごとのリターンもリスクも異なる場合

下記のうち、代替案ごとに「リスクに対するリターンの相対的な大きさ」を計り、計った値が大きい代替案を選択する。

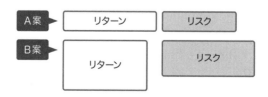

II リターンとリスクの指標

1 指標化の必要性

H29-16
H27-17
H24-19

B

効率的市場仮説のうちセミストロング仮説では、ある企業の業績が良くなると判断される情報が公開されると、一時的に株価が上がり（異常）超過収益率が上昇するが、すぐに情報を反映した株価に戻り、公開前後の超過収益率はゼロ付近を推移するリターン変動リスクがある。しかし、意思決定において定量的な分析を行うためには、リターンとリスクを客観的に計る必要があるため、指標化が必要になる。

(1) リターンの指標

H29-16
H28-15

① 期待値

期待値は、リターンの平均的な推定値であり、リターンを計る代表的な指標である。もう少し具体的に説明すると、リターンとリスクが存在する場合、投資に対して予想される各種の結果（各種のリターン及びリターンの発生確率の組み合わせ）から推定される、平均的なリターンのことである。

(2) リスクの指標

H28-15
H20-19

① 分散

分散は、予想される結果の散らばりの度合いを示す値であり、リスクを計る指標の1つである。**分散**は、偏差（予想される各種のリターンから期待値をそれぞれ差し引いた差分値）の二乗の期待値である。

② 標準偏差

標準偏差は、リスクを計る代表的な指標であり分散の正の平方根をとる。分散は、偏差を二乗してしまうため値の桁が大きくなることと、リターンの値と比べて単位が異なることから扱いにくい。そこで標準偏差を利用する。

(3) 収益額の期待値、分散、標準偏差

次の投資案について、収益額の期待値、分散、標準偏差を求めてみよう。

経済状況	収益額 (万円)	生起確率
好景気	100	0.2
変化なし	60	0.7
不景気	20	0.1

① 期待値の計算

期待値＝Σ（経済状況ごとの収益額×経済状況ごとの生起確率）

$\qquad$＝（100万円×0.2）＋（60万円×0.7）＋（20万円×0.1）

$\qquad$＝64万円

② 分散の計算

分散を求めるために、まず偏差を求める。

偏差＝経済状況ごとの収益額－期待値

$\qquad$好景気の偏差＝100万円－64万円＝36万円

$\qquad$変化なしの偏差＝60万円－64万円＝－4万円

$\qquad$不景気の偏差＝20万円－64万円＝－44万円

分散＝Σ（偏差^2×生起確率）

$\qquad$＝｛（36万円）^{2}×0.2｝＋｛（－4万円）^{2}×0.7｝＋｛（－44万円）^{2}×0.1｝

$\qquad$＝259.2万円^2＋11.2万円^2＋193.6万円^2

$\qquad$＝464万円^2

③ 標準偏差の計算

標準偏差＝$\sqrt{\text{分散}}$＝$\sqrt{464\text{万円}^2}$≒21.5万円

III リスク管理

1 不確実性とリスクの違い

不確実性とは、将来何が起こるかわからないことを意味し、広義のリスクと同じ意味である。**狭義のリスク**とは、不確実性が経済的に問題となることである（経済学では、発生が予想される事象の生起確率がわかることとされる）。

不確実性（広義のリスク）は狭義のリスクが発生するための必要条件であるが、すべての不確実性が狭義のリスクになるわけではない。つまり不確実性には、有利な結果になることも含まれている。

しかし、不確実性があれば狭義のリスクが発生する可能性があるため、不確実性は狭義のリスクに近い考え方で認識されることが一般的である。そこで、企業が不確実性に直面したときには、一般的に不確実性を狭義のリスクに近い存在として捉え、不確実性を軽減しようとする。

2 投資家の選好と期待効用

(1) リスク回避者

H23-18

リスク回避者とは、不確実なリターンの期待値と確実なリターンの値とが同じ大きさであれば、確実なリターンを好む経済主体である。

たとえば、①50％の確率で100万円、50％の確率で700万円のリターンが得られる（リターンの期待値は400万円）、②毎年確実に400万円のリターンが得られる、という2つの投資案がある場合、リスク回避者は②を選択する。

リスク回避者は、リスクの高い投資案に対して高い収益率を期待する。そのため、リスク回避者のリスク・プレミアムはプラスになる。

(2) リスク中立者

H22-16

リスク中立者とは、不確実なリターンの期待値と確実なリターンの値とが同じ大きさであれば、両者に差はないと考える経済主体である。リスク中立者は限界効用が一定で、効用関数が直線になる。リスク中立者は、期待値だけを基準として行動する。

リスク中立者は、リスクの大小を考慮せずに意思決定をするため、リスクは意思決定の要因にならない。そのため、リスク・プレミアムはゼロになる。

(3) リスク愛好者

リスク愛好者とは、不確実なリターンの期待値と確実なリターンの値とが同じ大きさであれば、不確実なリターンの期待値を好む経済主体である。

たとえば、①50％の確率で100万円、50％の確率で700万円のリターンが得られる（リターンの期待値は400万円）、②毎年確実に400万円のリターンが得られる、という２つの投資案がある場合、リスク愛好者は①を選択する。

　リスク愛好者は、リスクの高い投資案に対する収益率は低くても仕方がないと考えて収益率を期待する。そのため、リスク愛好者のリスク・プレミアムはマイナスになる。

3 投資家の選好と無差別曲線

　投資家の選好別に、標準偏差（リスク）を横軸にとり、期待収益率（リターン）を縦軸にとった無差別曲線を描くと、以下のようになる。なお、無差別曲線については、経済学・経済政策で学ぶため、ここでの説明は省略する。

(1) リスク回避者

　リスク回避者は、リスクの高い投資案に対して高い収益率を期待するため、無差別曲線は右肩上がりで下に凸になる。また、複数の無差別曲線が描かれる場合は、上方に位置するものほど効用が高い。

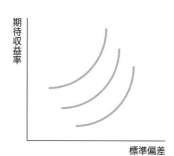

(2) リスク中立者

　リスク中立者は、リスクの大小を考慮せずに意思決定をするため、無差別曲線は水平になる。また、複数の無差別曲線が描かれる場合は、上方に位置するものほど効用が高い。

⑶ リスク愛好者

リスク愛好者は、リスクの高い投資案に対する収益率は低くても仕方がないと考えて収益率を期待するため、無差別曲線は右肩下がりで上に凸になる。また、複数の無差別曲線が描かれる場合は、上方に位置するものほど効用が高い。

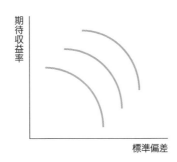

H30-14
H29-21
H25-22
H24-22
H22-18

4 リスク移転

リスク移転とは、リスクを別の主体に移すことで自身のリスクを軽減することである。リスク移転には、ヘッジング、インシュアリング、分散化がある。

⑴ ヘッジング

ヘッジングとは、将来の取引の価値を固定する契約を結ぶことで、リスクを回避する取引である。ただし、リスクを回避することはできるが、利益を得る機会は減ってしまう。

① 先渡（フォワード） R04-20

将来の一定の期日に一定の価格で商品の売買を行う取引である。売買契約は現時点で行うため、取引の変動性を減少させることができる。厳密には、「将来の一定の期日に一定の価格で商品の売買を行う契約」のうち、相対取引（あいたいとりひき）で現物決済するもの（反対売買による差金決済ができないもの）である。代表的な取引として、為替予約がある。

② 先物（フューチャー） R04-20

将来の一定の期日に一定の価格で商品の売買を行う取引である。売買契約は現時点で行うため、取引の変動性を減少させることができる。厳密には、「将来の一定の期日に一定の価格で商品の売買を行う契約」のうち、反対売買による差金決済（実際には取引所を介して取引する）ができるものである。先物価格は、現物価格に対価の支払いが行われる満期日までの金利やキャリーコスト（持越し費用）を加算して決定される。そのため、先物価格と現物価格の差は、満期日までの長さに影響される。ある特定の先物取引の未決済残高の総額を**建玉（たてぎょく）**といい、建玉は清算値段により日々時価評価される。これを**値洗い**という。値洗いによって発生した損益は、証拠金（先物取引を行う際に預けておく保証金）に加減される。証拠

金が不足すると追加の証拠金を差し入れない限り取引が清算される。なお、証拠金は取引金額を上回る額である必要はない。これにより、契約の履行は取引所が保証することになる。代表的な取引として、商品先物や通貨先物がある。

なお一般的に、先渡と先物を合わせて先物（広義）と呼ぶことがある。

③ スワップ

債務の元本や金利の支払などを交換する取引である。

(a) 金利スワップ

同一の通貨で固定金利と変動金利を交換するなど、同一の通貨で金利の支払だけを交換する取引である。詳細は、「本章第Ⅳ節（為替リスクとリスクの回避）」で説明する。

(b) 通貨スワップ

外貨建債務を円貨建債務と交換するなど、異なった通貨で債務の元本及び金利の支払を交換する取引である。

(2) インシュアリング

インシュアリングとは、対価を支払って保険に相当する権利を入手し、将来の状況に応じて権利の行使・放棄を選択し、損失を抑えようとする取引である。代表的な取引として、通貨オプションがある。

(3) 分散化

分散化とは、複数の資産に分散投資する（ポートフォリオを組む）ことでリスクを軽減し、損失を抑えようとする取引である。代表的な取引として、証券投資のポートフォリオがある。

【 リスク移転のイメージ 】

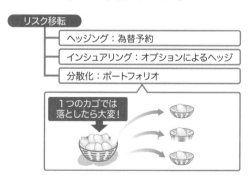

5 デリバティブ

デリバティブ（Derivative） は、金融派生商品と訳される。具体的には、ヘッジングの取引やインシュアリングの取引の総称である。

外国為替、債券、株式などの伝統的な金融商品（原資産）の売買にかかわる権利

や義務を新たに商品化したものである。この新たな商品の価値は原資産の価値に依存するため、**金融派生商品（デリバティブ）**と呼ばれる。デリバティブのうち、日本国内において、想定元本ベースで現在最も多く取引されているものは、金利スワップである。

6 リスクの種類

リスクを分析するときには、リスクの性質に基づいた分類基準の定め方によって、複数の種類に分けることができる。

(1) 純粋リスク

災害による損失や事故による損失など、不確実な事象が生じると経済的損失を避けることができないリスク（狭義のリスク）のことを**純粋リスク**という。

(2) 投機的リスク

不確実性が存在するときは、経済的損失が生じる場合がある一方、経済的利益を獲得できる場合がある。このように、経済的損失の発生と経済的利益の発生のどちらにも可能性があるリスク（広義のリスク）のことを**投機的リスク**という。投機的リスクの例には、以下のようなものがある。

① 価格変動リスク
市場環境や社会環境の変化によって、資産の価格が変動するリスクである。
② 金利リスク
市中金利の変動によって、債券価格が変動するリスクである。
③ 為替リスク
外貨建取引において、為替レートの変動によって損益が生じるリスクである。
④ 信用リスク（デフォルトリスク）
負債を取り扱うときに、金利の支払いや元本の返済が遅れたり、不可能になったりするリスクである。
⑤ 流動性リスク
資産を売買しようとするときに、買い手や売り手が見つからなかったり、値がつかなかったりするリスクである。

(3) システマティック・リスクとアンシステマティック・リスク

ポートフォリオにおいて、分散投資では低減できないリスクと、分散投資で低減できるリスクである。詳細は「第12章第Ⅳ節第5項」で説明する。

(4) 市場リスク

市場リスクとは、金利、為替、株式等の様々な市場のリスク要素の変動により、資産・負債の価値が変動し損失を被るリスク、および資産・負債から生み出される収益が変動し損失を被るリスクである。

IV 為替リスクとリスクの回避

1 為替リスクの概要

　企業が外国通貨を建値とした取引を行う場合は、決済金額を邦貨へ換算するときに、為替レートの変動によるリスクが発生する。**為替レート**とは、2国間の異なる通貨を交換するときの交換比率のことである。

　為替レートが変動すると、邦貨換算での収益・費用や収入・支出が変動し、財務上の不確実性が高まる。そのため、為替レートの変動により、為替リスクが発生すると認識する。海外取引を扱う場合は、為替リスクに関する知識が欠かせない。

(1) 為替レートが変動する理由

　為替レートは、基本的に貿易決済による通貨の需要と供給の関係で決まるとされている。しかし実際には、需要と供給の関係だけでは説明できないほど、為替レートは激しく変動する。為替レートが激しく変動する理由は、貿易決済以上に、投機目的での取引が行われているからだといわれている。

　投機目的での取引が行われると、各国の政治・経済状況の見通しや金利の予測情報のみでも為替レートが変動する。為替レートの変動は、企業の利益及びキャッシュ・フローへ影響を与えるリスク要因になる。具体的には、為替差損益として企業財務へ影響を与える。

H25-22 ### (2) 為替リスクの代表的な回避方法

　① 為替予約
　② 通貨オプション

　いずれの場合も、外貨建輸出取引による外貨建債権の為替のリスク回避や、外貨建輸入取引による外貨建債務の為替リスク回避が主な目的である。

R05-23
H22-18
H20-21 ## 2 為替予約

(1) 為替予約の概要

　為替予約とは、将来の一定日または一定期間に、外国為替の受渡しを、特定の為替相場を定めて約束することである。一般的には、企業と金融機関との間で将来の外国為替取引を約束する。

(2) 為替予約による損益

　為替予約による損益は、「外貨を買うために対価を円で払う場合（外貨買い円売りの場合）」と「外貨を売ることの対価を円で得る場合（外貨売り円買いの場合）」の2種類に分かれる。

① 為替予約の損益図

【為替予約の損益図（外貨買い円売りの場合）】

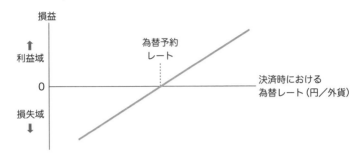

【為替予約の損益図（外貨売り円買いの場合）】

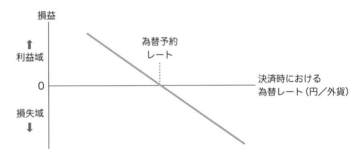

(3) 為替予約の例題

① 外貨買い円売りの場合

D社は、半年後に支払予定の米ドル建債務10,000ドルを円で支払うために、為替予約を行うことにした。為替予約レートを1ドル100円とした場合、直物レート（決済時のレート）によって、D社の損益がどのように変化するのだろうか。

為替予約レートが1ドル100円であるため次のようになる。先ほどの図表【為替予約の損益図（外貨買い円売りの場合）】と関連させて考えよう。

(a) **直物レートが1ドル100円だったとき**

損益は1ドル当たり0円なので、総額の損益も0円である。

(b) **直物レートが1ドル110円だったとき**

1ドル当たり10円の利益が生じるので、総額では100,000円の利益が生じる。

(c) **直物レートが1ドル90円だったとき**

1ドル当たり10円の損失が生じるので、総額では100,000円の損失が生じる。

② 外貨売り円買いの場合

D社は、半年後に回収予定の米ドル建債権10,000ドルを円で受け取るために、為替予約を行うことにした。為替予約レートを1ドル100円とした場合、直物レート（決済時のレート）によって、D社の損益がどのように変化するのだろうか。

為替予約レートが1ドル100円であるため次のようになる。先ほどの図表【為替予約の損益図 (外貨売り円買いの場合)】と関連させて考えよう。

(a) **直物レートが1ドル100円だったとき**
損益は1ドル当たり0円なので、総額の損益も0円である。

(b) **直物レートが1ドル110円だったとき**
1ドル当たり10円の損失が生じるため、総額では100,000円の損失が生じる。

(c) **直物レートが1ドル90円だったとき**
1ドル当たり10円の利益が生じるため、総額では100,000円の利益が生じる。

H30-19 (4)**為替予約の会計処理**

為替予約の会計処理には、**独立処理**と**振当 (ふりあて) 処理**がある。独立処理とは、外貨建取引と為替予約を別個の取引とみなし、それぞれについて会計処理を行う方法である。振当処理とは、為替予約によって確定した日本円の金額を、外貨建取引に振り当てて換算する方法である。

振当処理において、外貨建取引の発生後に為替予約を行う場合、取引発生時の直物為替レートと為替予約時の直物為替レートの差額 (**直々 (じきじき) 差額**) は為替差損益に計上して当期の損益とし、為替予約時の直物為替レートと先物為替レートの差額 (**直先 (じきさき) 差額**) は為替予約時から決済時までの期間に配分する。具体的には、前払費用または前受収益として計上し、期末に当期分を為替差損益に振り替える。商品1万ドルを掛で仕入れた場合の直々差額と直先差額は、次の図のとおりとなる。

【 直々差額と直先差額 】

20X1年2月15日に商品1万ドル (1ドル100円) を仕入れ、代金を買掛金とした。20X1年3月10日に当該買掛金について1ドル106円で為替予約を行った。その時の直物為替レートは1ドル103円である。

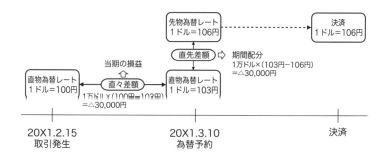

3 通貨オプション

(1) 通貨オプションの概要

オプションとは、将来の一定日または一定期間に取引される商品（原資産）の取引価格を定めておき、「その定められた価格で取引できる権利」を売買できるようにした取引である。

通貨オプションとは、商品（原資産）を外国為替とするオプションである。つまり、将来の一定日または一定期間に取引される外国為替の取引について特定の為替相場を定めておき、「その定められた為替相場で取引できる権利」を売買できるようにした取引である。

R03-23
R01-14
H30-15
H25-23
H24-21
H21-19

(2) オプションの基本用語

① 原資産
オプションの対象となる商品のことである。

② 権利行使価格
定められた取引価格のことである。

③ コール・オプション
権利行使価格で原資産を買うことができる権利のことである。

④ プット・オプション
権利行使価格で原資産を売ることができる権利のことである。

⑤ オプション料（オプション・プレミアム、プレミアム、オプション価格）
「オプションの権利（オプション権）の価格」のことである。

⑥ ヨーロピアン・オプション（ヨーロッパ型オプション）
満期日にしか権利行使できないタイプである。

⑦ アメリカン・オプション（アメリカ型オプション）
満期日までに、いつでも権利行使できるタイプである。

⑧ バミューダ・オプション（バミューダ型オプション）
満期日までに、権利行使可能日が複数回設定されるタイプである。

⑨ イン・ザ・マネー
オプション料を無視した場合に、原資産価格と権利行使価格の関係において、オプションの買い手が権利を行使したときに利益が生じ、オプションに本質的価値がある状態である。

⑩ アウト・オブ・ザ・マネー
オプション料を無視した場合に、原資産価格と権利行使価格の関係において、オプションの買い手が権利を行使したときに損失が生じ、オプションに本質的価値がない状態である。

⑪ アット・ザ・マネー
オプション料を無視した場合に、原資産価格と権利行使価格の関係において、オプションの買い手が権利を行使したときに損益が生じない状態である。

⑫ **本質的価値**

原資産価格と権利行使価格の差額のことである。

⑬ **時間的価値**

満期までに原資産価格が変動することで、オプションの価値が上昇（発生）することを期待する価値のことである。オプションの価格は本質的価値と時間的価値の合計で表される。

R03-23
R02-15
H29-25
H26-22
H24-21
H21-19
H19-15

(3) オプションによる損益

オプションによる損益は、「コール・オプションの買い手」、「コール・オプションの売り手」、「プット・オプションの買い手」、「プット・オプションの売り手」の4種類に分かれる。

① **コール・オプションの損益図 (買い手)**

【 コール・オプションの買い手 】

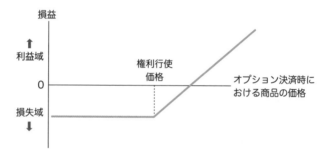

※損失はオプション料（プレミアム）内に限定、利益は商品の価格上昇に伴い増加

② **コール・オプションの損益図 (売り手)**

【 コール・オプションの売り手 】

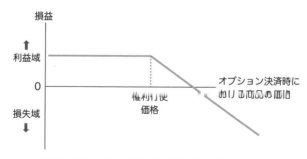

※利益はオプション料内に限定、損失は商品の価格上昇に伴い増加

③ プット・オプションの損益図（買い手）

【 プット・オプションの買い手 】

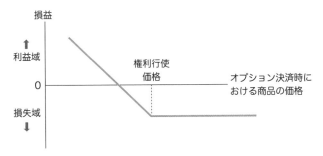

※損失はオプション料（プレミアム）内に限定、利益は商品の価格下落に伴い増加

④ プット・オプションの損益図（売り手）

【 プット・オプションの売り手 】

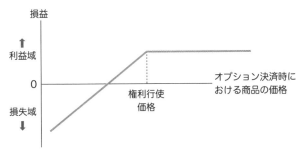

※利益はオプション料内に限定、損失は商品の価格下落に伴い増加

⑷ 通貨オプションの例題

　D社は、半年後に支払予定の米ドル建債務10,000ドルを円で支払うために、コール・オプションを購入することにした。権利行使価格を1ドル100円、オプション料を1ドル当たり10円とした場合、直物レート（決済時のレート）によって、D社の損益がどのように変化するのだろうか。

　権利行使価格が1ドル100円であるため次のようになる。先ほどの図表【コールオプションの損益図（買い手）】と関連させて考えよう。

① 直物レートが1ドル100円よりも円高だったとき

　⒜ 権利を行使しないほうが有利である。

　⒝ 直物レートでドルを買うことになる。すると、原資産から生じる損益は1ドル当たり0円だが、オプション料からは1ドル当たり10円の損失が生じる。よって、総額では100,000円の損失が生じる。

② 直物レートが1ドル100円よりも円安だったとき

  ⓐ 権利を行使したほうが有利である。

  ⓑ 権利行使価格1ドル100円でドルを買うことになる。

   • 直物レートが1ドル110円だったとき

    原資産からは1ドル当たり10円の利益が生じる。一方、オプション料からは1ドル当たり10円の損失が生じる。よって、総額の損益は0円である。

   • 直物レートが1ドル120円だったとき

    原資産からは1ドル当たり20円の利益が生じる。一方、オプション料からは1ドル当たり10円の損失が生じる。よって、総額では100,000円の利益が生じる。

⑸ オプションの売り手の損益

先ほどは買い手の損益を紹介した。売り手の損益は、買い手の損益の逆になる点を覚えておこう。

  ① 買い手の利益は、売り手の損失である。

  ② 買い手の損失は、売り手の利益である。

⑹ 為替に関する用語

① 直物（じきもの）レート

異なる通貨の交換比率で2営業日後に決済する比率をいう。スポットレートともいう。

② 予約レート（先渡レート）

異なる通貨の交換比率で3営業日以降に決済する比率をいう。為替予約時に将来の交換比率を相対取引（あいたいとりひき）にて決定する。フォワードレートともいう。

③ ネットの損益

為替予約やオプション取引による損益と、直物による損益とを合計したものである。

④ 売建て・買建て

売りのポジション（売りの持ち高）を持つこと、及び買いのポジション（買いの持ち高）を持つことである。先物取引では、反対売買による差金決済ができるため、売りのポジションと買いのポジションを管理する必要がある。

4 金利スワップ

R01-18
H30-14
H23-21

⑴ 金利スワップの概要

ファイナンスで「スワップ」は「交換」を意味する。**金利スワップ**は、債務を持つ企業同士が、金利部分の支払いを相互に交換する取引である。金利スワップで交換するのは金利部分のみである。元本部分の交換は含まれない。

⑵ 金利スワップの例題

　元本100億円、期間5年の借入金（債務）を持っているA社とB社があるとする。両社の支払金利は次のとおりとする。

	現在の借入金利	希望する借入金利
A社	期間1年の変動金利（現在4%）	固定金利5%
B社	固定金利5%	期間1年の変動金利

　A社は、今後の変動金利が固定金利5%を超えると予想して、固定金利5%への金利変更を希望し、B社は、今後も変動金利が固定金利5%を下回ると予想して、変動金利への金利変更を希望する。

　A社とB社のように金利変更の希望が合致したときに、A社とB社でお互いの金利部分の支払いを交換するのが金利スワップである。

　金利スワップによって、A社はB社に5億円（100億円×5%）を支払い、B社はA社に4億円（100億円×4%）を支払う。B社の予想どおり、変動金利が固定金利5%を下回れば、B社が有利になる。

　翌年になり、変動金利が8%になったとする。A社はB社に5億円（100億円×5%）を支払い、B社はA社に8億円（100億円×8%）を支払う。

　A社の予想どおり、変動金利が固定金利5%を超えれば、A社が有利になる。

【 金利スワップのイメージ 】

⑶ 金利スワップのポイント

① 変動金利で借入しているとき、変動金利上昇リスクをヘッジできる。

　変動金利で借入している企業が、変動金利受取、固定金利支払の金利スワップ契約を結べば、変動金利が固定金利を上回っても、金利支払は固定金利になる。

② 金利スワップの有利不利は金利の変動よって決まる。

　金利スワップでは、変動金利が上昇して固定金利を上回れば、変動金利受取・固定金利支払が有利になる。変動金利が下落して固定金利を下回れば、固定金利受取・変動金利支払が有利になる。

【 金利スワップ利用のメリット・デメリット 】

	メリット	デメリット
A社	変動金利が5%超のとき、支払金利は5%で割安になる	変動金利が5%未満のとき、支払金利は5%で割高になる
B社	変動金利が5%未満のとき、5%との差が利益になる	変動金利が5%超のとき、5%を超える部分も自己負担する

5 ポートフォリオ

(1) ポートフォリオの概要

リターン率10%のローリスク投資を25%とリターン率18%のハイリスク投資を75%とを組み合わせてリターン率16%を実現するなど、複数の投資案を組み合わせて、可能な限り高いリターンを可能な限り低いリスクで得ようとすることが考えられる。

ポートフォリオとは、投資案の組み合わせ、すなわち分散投資の組み合わせのことである。ポートフォリオを考える場合は、リターンとリスクを考慮し、投資家にとって選択可能なポートフォリオ（投資機会集合）のうち最適なポートフォリオの実現を目指す。

(2) ポートフォリオの概念

分散投資をする目的は、リスクの低減にある。ある投資の結果が不利なものであっても、他の投資の結果が有利であれば、リスクを低減できるからである。リスクを変動性と捉えた場合、ポートフォリオのリスクを低減するためには、変動の性質が反対のもの同士をバランスよく保有することが望ましいといえる。

分散投資の簡単な例として、投資案が2つ（証券A、証券B）の場合のポートフォリオのリスクを考えてみよう。

① 証券Aと証券Bがまったく同じ性質の変動をする場合

証券Aが値下がりすると証券Bも値下がりし、証券Aが値上がりすると証券Bも値上がりする。つまり、リスクを低減することはできない。

② 証券Aと証券Bが正反対の性質の変動をする場合

証券Aが値下がりすると証券Bが値上がりし、証券Aが値上がりすると証券Bが値下がりする。つまり、リスクを最大限に低減することができる。

③ 証券Aと証券Bが無関連な変動をする場合

リスクを低減できるときもあれば、低減できないときもある。総じてリスクを低減することはできるが、低減の程度は①と②の中間である。

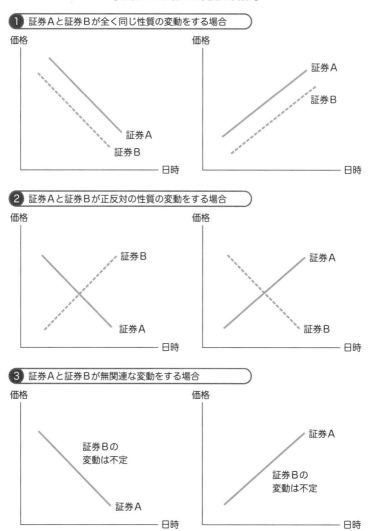

【 証券Aと証券Bの変動の関係 】

1 証券Aと証券Bが全く同じ性質の変動をする場合

2 証券Aと証券Bが正反対の性質の変動をする場合

3 証券Aと証券Bが無関連な変動をする場合

　2つの証券のポートフォリオを考える場合は、リターンとリスク以外に、投資案同士の変動の関連性も考慮する必要がある。変動の関連性を計る指標には、**相関係数**というものを用いる。

　相関係数は−1から＋1の値をとる。相関係数が正の場合は2つの証券が同じ性質で変動することを意味し、負の場合は反対の性質で変動することを意味する。相関係数が0の場合は、2つの証券の変動は無関連であることを意味する。相関係数の絶対値の大きさは、関連性の程度を意味する。

R05-18
R03-20
R01-17
H29-19
H28-18
H22-16
H21-17
H20-20

(3) 期待値と標準偏差の関係

　2つの証券（証券Ａ、証券Ｂとする）への投資比率を変化させた場合、一定の相関係数のもとでの期待値と標準偏差の関係は、次の図のようになることが知られている。

　点Ａは、証券Ａの投資比率を100％にしたときの期待値と標準偏差を示している。点Ｂは、証券Ｂの投資比率を100％にしたときの期待値と標準偏差を示している。また、次の図は、投資家の観点から見た場合、「期待値が同じであれば相関係数が小さいほど標準偏差が小さく、標準偏差が同じであれば相関係数が小さいほど期待値が大きい」ことを示している。すなわち、変動性を相殺できる可能性が高いポートフォリオが望ましいことを意味している。

　ここで、相関係数が0の場合に投資比率を変化させることを考えると、曲線ACB上にポートフォリオが存在する。ただし、曲線ACと曲線CBを分けて考えると、標準偏差の値が同じでありながら、期待値が2つ存在することになる。投資家は、標準偏差が同じ場合は期待値が高い投資案を選択するため、曲線CB上のポートフォリオを選択することはない。投資家は、リスク選好度に応じて曲線AC上のどこかのポートフォリオを選択することになる。点Ａを選択する場合が、最もハイリスク・ハイリターンである。点Ｃを選択する場合が、最もローリスク・ローリターンである。

　曲線ACを有効フロンティア（効率的フロンティア）と呼び、曲線AC上のポートフォリオを効率的ポートフォリオと呼ぶ。

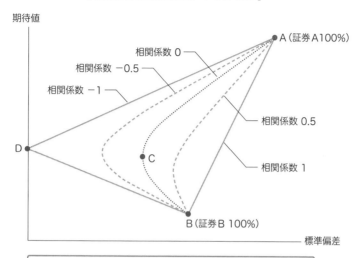

【 証券が２つの場合のポートフォリオ 】

期待値

相関係数 ０

相関係数 －0.5

相関係数 －１

相関係数 0.5

相関係数 １

A（証券A100%）

D

C

B（証券B 100%）

標準偏差

相関係数 －１ → 証券Ａと証券Ｂが正反対の性質の変動をする
相関係数　０ → 証券Ａと証券Ｂが無関連な変動をする
相関係数　１ → 証券Ａと証券Ｂが全く同じ性質の変動をする

H28-15
H27-17
H26-17

⑷ 相関係数と共分散

相関係数は、対で観測される特性を持つ２つの確率変数ＸとＹの間における、直線関係の強さの数値的尺度であり、－１から１までの値をとる。

一方の確率変数の値が増加したとき、もう一方の確率変数の値が増加傾向にあるとき、相関係数は正の値となる。一方の確率変数の値が増加したとき、もう一方の確率変数の値が減少傾向にあるとき、相関係数は負の値となる。いずれの傾向もないときは、相関係数は０に近い値となる。

相関係数は、次の式で定義される。

$$相関係数 = \frac{ＸとＹの共分散}{Ｘの標準偏差 × Ｙの標準偏差}$$

共分散とは、ＸとＹで、それぞれ対になる値ごとに偏差の積を求め、その期待値をとった値である。そのため、共分散でもＸとＹの相関関係を示すことができる。しかし、共分散の値は、もとのデータの単位によって大きさが変わってしまうため、異なる単位系同士での比較がしにくい。

相関係数は、共分散を標準偏差の積で除すことで無単位にし、単位を意識しなくてよい比較を可能にする。また、相関係数は常に－１から１までの値をとるため扱いやすくなる。

(5) **ポートフォリオに関する例題**

資産Aと資産Bという2つの証券があり、それぞれの状況における収益率は以下のようになっている。ポートフォリオの組み入れ比率を資産A：30%、資産B：70%とするとき、ポートフォリオの収益率と相関係数を求めよ。

状況	確率	資産Aの収益率	資産Bの収益率
円高	0.4	10%	5%
円安	0.6	5%	10%

① 収益率の求め方

まず、それぞれの資産について期待収益率を求める。

資産Aの期待値

$= 10\% \times 0.4 + 5\% \times 0.6 = 7\%$

資産Bの期待値

$= 5\% \times 0.4 + 10\% \times 0.6 = 8\%$

ポートフォリオの収益率は、それぞれの資産の期待収益率と組み入れ比率の積の合計であるから、$7\% \times 0.3 + 8\% \times 0.7 = 7.7\%$

② 相関係数の求め方

まず、共分散を求める。共分散は対になる値ごとの偏差の積の期待値であるから、

$(10\% - 7\%) \times (5\% - 8\%) \times 0.4 + (5\% - 7\%) \times (10\% - 8\%) \times 0.6$

$= -3.6\%^2 + (-2.4\%^2)$

$= -6.0\%^2$

次に、それぞれの標準偏差を求める

資産Aの分散は

$\{(10\% - 7\%)^2 \times 0.4\} + \{(5\% - 7\%)^2 \times 0.6\} = 6\%^2$

よって資産Aの標準偏差は $\sqrt{(6\%^2)} ≒ 2.449\%$

資産Bの分散は

$\{(5\% - 8\%)^2 \times 0.4\} + \{(10\% - 8\%)^2 \times 0.6\} = 6\%^2$

よって資産Bの標準偏差は $\sqrt{(6\%^2)} ≒ 2.449\%$

よって相関係数は

$$\frac{-6}{2.449 \times 2.449} = -1$$

⑹ ポートフォリオの標準偏差

2資産Ａ、Ｂからなるポートフォリオの収益率の標準偏差は、次の式で計算できる。

$$2資産ポートフォリオの標準偏差 = \sqrt{X_A^2\sigma_A^2 + X_B^2\sigma_B^2 + 2X_A X_B \rho_{A,B}\sigma_A\sigma_B}$$

X_A：Ａへの投資比率　　X_B：Ｂへの投資比率

σ_A：Ａの標準偏差　　σ_B：Ｂの標準偏差　　$\rho_{A,B}$：ＡとＢの相関係数

証券Ａと証券Ｂに等額ずつ分散投資するポートフォリオで、証券Ａと証券Ｂの収益率の相関係数がゼロのとき、当該ポートフォリオの収益率の標準偏差は次のように計算できる。なお、各証券の期待収益率および標準偏差は下表のとおりであり、$\sqrt{125} \fallingdotseq 11.2$とする。

	証券Ａ	証券Ｂ
期待収益率	3%	6%
標準偏差	10%	20%

ポートフォリオの分散＝$0.5^2 \times 0.1^2 + 0.5^2 \times 0.2^2 +$
$\qquad\qquad\qquad 2 \times 0.5 \times 0.5 \times 0 \times 0.1 \times 0.2$
$\qquad\qquad = 0.0125$

ポートフォリオの標準偏差＝$\sqrt{分散} = \sqrt{0.0125} = \dfrac{\sqrt{125}}{100} = 11.2\%$

⑺ システマティック・リスクとアンシステマティック・リスク

ポートフォリオのリスクは、システマティック・リスクとアンシステマティック・リスクに分かれる。**システマティック・リスク**とは、分散投資では低減できないリスクのことである。たとえば、市場そのものが持つリスク（マーケット・リスク）が該当する。**アンシステマティック・リスク**とは、個別の投資対象ごとにそれぞれが持つリスクのことである。たとえば、証券ならば個別の銘柄が持つリスクが該当する。

R04-16
R03-20
R02-22
R01-15
H30-17
H29-23
H28-18
H27-19
H21-17

6 安全資産を導入したポートフォリオ Ⓐ

本節第5項におけるポートフォリオの考察は、危険資産（リスクを有する資産）のみの組み合わせで行ったが、ここではさらに安全資産（リスクのない資産）を導入した場合を考える。

⑴ 資本市場線

　安全資産（安全証券）と危険資産（危険証券）によるポートフォリオの図において、危険資産のみでポートフォリオを組んだ場合は、曲線EGが有効フロンティアになる。そこに安全資産を導入する。安全資産は標準偏差が0であり、かつ一定の期待収益率を持つため、安全資産のみを保有した場合は点Aが描かれる。

　点Aの状態に対し、点Fが描かれるように危険資産を組み合わせて安全資産とのポートフォリオを組むと、直線AFが新しい有効フロンティアの一部になり、曲線AFGが全体の有効フロンティアになる。この考えに基づいて、最も有利な有効フロンティアを考えると、点Aから伸ばした直線が曲線EGと接する直線ABCになる。これが安全資産を導入した場合の新しい有効フロンティアであり、この直線のことを**資本市場線**という。

【 安全資産と危険資産によるポートフォリオ 】

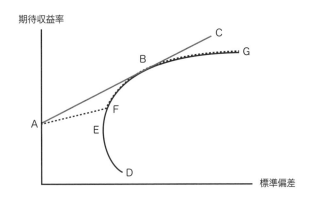

　資本市場線における直線ABの部分は、安全資産と危険資産ポートフォリオBの組み合わせを意味している。また、直線BCの部分は、安全資産の利率Aで借入を行い、ポートフォリオBを買い増している状態を意味する。安全資産が存在する場合で、かつ資金の借入ができない場合、有効フロンティアは曲線ABGになる。

⑵ 分離定理

　危険資産と安全資産が存在する市場では、どのような投資家であっても、選択されるポートフォリオは資本市場線上にある。これは、選択可能な危険資産ポートフォリオの組み合わせは無数に存在するが、選択される危険資産の組み合わせは、資本市場線と危険資産ポートフォリオの有効フロンティアが接する点に限られることを意味している。

　投資家の効用に左右される部分は、この唯一選択される危険資産ポートフォリオと安全資産への投資比率の決定のみとなり、危険資産ポートフォリオ自体の選択は投資家の効用とは別に決定される。この性質のことを**分離定理**という。

■■■ 問題編 ■■■   Check!!

問1 (H24-22)   [○・×]
　先物取引は、必ずしも現物の受渡しを必要としない。

問2 (R04-20)   [○・×]
　先物取引における建玉は、清算値段により日々値洗いされる。

問3 (H25-22改題)   [○・×]
　3か月後にドル建てで商品の仕入代金を支払う予定であるA社が、ドル買いの為替予約を行うことにより、為替リスクをヘッジすることができる。

問4 (H24-21)   [○・×]
　コール・オプションの買いの場合、原資産価格が行使価格を上回ったときにアウト・オブ・ザ・マネーとなる。

問5 (R01-14)   [○・×]
　オプションの価格は、オプションを行使した際の価値、すなわち本質的価値と時間的価値から成り立っている。

問6 (H23-21)   [○・×]
　金利スワップでは、通常、金利交換だけでなく、元本の交換も行われる。

問7 (R05-18)   [○・×]
　2つのリスク資産からポートフォリオを作成するとき、両資産のリターン間の相関係数が大きいほど、リスク低減効果は顕著となる。

問8 (H26-21)   [○・×]
　市場全体との相関によるリスクであり、分散化によって消去できないリスクを、システマティック・リスクという。

問9 (H28-11改題)   [○・×]
　リスク中立者は、限界効用が一定であり、効用関数が直線になる。

問1 ○：反対売買による差金決済が可能である。

問2 ○：設問文のとおり。

問3 ○：将来の為替レートが変動しても、決められたレートで決済することが、不確実性をなくすことになるためである。

問4 ×：イン・ザ・マネーとなる。

問5 ○：設問文のとおり。

問6 ×：金利スワップでは、通常、金利のみ交換が行われる。

問7 ×：両資産のリターン間の相関係数が小さい（－1に近い）ほど、リスク低減効果は顕著となる。

問8 ○：設問文のとおり。

問9 ○：リスクの大小を考慮せず、期待値だけを基準として意思決定を行うためである。

■■■ **問題編** ■■■

　最適ポートフォリオの選択に関する次の文中の空欄A～Cに当てはまる用語の組み合わせとして、最も適切なものを下記の解答群から選べ。

　危険資産と安全資産が存在する市場では、どのような投資家であっても、選択されるポートフォリオは　A　上にある。これは、選択可能な危険資産ポートフォリオの組み合わせは無数に存在するが、選択される危険資産の組み合わせは、　A　と危険資産ポートフォリオの　B　が接する点に限られることを意味している。
　　C　に左右される部分は、この唯一選択される危険資産ポートフォリオと安全資産への投資比率の決定のみとなり、危険資産ポートフォリオ自体の選択は　C　とは別に決定される。

〔解答群〕
　ア　A：資本市場線　　　　B：有効フロンティア　　C：投資家の効用
　イ　A：証券市場線　　　　B：無差別曲線　　　　　C：投資のリターン
　ウ　A：無差別曲線　　　　B：資本市場線　　　　　C：投資の効率性
　エ　A：有効フロンティア　B：証券市場線　　　　　C：投資のリスク

解答：ア

　最適ポートフォリオの選択に関する出題である。危険資産と安全資産とが存在する市場では、どの投資家であっても、選択されるポートフォリオは資本市場線上にある。これは、選択可能な危険資産ポートフォリオの組み合わせは無数に存在するが、選択される危険資産の組み合わせは、資本市場線と危険資産ポートフォリオの有効フロンティアが接する点に限られることを意味している。

　投資家の効用に左右される部分は、この唯一選択される危険資産ポートフォリオと安全資産への投資比率の決定のみとなり、危険資産ポートフォリオ自体の選択は投資家の効用とは別に決定される。

　資本市場線とは、危険資産のみのポートフォリオの有効フロンティアに、安全資産を導入した新しい有効フロンティアである。

　よって、空欄Aは「資本市場線」、空欄Bは「有効フロンティア」、空欄Cは「投資家の効用」となり、アが正解である。

▨▨▧ **問題編** ▨▧▧

　現物株1単位の買いポジションと当該株式を原資産とする個別株プットオプション1単位の買いポジションを組み合わせた戦略の損益を表す図表として、最も適切なものはどれか。なお、Xは権利行使価格である。

ア

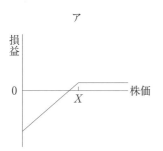

イ

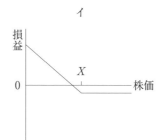

ウ

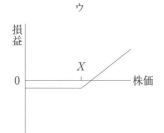

エ

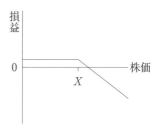

解答：ウ

　現物株の買いポジションと当該株式を原資産とする個別株プットオプションの買いポジションを組み合わせた戦略の損益を表す図表に関する出題である。

　「現物株1単位の買いポジションをとった場合の損益図（①）」と、「当該株式を原資産とする個別株プットオプション1単位の買いポジションをとった場合の損益図（②）」それぞれを正しく図示できるかがポイントである。横軸に株価、縦軸に損益をとると、損益図（①）および（②）はそれぞれ次のようになる。

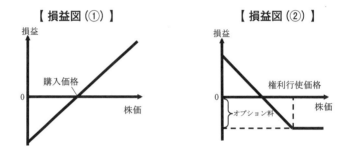

　上記の2つの図では「株価の変化＝損益の変化」であり、傾きの角度は45度になる。

　上記2つの損益図を合成することで、「現物株1単位の買いポジションと当該株式を原資産とする個別株プットオプション1単位の買いポジションを組み合わせた戦略の損益図（③）」を求めることができる。なお、問題文に制約条件としての記載はないが、購入価格と行使価格をXで同一とする。

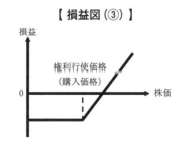

ア：不適切である。「現物株1単位を原資産とするプットオプション1単位の売りポジション」、または「現物株1単位の買いポジションと、当該株式を原資産とする個別株コールオプション1単位の売りポジションを組み合わせた場合」の

損益図である。（購入価格とオプションの行使価格はX)

イ：不適切である。「現物株1単位を原資産とするプットオプション1単位の買い
　　ポジション」、または「現物株1単位の売りポジションと、当該株式を原資産と
　　する個別株コールオプション1単位の買いポジションを組み合わせた場合」の
　　損益図である。（売却価格とオプションの行使価格はX)

ウ：適切である。

エ：不適切である。「現物株1単位を原資産とするコールオプション1単位の売り
　　ポジション」、または「現物株1単位の売りポジションと、当該株式を原資産と
　　する個別株プットオプション1単位の売りポジションを組み合わせた場合」の
　　損益図である。（売却価格とオプションの行使価格はX)

■■■■ **問題編** ■■■

　次の文章は、X、Yの2資産から構成されるポートフォリオのリターンとリスクの変化について、説明したものである。空欄A～Dに入る語句の組み合わせとして、最も適切なものを下記の解答群から選べ。

　以下の図は、X、Yの2資産から構成されるポートフォリオについて、投資比率をさまざまに変化させた場合のポートフォリオのリターンとリスクが描く軌跡を、2資産間の　A　が異なる4つの値について求めたものである。

　X、Yの　A　が　B　のとき、ポートフォリオのリターンとリスクの軌跡は①に示されるように直線となる。　A　が　C　なるにつれて、②、③のようにポートフォリオのリスクをより小さくすることが可能となる。

　　A　が　D　のとき、ポートフォリオのリスクをゼロにすることが可能となり、④のような軌跡を描く。

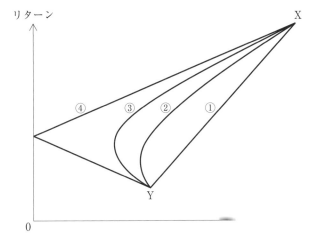

〔解答群〕

ア　A：相関係数　　　B：－1　　　C：大きく　　　D：ゼロ

イ　A：相関係数　　　B：＋1　　　C：小さく　　　D：－1

ウ　A：ベータ値　　　B：ゼロ　　　C：大きく　　　D：＋1

エ　A：ベータ値　　　B：＋1　　　C：小さく　　　D：－1

解答：イ

　2資産から構成されるポートフォリオのリターンとリスクの変化に関する出題である。

　相関係数が＋1のとき、ポートフォリオの組み合わせはＸとＹを直線で結んだ①のような軌跡となる。相関係数が小さくなるにつれ、②、③のように双曲線を描くようになる。相関係数が－1のとき、組み合わせの軌跡は④のようになり、リスクがゼロになる組み合わせがあることを示している。

　よって、正解はイである。

テーマ別出題ランキング

	過去23年分 平成13年（2001年）～令和5年（2023年）
1位	タックス・シールドを考慮した キャッシュ・フローの計算
2位	リスク調整割引率法
3位	確実性等価法
3位	デシジョン・ツリー

	直近10年分 平成26年（2014年）～令和5年（2023年）
1位	タックス・シールドを考慮した キャッシュ・フローの計算
2位	正味現在価値の大小とリスクの大小
2位	リスクを考慮した正味現在価値の計算方法
2位	確実性等価法
2位	リスク調整割引率法

過去23年間の出題傾向

　タックス・シールドを考慮したキャッシュ・フローの計算は23年間で9回出題され、正味現在価値法と合わせて出題されることも多い。2次試験でも重要となる考え方なので、確実に理解しておこう。その他のテーマは万遍なく出題されているが、頻度は高くないため、余力があれば押さえておこう。

第 **13** 章

その他ファイナンスの知識

I タックス・シールド

1 タックス・シールドの概要

　税金の存在を考慮してキャッシュ・フロー (CF) を求めるときには、損金算入した費用について、節税効果が発生する。この節税効果を**タックス・シールド**と呼ぶ。

　タックス・シールドの中でも、資金支出を伴わない費用について発生するものは、支出を大きく抑えるため、特に注目される。具体的には減価償却費について発生するタックス・シールドである。このため、場合によっては、減価償却について発生する節税効果のみをタックス・シールド(狭義)と呼ぶことがある。

2 タックス・シールドを考慮したキャッシュ・フローの計算 Ⓐ

(1) タックス・シールドの計算方法

① 広義のタックス・シールド

> タックス・シールド＝損金算入した費用×税率

② 狭義のタックス・シールド (減価償却費に限った場合)

> タックス・シールド＝減価償却費×税率

(2) タックス・シールドを考慮したキャッシュ・フロー (CF) の計算方法

　タックス・シールドを考慮したキャッシュ・フロー (CF) は、次の2通りの計算方法のうち、どちらを用いても求めることができる。
　① CF＝税引後利益＋減価償却費
　② CF＝(売上高－現金支出費用)×(1－税率)＋減価償却費×税率

3 タックス・シールドの例題

(1) 次の〈資料〉にもとづき、キャッシュ・フローを求めよう。なお、費用は全額について損金算入が認められており、実効税率は40%とする。

〈 資料 〉(単位：万円)

売上高	100
現金支出費用	30
減価償却費	10
税引前利益	60
法人税等	24
税引後利益	36

①の方法で計算してみよう。

　キャッシュ・フロー＝税引後利益36＋減価償却費10＝（46万円）

②の方法で計算した場合には、次のようになる。

　CF＝(売上高100－現金支出費用30)×(1－税率0.4)
　　　＋減価償却費10×税率0.4＝（46万円）

【①の結果と②の結果が等しくなることの確認】

　CF＝税引後利益36＋減価償却費10
　　＝(売上高100－現金支出費用30－減価償却費10)×(1－税率0.4)
　　　＋減価償却費10
　　＝(売上高100－現金支出費用30)×(1－税率0.4)－減価償却費10
　　　×(1－税率0.4)＋減価償却費10
　　＝(売上高100－現金支出費用30)×(1－税率0.4)＋減価償却費10
　　　×税率0.4

(2) 当期首に1,500の設備（耐用年数3年、残存価額ゼロ、定額法）に投資すると今後3年間の各期末に税引前キャッシュ・フロー900が得られる場合、税率を30%とすると、この投資により各期末の税引後キャッシュ・フローは780になる（単位：万円）。
- 各期の減価償却費：(1,500－ゼロ)÷3年＝500万円
- 課税所得：税引前キャッシュ・フロー900－減価償却費500＝400万円
- 税額：課税所得400×税率30%＝120万円
- 税引後キャッシュ・フロー：税引前キャッシュ・フロー900－税額120＝
　780万円

II 正味現在価値とリスク

1 正味現在価値の大小とリスクの大小

(1) 正味現在価値の大小が意味するもの

正味現在価値 (NPV) は、次の式で定義される。なお、投資プロジェクトの期間をN年、毎年の年数をそれぞれn年 (期末基準)、毎年のキャッシュ・フローをCF$_n$、割引率をrとする。

$$NPV = \sum_{n=0}^{N} \frac{CF_n}{(1+r)^n}$$
$$= CF_0 + \frac{CF_1}{1+r} + \frac{CF_2}{(1+r)^2} + \cdots + \frac{CF_{N-1}}{(1+r)^{N-1}} + \frac{CF_N}{(1+r)^N}$$

※一般的な投資プロジェクトでは CF$_0$ が初期投資額に相当し、負の金額になる。

正味現在価値法の考え方にもとづけば、高く評価されるべき投資プロジェクトほど正味現在価値は大きくなり、低く評価されるべき投資プロジェクトほど正味現在価値は小さくなる。

H27-15 ### (2) 正味現在価値の大小に影響を与える要因

正味現在価値は、将来の予測にもとづいて求めるため、リスク (広義のリスク＝不確実性) の存在を考慮する必要がある。一方、投資家は一般的にリスクを嫌うため、次のような考え方で投資プロジェクトの評価をすることになる。

① リスクが小さい → 高く評価されるべき → 正味現在価値は大きい
② リスクが大きい → 低く評価されるべき → 正味現在価値は小さい

H27-15 ## 2 リスクを考慮した正味現在価値の計算方法 基

正味現在価値法の定義式のうち、将来の予測にもとづく数値は次の2つである。
① 将来のキャッシュ・フロー：CF$_1$, CF$_2$, ……, CF$_{N-1}$, CF$_N$
② 割引率：r
確実な投資プロジェクト (リスクがない投資プロジェクト) に対し、将来のキャッシュ・フローが小さく予測される投資プロジェクトがあるならば、正味現在価値が小さくなり、リスクが大きいことを考慮したことになる。

確実な投資プロジェクト (リスクがない投資プロジェクト) に対し、割引率が大きく予測される投資プロジェクトがあるならば、この場合も正味現在価値が小さくなり、リスクが大きいことを考慮したことになる。

以上の考え方をもとにして開発された計算方法が、確実性等価法とリスク調整割引率法である。

3 確実性等価法

　割引計算の分子（将来のキャッシュ・フロー）に確実性等価係数（$0 < \alpha_N < 1$）を乗ずることで、リスクを考慮した正味現在価値を求める方法である。確実性等価係数が小さいほど、リスクが大きいことを意味する。
　リスクの考慮は確実性等価係数で行うため、割引率（r）にはリスクフリーレートを用いる。

$$NPV = CF_0 + \frac{\alpha_1 CF_1}{1+r} + \frac{\alpha_2 CF_2}{(1+r)^2} + \cdots + \frac{\alpha_{N-1} CF_{N-1}}{(1+r)^{N-1}} + \frac{\alpha_N CF_N}{(1+r)^N}$$

※一般的な投資プロジェクトでは CF_0 が初期投資額に相当し、負の金額になる。

4 リスク調整割引率法

　割引計算の分母（割引率）にリスク・プレミアム（$0 < \gamma < 1$）を加えることで、リスクを考慮した正味現在価値を求める方法である。リスク・プレミアムが大きいほど、リスクが大きいことを意味する。
　リスクの考慮はリスク・プレミアムで行うため、割引率（r）にはリスクフリーレートを用いる。

$$NPV = CF_0 + \frac{CF_1}{1+r+\gamma} + \frac{CF_2}{(1+r+\gamma)^2} + \cdots$$
$$\cdots + \frac{CF_{N-1}}{(1+r+\gamma)^{N-1}} + \frac{CF_N}{(1+r+\gamma)^N}$$

※一般的な投資プロジェクトでは CF_0 が初期投資額に相当し、負の金額になる。

III 不確実性下の意思決定

1 不確実性下の意思決定の概要

(1) 不確実性が意思決定に及ぼす影響

意思決定において不確実性が存在することは、本書ですでに学んだ。すると、不確実性が存在するならば、将来の予測シナリオは、多岐に分岐するはずである。

デシジョン・ツリーとは、多岐に分岐する将来の予測シナリオを樹形図にしたものである。また、その樹形図を使った意思決定手法の名称でもある。

(2) 正味現在価値法の限界とデシジョン・ツリーの利用

設備投資の経済性計算の代表である正味現在価値法を思い出してみよう。正味現在価値法では、初期投資をした後は原則として当該設備を使い続けるという前提で意思決定をする。

一方、不確実性を考慮した予測をするならば、途中で設備を売却するシナリオを考える必要があるかもしれないし、逆に途中で設備に追加投資をするシナリオを考える必要があるかもしれない。

あるいは、不景気になり将来キャッシュ・フローが計画よりも減ってしまうシナリオを考える必要があるかもしれないし、逆に好景気になり将来キャッシュ・フローが計画よりも増えるシナリオを考える必要があるかもしれない。

さらに考えてみると、設備を売却する時期や追加投資をする時期がいつなのかということや、不景気や好景気になる確率は何%なのかといった要件もある。

以上のような種々の要件を考慮したシナリオの発生が予測される意思決定へ、正味現在価値法で対応することは難しい。そのようなときに、デシジョン・ツリーを利用する。

2 デシジョン・ツリー

次の〈資料〉にもとづき投資案について考えよう。

〈資料〉

初期投資額400万円を必要とする投資案（経済命数2年）の第1年度のキャッシュ・フローの現在価値が200万円となる確率が0.5、300万円となる確率が0.5と予測されている。

第1年度に200万円のキャッシュ・フローの現在価値が生じた場合に、第2年度のキャッシュ・フローの現在価値が300万円となる確率が0.5、400万円となる確率が0.5と予想されている。

また、第1年度に300万円のキャッシュ・フローの現在価値が生じた場合に、

第2年度のキャッシュ・フローの現在価値が300万円となる確率が0.5、400万円となる確率が0.5と予測されている。

　〈資料〉の内容を、デシジョン・ツリーにより図解すると、以下のようになる。Pは第1年度における現在価値の発生確率とし、P'は、第2年度における現在価値の発生確率とする。
　デシジョン・ツリーでは、分岐図中の□を「意思決定者によって意思決定の選択が行われる分岐」とし（本問では「初期投資400万円」）、○を「意思決定者がコントロールできない不確実な事象の分岐」とすることになっている。
　また、ここでは該当しないが、□が複数ある場合は、意思決定の順番に序数を付す。

【 デシジョン・ツリー 】

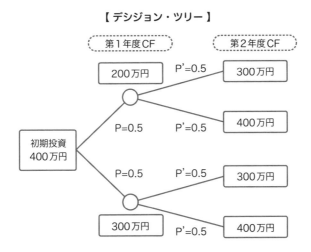

　デシジョン・ツリーを用いた評価では、最終点に近い意思決定から始点へ向かって戻る方法を採用する。

(1) 第1年度のCFが200万円となる時点における現在価値の期待値

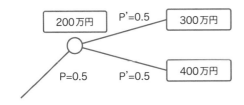

300万円×0.5 + 400万円×0.5 + 200万円 = 550万円

(2) 第1年度のCFが300万円となる時点における現在価値の期待値

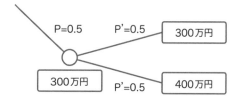

300万円 × 0.5 ＋ 400万円 × 0.5 ＋ 300万円 ＝ 650万円

(3) 初期投資時点での正味現在価値の期待値

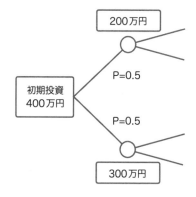

550万円 × 0.5 ＋ 650万円 × 0.5 － 400万円 ＝ 200万円

3 リアル・オプション

　不確実性をさらに考慮した意思決定の方法に、リアル・オプションというものがある。デシジョン・ツリーでは、プロジェクト実行の途中で不確実性による状況の変化があっても、評価時点で想定されたシナリオが変更されないという前提で、事業価値を評価する。このことは、正味現在価値法も同じである。

　これに対して**リアル・オプション**では、評価時点での意思決定だけでなく、プロジェクト実行の途中で不確実性による状況変化があった場合、状況変化があった時点で行われるであろう現実的な意思決定も考慮して、事業価値を評価する。

■■■ **問題編** ■■■   **Check!!**

問1 (H29-15改題)   [○・×]
　投資案の実行に関する各期の損益計算書の情報として、売上高、現金支出費用、減価償却費、税率がある場合、この投資案の各期の税引後キャッシュフローは、次の式で求めることができる。
　(売上高－現金支出費用) × (1 －税率) ＋減価償却費×税率

問2 (H27-15改題)   [○・×]
　貸付け先企業の財政状態が悪化すると、割引率が低くなるため、貸付金の現在価値は小さくなる。

問3 (H18-15設問4)   [○・×]
　リスク調整割引率法は、各年度のキャッシュ・フローの期待値をリスクの程度に応じて、低く見積もる方法である。

問4 (R04-22)   [○・×]
　リスク調整割引率法とは、割引率からリスク・プレミアムを差し引いて、現在価値を求める方法である。

問5 (H18-15設問3)   [○・×]
　デシジョン・ツリーは逐次的に投資決定が行われるような場合にも適用される。

問6 (H25-17)   [○・×]
　不確実性の高い経営環境のもとで投資プロジェクトに対する経営の柔軟性を評価するマーケット・アプローチも提唱されている。

■■■ **解答・解説編** ■■■

問1 　○：設問文のとおり。
問2 　×：回収不能になるリスクが高まるため、割引率は高くなり、現在価値は小さくなる。
問3 　×：確実性等価法の説明である。
問4 　×：リスク調整割引率法とは、割引率にリスク・プレミアムを加えて、現在価値を求める方法である。
問5 　○：多岐に分岐する将来の予測シナリオを、樹形図を使って意思決定する際に用いる。
問6 　×：リアル・オプション・アプローチの説明である。

■■■　問題編　■■■

　当社は、来年度の期首に新設備を購入しようと検討中である。新設備の購入価額は100百万円であり、購入によって毎年（ただし、5年間）の現金支出費用が30百万円節約されると期待される。減価償却方法は、耐用年数5年、残存価額がゼロの定額法を採用する予定でいる。税率を40％とするとき、この投資案の各期の税引後キャッシュフローとして、最も適切なものはどれか。

　　ア　12百万円
　　イ　18百万円
　　ウ　26百万円
　　エ　34百万円

解答：ウ

　タックス・シールドに関する出題である。

　税引後キャッシュフロー（以降ではCFと記す）の計算では、タックス・シールド
を考慮する必要があるため、次の式を用いて金額を求める。

　CF＝（売上高－現金支出費用）×（1－税率）＋減価償却費×税率

　新設備の稼動によって生じる各期のCFへの影響は、次のとおりである。

　　売上高：変化なし

　　現金支出費用：30百万円節約される

　　税率：40％

　　減価償却費：20百万円（購入価額100百万円÷耐用年数5年）

　以上の情報を、CFの計算式に代入する。

　CF＝{0百万円－（－30百万円）}×（1－0.4）＋20百万円×0.4

　　　＝30百万円×0.6＋8百万円

　　　＝26百万円

　よって、ウが正解である。

■■■ **問題編** ■■■

　以下の文章の空欄A、Bに入る最も適切な語句の組み合わせを、下記の解答群から選べ。

　投資プロジェクトの評価方法には、正味現在価値法のほか、 A 、回収期間法、会計的投資利益率法など多くの代替的手法がある。さらに近年では、不確実性の高い経営環境のもとで投資プロジェクトに対する経営の柔軟性を評価する B も提唱されている。

〔解答群〕
　　ア　A：線形計画法　　　B：平均・分散モデル
　　イ　A：線形計画法　　　B：リアル・オプション・アプローチ
　　ウ　A：内部収益率法　　B：マーケット・アプローチ
　　エ　A：内部収益率法　　B：リアル・オプション・アプローチ

解答：エ

　投資プロジェクトの評価方法に関する出題である。

線形計画法とは、ある目的関数を最大（または最小）にする2つ以上の変数の組み合わせを一次不等式の制約条件のもとで選択するための数理的手法である。たとえば、使用量に制限のある2つの資源を用いて利益を最大化するため、製品XとYをどのくらいずつ生産すればよいかを計算する場合に用いる。

　内部収益率法とは、正味現在価値がゼロになるときの割引率（内部収益率）と資本コストを比較し、投資の可否を判断する評価方法である。「内部収益率が資本コストを超えるならば投資し、内部収益率が資本コストを超えないならば投資しない」と判断する。

　平均・分散モデルとは、ポートフォリオ理論において、投資対象のリターン（収益率の期待値：平均）とリスク（分散）の2つの変数に注目してポートフォリオ（分散投資の組み合わせ）を決定するモデルである。収益率の分布が正規分布であるか、投資家が2次の効用関数を有する場合に適用可能となる。

　リアル・オプション・アプローチとは、将来の不確実性に対する柔軟性を意思決定にできるだけ組み込もうとする手法の1つである。類似した手法の1つにデシジョン・ツリーがある。ただし、リアル・オプションはデシジョン・ツリーよりも、将来発生するであろう複数のシナリオに対し、より現実的なオプションの判断を組み込む。具体的には、プロジェクトの投資時期を研究開発の結果が出るまで延期するオプションを追加したり、実行中のプロジェクトに生じるであろう環境変化に対し、それ以降のシナリオを見直すオプションを追加したりすることで、プロジェクトの縮小・拡大あるいは撤退などを考え、意思決定に柔軟性を組み込む。

　マーケット・アプローチとは、企業や事業の価値を評価する手法の一つであり、上場している同業他社や類似の取引事例など、類似する会社、事業や取引事例と比較することにより、価値を相対的に評価する。

　正味現在価値法とは、投資により得られる毎年のキャッシュ・フローを現在価値に割り引いた合計額から初期投資額を差し引いて正味現在価値を算出し、投資の可否を判断する方法である。正味現在価値がプラスならば投資し、正味現在価値がマイナスならば投資しないと判断する。

　回収期間法とは、「投資額を回収するのに何年かかるか」という観点から、「将来予想されるキャッシュ・フローの合計額が投資額に等しくなるために必要な期間（必要回収期間）」と目標回収期間とを比較し、投資の可否を判断する方法である。目標回収期間よりも必要回収期間が短ければ投資し、目標回収期間よりも必要回収期

間が長ければ投資しないと判断する。

　会計的投資利益率法は、投資から得られると予想する毎年の利益の平均額を、毎年の投資額の平均値で除した投資利益率と、前もって決めた基準値の利益率とを比較し、投資の可否を判断する方法である。基準値の利益率を上回れば投資し、基準値の利益率を下回れば投資しないと判断する。

　よって、Aが内部収益率法、Bがリアル・オプション・アプローチとなり、エが正解である。

▰▰▰ **問題編** ▰▰▰

　初期投資額400万円を必要とする投資案（経済命数2年）の第1年度のキャッシュ・フローの現在価値が200万円となる確率が0.5、300万円となる確率が0.5と予測されている。

　第1年度に200万円のキャッシュ・フローの現在価値が生じた場合に、第2年度のキャッシュ・フローの現在価値が300万円となる確率が0.5、400万円となる確率が0.5と予想されている。

　また、第1年度に300万円のキャッシュ・フローの現在価値が生じた場合に、第2年度のキャッシュ・フローの現在価値が300万円となる確率が0.5、400万円となる確率が0.5と予測されている。

　この投資案についての記述として最も適切なものはどれか。

　ア　正味現在価値が100万円となる確率は0.5である。
　イ　正味現在価値が300万円となる確率は0.5である。
　ウ　正味現在価値の期待値は200万円である。
　エ　正味現在価値の期待値は300万円である。

■■■ **解答・解説編** ■■■

解答：ウ

意思決定と不確実性に関する出題である。

期待値とは、将来の各事象の結果（ペイオフ）にその生起する確率を乗じて合計したものである。なお、期待値が最大となる行動を選択しようとする考え方を期待値最大化基準と呼ぶ。

本問をデシジョン・ツリーにより図解すると次のようになる。Pは第1年度における現在価値の発生確率とし、P'は、第2年度における現在価値の発生確率とする。

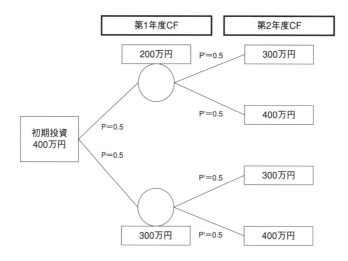

第1年度キャッシュ・フローの現在価値の期待値…①
　　200万円×0.5＋300万円×0.5＝250万円
第2年度キャッシュ・フローの現在価値の期待値…②
　　300万円×0.5×0.5＋400万円×0.5×0.5＋300万円×0.5×0.5＋400万円×0.5×0.5＝75万円＋100万円＋75万円＋100万円＝350万円
したがって、投資案全体の正味現在価値の期待値は、
　　－400万円＋（①250万円＋②350万円）＝200万円となる。

ア：不適切である。正味現在価値が100万円となるためには、初期投資額が400万円であることから、第1年度CF＋第2年度CF＝500万円とならなければならない。該当するケースは200万円＋300万円のシナリオしかなく、その確率は0.25である。

イ：不適切である。正味現在価値が300万円となるためには、第1年度CF＋第2
　　年度CF＝700万円とならなければならない。該当するケースは300万円＋
　　400万円のシナリオしかなく、その確率は0.25である。
ウ：適切である。
エ：不適切である。

出題マップ：財務・会計

第1章：財務・会計の基本		令和5年度	令和4年度
I	財務・会計の概要	05-会社法における計算書類	02-貸借対照表の概要
II	簿記の基礎		
第2章：財務諸表の知識			
I	貸借対照表の知識	07-剰余金の配当と処分、08-貸借対照表の表示	01-銀行勘定調整表、05-無形固定資産、08-預り金 09-退職給付会計、10-自己株式
II	損益計算書の知識		
III	決算整理事項	01-棚卸資産の評価（移動平均法）、 03-200%定率法による減価償却費の計算	11-減価償却費
第3章：会計帳簿の知識			
I	会計帳簿の知識①		
II	会計帳簿の知識②		
III	決算手続き		
第4章：その他財務諸表に関する知識			
I	株主資本等変動計算書の知識		
II	キャッシュ・フロー計算書の知識	09-キャッシュ・フロー計算書の作成	
III	税務会計と税効果会計の知識	06-法人税の計算	07-繰越欠損金
IV	連結財務諸表の知識	04-連結会計	
V	その他の会計に関する知識	02-契約資産	03-収益の計上基準、04-外貨建取引
第5章：原価計算の知識			
I	原価計算の関連知識		06-非原価項目
II	製造原価報告書		
III	原価計算の種類	10-総合原価計算（平均法・度外視法）	12 (1) -直接原価計算
第6章：経営分析の知識			
I	収益性・効率性分析	14-ROE、15 (1) -ROEとROAの関係	
II	安全性分析	11-流動比率、固定長期適合率、自己資本比率	
III	生産性分析	12 (1) -付加価値率、 12 (2) -労働生産性の分解分析	
IV	成長性分析		
V	CVP分析		12 (2) -損益分岐点分析
第7章：利益管理と資金管理の知識			
I	利益管理		
II	資金管理	13-キャッシュ・コンバージョン・サイクル	13 (1) (2) -資金繰り表
第8章：投資の意思決定の知識			
I	ファイナンスの基礎	17-ハードルレートの考え方	
II	意思決定	16-機会原価、埋没原価、関連原価	
III	正味現在価値法		21-正味現在価値法
IV	内部収益率法（内部利益率法）	17-内部収益率法	21-内部収益率法
V	回収期間法（ペイバック法）		21-回収期間法
VI	その他投資の意思決定手法		14-貸付金の現在価値
第9章：資金調達の知識			
I	資金調達の形態		
第10章：資本コストの知識			
I	資本コスト		
II	最適資本構成	15 (2) -MM理論、 19-効率的市場仮説（セミストロング型）	
III	ペイアウト政策	14-株式を評価する指標、21-サステナブル成長率	17-サステナブル成長率、23-配当政策
第11章：企業価値の知識			
I	企業価値の概要	20-DCF法	18-割引超過利益モデル
II	その他企業価値の関連知識		19-非上場会社の株式評価方法
第12章：リターンとリスクの知識			
I	リターンとリスク		
II	リターンとリスクの指標		
III	リスク管理	22-市場リスク	20-先渡・先物
IV	為替リスクとリスクの回避	18-ポートフォリオのリスクとリターン、 23-為替予約	15-ポートフォリオの収益率の標準偏差、 16-安全資産を導入したポートフォリオ
第13章：その他ファイナンスの知識			
I	タックス・シールド		
II	正味現在価値とリスク		22-確実性等価法、リスク調整割引率法
III	不確実性下の意思決定		
その他			

令和3年度	令和2年度	令和元年度
		05-会社法上の計算書類
-自己株式	02-貸倒引当金、03-有価証券の評価、04-剰余金の配当制限、05-減損会計、08-ソフトウェアの会計処理	04-銀行勘定調整表、07-負債の会計処理
-売上割引、03-固定資産除却損		
-減価償却費、05-負債性引当金	01-売上原価の算定、商品棚卸減耗損、商品評価損	01-先入先出法、06-売価還元法、09-総平均法
-キャッシュ・フローの増加要因	13-キャッシュ・フロー計算書の作成	12-投資活動・財務活動によるキャッシュフロー
	09-消費税の処理	08-税効果会計
-のれん	06-のれん	03-連結会計
-本店集中計算制度、06-収益の計上基準、サービス業の計上基準	07-リース取引	02-圧縮記帳
	10-直接労務費	
-個別原価計算	14-活動基準原価計算	09-材料消費価格差異
	11-自己資本利益率ROE	11 (2) - 総資本営業利益率、19-ROE
(1) -固定長期適合率、(2) -インタレスト・カバレッジ・レシオ	11-当座比率、固定長期適合率、自己資本比率、12-自己株式の消却	11 (1) - 固定比率
-損益分岐点分析	21 (1) (2) -損益分岐点分析	
-売上高差異分析		
-資金管理		
	17-複利現価係数と年金現価係数	
		10-差額原価計算
-正味現在価値法		16-現在価値計算、23-正味現在価値法
		23-内部収益率法
		23-回収期間法
-収益性指数法	20-社債の利回り	23-会計的投資利益率法
-資金調達の形態		20-資金調達
-加重平均資本コスト	22-CAPM、証券市場線	21-WACC
-MM理論	18-価格形成メカニズム、24-MM理論	22 (1) (2) -MM理論
-株主還元		
-配当割引モデル (一定成長モデル)、(1) -DCF法		
(?) -類似会社比準方式		
		13-無差別曲線
-ポートフォリオ、23-オプション	15-オプションによる損益、19-ポートフォリオの概要、22-資本市場線	14-オプション、15-ポートフォリオ、17-ポートフォリオ、18-金利
-減価償却費のタックス・シールド	23-減価償却費のタックスシールド	
	16-マイナス金利	

■ 参考・引用文献

- ●『財務管理と診断』菊井髙昭・竹本達広著　同友館
- ●『管理会計の基礎』大塚宗春・辻正雄著　税務経理協会
- ●『新版会計学総論』青木茂男・大塚宗春著　中央経済社
- ●『財務会計　第11版』広瀬義州著　中央経済社
- ●『原価計算　六訂版』岡本清著　国元書房
- ●『管理会計』岡本清・廣本敏郎・尾畑裕・挽文子著　中央経済社
- ●『戦略管理会計』西山茂著　ダイヤモンド社
- ●『ビジネス・ファイナンス』菊井髙昭・宮本順二朗著　放送大学教育振興会
- ●『経営分析事典』日本経営分析学会編　税務経理協会
- ●『コーポレート・ファイナンス　戦略と応用』アスワス ダモダラン著　東洋経済新報社
- ●『ビジネス・ファイナンス論』大塚宗春・宮本順二朗著　学文社
- ●『企業財務のための金融工学』葛山康典著　朝倉書店
- ●『ビジネス・ゼミナール 経営財務入門』井手正介・高橋文郎著　日本経済新聞社
- ●『ファイナンス入門』齋藤正章・阿部圭司著　放送大学教育振興会
- ●『初級簿記』齋藤正章著　放送大学教育振興会
- ●『管理会計』齋藤正章著　放送大学教育振興会
- ●『財務会計論　I 基本論点編』佐藤信彦他編著　中央経済社
- ●『基本原価計算(第五版)』建部宏明他著　同文舘出版
- ●『検定簿記講義　1級工業簿記・原価計算　上巻・下巻』岡本清他編著　中央経済社
- ●『検定簿記講義　1級商業簿記・会計学　上巻・下巻』渡部裕亘他編著　中央経済社
- ●『検定簿記講義　2級工業簿記』岡本清他編著　中央経済社
- ●『検定簿記講義　2級商業簿記』渡部裕亘他編著　中央経済社
- ●『検定簿記講義　3級商業簿記』渡部裕亘他編著　中央経済社
- ●『何が変わる？　収益認識の実務　影響と対応』新日本有限責任監査法人編　中央経済社
- ●『図解でスッキリ　ソフトウェアの会計・税務入門』新日本有限責任監査法人編　中央経済社
- ●『財務会計講義』桜井久勝著　中央経済社
- ●『原価計算の基礎と応用』望月恒男・細海昌一郎編著　創成社
- ●『ビジネスマンのためのファイナンス入門』山澤光太郎著　東洋経済新報社
- ●『新・証券投資論　①理論編』小林孝雄・芹田敏夫著　日本経済新聞出版社

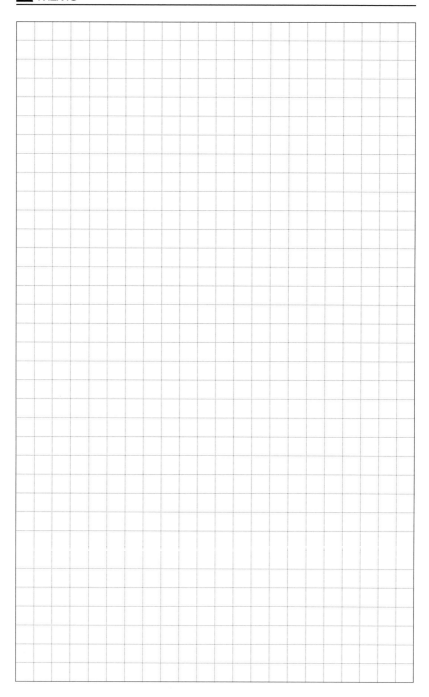

◤ 編著者紹介

遠山　直幹 (とおやま　なおみき)

㈱経営教育総合研究所主任研究員、中小企業診断士、1級ファイナンシャル・プランニング技能士。銀行、保険会社での豊富な経験をもとに、企業の資金繰り改善・銀行格付改善・適正な資金調達や、相続・事業承継対策の実行支援に取り組んでいる。

渡邉　義一 (わたなべ　よしかず)

㈱経営教育総合研究所主任研究員、中小企業診断士、社会保険労務士、1級販売士、日商簿記1級、東京販売士協会参与、産業能率大学兼任講師。システムエンジニアを経て独立し、情報システムの設計・開発からシステム活用による業務改善と労務管理を中心に活動する。

香川　遼太郎 (かがわ　りょうたろう)

㈱経営教育総合研究所主任研究員、中小企業診断士、日商簿記検定1級。鉄鋼メーカーにて工場経理業務(原価計算・資産管理など)や、グループ会社関連の企画・マネジメント業務に従事、現在は独立し研修講師や受験指導、執筆活動などに取り組んでいる。

池野谷　祐樹 (いけのや　ゆうき)

㈱経営教育総合研究所研究員、中小企業診断士、日本証券アナリスト協会　認定アナリスト(CMA)、国際公認投資アナリスト(CIIA)。事業会社において財務業務全般に従事。現在は、人事部にて部門マネジメントを担う。

山路　道彦 (やまじ　みちひこ)

㈱経営教育総合研究所研究員、中小企業診断士、弁護士、公認会計士。弁護士・中小企業診断士として企業法務に関する相談に応じ、ハラスメント・公益通報窓口対応も行っている。また、公認会計士・中小企業診断士として、経営相談にも応じるほか、学校法人財務部長も担当している。

櫻野　景子 (さくらの　けいこ)

㈱経営教育総合研究所研究員、中小企業診断士。経理アウトソーシング会社にて経理プロセスの標準化、業務改善の支援を行っている。

■ 監修者紹介

山口 正浩 (やまぐち まさひろ)

㈱経営教育総合研究所 代表取締役社長、㈱早稲田出版 代表取締役社長、中小企業診断士、経営学修士 (MBA)、TBC受験研究会統括講師、中小企業診断士の法定研修 (経済産業大臣登録) 講師、日本FP協会の認定教育機関講師。

　24歳で中小企業診断士試験に合格後、常に業界の第一線で活躍。2011年12月のNHK (Eテレ) の「資格☆はばたく」では、中小企業診断士の代表講師＆コンサルタントとして選抜され、4週間にわたる番組の司会進行役の講師とNHK出版のテキスト作成に携わる。

　従業員1名から従業員10,000名以上の企業でコンサルティングや研修を担当し、負債3億円、欠損金1億円の企業を5年間で黒字企業へ事業再生した実績を持つ。日本政策金融公庫、日本たばこ産業株式会社などで教鞭をふるい、静岡銀行、東日本銀行 (東日本倶楽部経営塾) では、経営者へ実践的な財務会計の研修を行う。

　主な著書は「マーケティング・ベーシック・セレクション・シリーズ」(全12巻) 同文舘出版、販売士検定関連の書籍は「動画で合格 (うか) る販売士3級テキスト＆問題集」早稲田出版など10冊、年度改訂の書籍を含めると450冊以上の監修・著書があり、日経MJ新聞「マーケティング・スキル (いまさら聞けない経営指標) 毎週金曜日 全30回」や月刊「近代セールス」の連載も持つ。近年、若手コンサルタントのキャリアアップに注力し、執筆指導のほか、プレゼンテーション実践会を主催している。

2024年版　TBC中小企業診断士試験シリーズ

速修｜テキスト　2 財務・会計

2023年10月10日　　初版第1刷発行

編 著 者	遠山直幹／渡邉義一／香川遼太郎／池野谷祐樹／山路道彦／櫻野景子
監 修 者	山口正浩
発 行 者	山口正浩
発 行 所	株式会社 早稲田出版

〒130-0012 東京都墨田区太平1-11-4 ワイズビル4階
TEL：03-6284-1955　FAX：03-6284-1958
https://waseda-pub.co.jp/

印刷・製本　　新日本印刷株式会社

書籍の正誤についてのお問い合わせ

万一、誤りと疑われる解説がございましたら、お手数ですが下記の方法にてご確認いただきますよう、お願いいたします。

書籍の正誤のお問い合わせ以外の書籍内容に関する解説や受験指導等は、一切行っておりません。そのようなお問い合わせにつきましては、お答え致しかねます。あらかじめご了承ください。

【1】書籍HPによる正誤表の確認

早稲田出版HP内の「書籍に関する正誤表」コーナーにて、正誤表をご確認ください。

URL:https://waseda-pub.co.jp/

【2】書籍の正誤についてのお問い合わせ方法

上記、「書籍に関する正誤表」コーナーに正誤表がない場合、あるいは該当箇所が記載されていない場合には、書籍名、発行年月日、お客様のお名前、ご連絡先を明記の上、下記の方法でお問い合わせください。

お問い合わせの回答までに1週間前後を要する場合もございます。あらかじめご了承ください。

●FAXによるお問い合わせ

FAX番号：03-6284-1958

●e-mailによるお問い合わせ

お問い合わせアドレス：infowaseda@waseda-pub.com

お電話でのお問い合わせは、お受けできません。
あらかじめ、ご了承ください。